国家自然科学基金项目（41731286；41901204）
广西自然科学基金项目（2018GXNSFDA281032） 联合资助出版

土地利用与乡村转型

中国粮食生产转型与乡村振兴

戈大专 龙花楼 著

商务印书馆
The Commercial Press

图书在版编目（CIP）数据

中国粮食生产转型与乡村振兴/戈大专，龙花楼著.—北京：商务印书馆，2023
（土地利用与乡村转型）
ISBN 978-7-100-21485-8

Ⅰ.①中… Ⅱ.①戈…②龙… Ⅲ.①粮食—生产—研究—中国②农村—社会主义建设—研究—中国 Ⅳ.①F326.11②F320.3

中国版本图书馆 CIP 数据核字（2022）第 133314 号

权利保留，侵权必究。

土地利用与乡村转型
中国粮食生产转型与乡村振兴
戈大专　龙花楼　著

商　务　印　书　馆　出　版
（北京王府井大街 36 号邮政编码 100710）
商　务　印　书　馆　发　行
北　京　冠　中　印　刷　厂　印刷
ISBN 978-7-100-21485-8
审图号：GS 京（2023）1366 号

2023 年 8 月第 1 版　　开本 880×1230　1/32
2023 年 8 月北京第 1 次印刷　印张 10 $^5/_8$
定价：78.00 元

"土地利用与乡村转型"丛书编委会

学术顾问 刘彦随 蔡运龙 李秀彬 李小建 严金明
　　　　　 Michael Woods　Guy Robinson
主　　编 龙花楼
副 主 编（按姓氏拼音排序）
　　　　　 李裕瑞 乔家君 王介勇
　　　　　 杨　忍 叶　超 周国华
委　　员（按姓氏拼音排序）
　　　　　 曹　智 陈坤秋 陈秧分 陈玉福 程叶青
　　　　　 方　斌 房艳刚 戈大专 龚建周 郭远智
　　　　　 贺艳华 胡守庚 胡银根 胡智超 金晓斌
　　　　　 孔祥斌 李伯华 李传武 李二玲 李红波
　　　　　 李婷婷 李效顺 李玉恒 廖柳文 刘邵权
　　　　　 刘永强 刘正佳 吕　晓 马　历 马恩朴
　　　　　 马利邦 马晓冬 聂　鑫 曲衍波 曲　艺
　　　　　 宋小青 苏世亮 屠爽爽 汪　芳 汪　晗
　　　　　 王　成 王永生 文　琦 吴宇哲 杨园园
　　　　　 张佰林 张英男 张正峰 郑瑜晗 钟太洋

"土地利用与乡村转型"丛书

序一

随着中国改革开放和现代化建设进程的不断加快，国民经济与社会发展水平、城乡居民生活质量稳步提升，人民群众对美好生活的需求向往正在中华民族伟大复兴的时代征程中得到满足、得以实现。从改革开放开启中国农业农村转型发展的新征程起，历经快速城镇化、新农村建设，到打赢脱贫攻坚战、实施乡村振兴战略新阶段，中国农业发展、乡村建设、土地制度改革在探索中前行。长期困扰的乡村闭塞、饥饿、贫困与人多地少等老问题逐步得到缓解或解决，但城市快速扩张和乡村人口持续外流所带来的耕地非农化、村庄空心化、主体老弱化等新问题接踵而至，优化调整人地关系、城乡关系、居业关系成为中国现代化建设和乡村振兴面临的长期战略任务，科学探究土地利用、乡村转型与城乡融合发展的机理、过程、格局和效应，成为现代地理学特别是乡村地理学服务国家战略和区域发展决策的重要课题。

世界发达国家的城镇化进程与乡村发展的阶段性特征，对于深入研究中国乃至广大发展中国家的城乡发展与乡村转型具有重要启示意义。但与欧美等工业化先行国家城镇化道路有所不同，中国在城市优先发展战略背景下走出了一条大量人口离乡进城的快速城镇化和城镇化带动工业化的发展路径。这种发展模式既支撑了中国在较短时间内建立起完整的工业体系，实现了城镇化快速发展，也带来了"四化"（城镇化、工业化、信息化、农业农村现代化）发展的失衡，导致工业化滞后于城镇化，土地城镇化远快于人口城镇化，乡村人地分离和空心化加剧的问题，以及数亿农民工"城乡两栖"和农业转移人口难以市民化的难题。因此，"三农"（农业、农村、农民）问题成为关系国家民生的根本性问题。中国共产党的"十九大"审时度势，提出"实施乡村振兴战略"，致力于重塑城乡关系，补齐乡村发展短板和促进城乡融合发展。

2020年中国决战脱贫攻坚、决胜全面小康社会建设，开启了全面建设社会主义现代化国家新征程。实践表明，辉煌成就离不开科学决策与改革创新，而科学决策离不开科学研究与实践探索。立足新发展阶段，贯彻新发展理念，构建新发展格局，为深入开展现代土地利用与乡村转型研究提供了历史性机遇、提出了新时代要求。新时期中国社会主要矛盾已经转化为人民日益增长的美好生活需要和不平衡不充分的发展之间的矛盾。而最大的发展不平衡是城乡发展不平衡，最大的发展不充分是乡村发展不充分。事实上，乡村孕育了城市。城乡关系是母子关系。城乡是一个有机体、命运共同体。只有遵循城乡转型和乡村发展基本规律，全面推进城乡融合发展与乡村振兴，才是破解城乡发展不平衡、乡村发展不充分问题的根本途径。在此背景下，中国经济社会发展战略将逐步由城市偏向转向农业农村优先发展和城乡融合发展，促进社会形态由传统的温饱型、小康型，向富裕型转变；社会系统由单一型农业、多功能乡村，向融合型城乡系统演进。推进城乡融合与乡村振兴应立足于乡村地域系统，适宜于以县域为基本对象、以县城为重要载体，致力于推进构建新型城镇化与乡村振兴"双轮驱动"新机制、高质量发展新格局。乡村地域系统，是由人文、经济、资源与环境相互联系、相互作用下构成的具有一定结构、功能和区际联系的乡村空间体系。其实质是一个包含城乡融合体、乡村综合体、村镇有机体、居业协同体在内的乡村地域多体系统。全面推进乡村振兴重在加快乡村地域系统优化重构，加强建设城乡基础网、乡村发展区、村镇空间场、乡村振兴极等所构成的多级目标体系。现代乡村地理学研究应抢抓新机遇、迎接新挑战，聚焦于乡村地域系统转型及其人地系统耦合、空间格局优化、系统功能调控前沿领域的理论创新和工程实践。

乡村转型发展是实现农村传统产业、就业方式与消费结构的转变，以及由过去城乡隔离的社会结构转向构建和谐社会过程的统一，其实质是推进工农关系与城乡关系的根本转变。在当今全球化百年未有之大变局、国内国际双循环新格局下，中国对外出口贸易和发展环境发生了显著变化。中国经济发展正经历动力转换、增速换挡、质量变革的关键期。乡村地域系统以其多类型特色与资源优势、多功能价值与发展潜力，可望成为中国经济社会转型升级的新动力和新空间，对于破解新时期乡村发展困境，实现乡村发展转型与乡村振兴无疑具有特殊的时代意义。中国"三农"问题本质上是一个乡村地域系统可持续发展问题，需要从乡村地域系统的演变看乡村转型、看城乡关系，深入探测乡村地域系统要素、结构与功能演进机理、过程和格局，以及农业与乡村可持续发展状态、质量和效应。

土地是人类社会经济活动的空间载体，也是城乡融合发展的核心要素。乡村发展的问题会在土地利用中显现出来，同时可通过土地利用优化配置和有效管理加以缓解。中国土地制度安排内嵌于国家整体的经济社会发展过程之中，是对国家发展战略、国际外部环境、社会经济发展阶段、政策体系等多因素耦合、多情景变化的综合响应。中国最大的问题是农民问题。农民最大的问题是土地问题。土地利用与乡村转型过程联动、互促互馈，尤其是土地多功能与乡村多功能的深度耦合、协同提升，有利于探索形成乡村人地系统科学新认知，实现从过去关注农业生产、乡村建设，到更加关注土地民生、生态民生的战略转变，大大丰富了中国乡村转型发展的核心要义与时代内涵。系统推进土地利用与乡村转型的综合集成研究，可为创新中国特色的土地科学与乡村科学开辟新路径，并有望在深化土地利用与乡村地域系统的探测、预测与决策模拟中，构建乡村地域系统"转型—重构—治理—振兴"的综合科学体系，创建土地利用与乡村转型系统科学范式，在国土空间规划、城乡融合发展与乡村振兴战略等领域做出具有创新性的重要贡献。

为更好地展现中国土地利用与乡村发展领域新的研究成果，由中国地理学会农业地理与乡村发展专业委员会、中国科学院区域可持续发展分析与模拟重点实验室、商务印书馆等发起，并联合国内土地利用与乡村地理学界专家共同策划的"土地利用与乡村转型"丛书，将陆续出版。我非常乐意把这套集学科发展、理论创新与实践应用于一体的丛书，推荐给从事国土空间开发、新型城镇化与乡村振兴、区域发展和自然资源管理等领域研究的专家学者、青年学生。期望该丛书的出版能够引起更多的专家学者对中国乡村地理学、土地科学研究和实践的关注。热烈欢迎和期盼更多的新生力量投入到这个前景广阔的研究领域中来，共同推进中国土地利用与乡村地理研究进入综合集成发展新阶段，并在投身人类命运共同体构建、全球可持续发展（SDGs）和人地系统科学领域的国际合作与学术交流大舞台上，展示中国成果、传播中国智慧、贡献中国力量。

发展中国家科学院　院士

中国地理学会　会士　刘彦随

国际地理联合会（IGU）农业地理与土地工程委员会　主席

2022 年仲夏于北京

"土地利用与乡村转型"丛书

序二

当前,中国社会已进入城乡发展转型的关键时期,面临经济增长方式转变和结构调整的严峻挑战,作为人类主要社会经济活动空间载体的土地资源,其传统的开发型、粗放型用地模式已经难以为继,土地资源需求刚性上升与其供给刚性不足的矛盾不断加剧,迫使土地利用理念、用地模式以及管理措施等方面亟待相应的转型。土地利用转型是指在经济社会变化和革新的驱动下,一段时期内与经济社会发展阶段转型相对应的区域土地利用形态转变的过程。区域土地利用形态包含显性形态与隐性形态两种类型。显性形态指一个区域在特定时期内由主要土地利用类型构成的结构(具有数量和空间结构两重属性),隐性形态指依附于显性形态且需通过分析、化验、检测和调查才能获得的土地利用形态(具有质量、产权、经营方式、投入、产出和功能等多重属性)。如何通过工程技术和政策措施改变土地利用形态,使土地系统发挥应有的功效以服务支撑区域经济社会发展目标的实现,是快速工业化和城镇化背景下土地利用转型研究的核心目标。

快速工业化和城镇化进程伴随着城乡人口的流动和经济社会发展要素的重组与交互作用。地方参与者（包括政府、农民、企业和相关组织）无疑必须对这些作用与变化作出适时的响应与调整，从而导致了农村地区社会经济形态和地域空间格局的重构，主要涉及村镇空间组织结构、农村产业发展模式、就业方式、消费结构、工农关系、城乡关系等方面的转变。这一过程可称之为乡村转型发展。国际著名地理学家段义孚（Yi-Fu Tuan）认为：土地利用是社会的一面镜子。社会经济演变的时空不可分离性被转移到作为主要社会经济活动空间载体的土地上，造就了十分复杂的土地利用格局，而该格局的变化又会影响到区域自然、生态和社会发展的进程。因此，乡村转型发展进程中暴露出来的形形色色的经济社会与环境问题均可在土地利用上得以反映。通过研究乡村转型发展进程中的土地利用转型、土地利用形态的变化及其引发的问题，并探讨相应解决方案，是开展乡村人地关系研究的一种重要途径。

吴传钧先生提出的人地关系地域系统研究旨在探求人类社会和地理环境系统内各要素之间的相互作用及系统的整体行为，并探寻人地关系地域系统的调控机理。伴随人地系统中传统发展要素的变化及经济全球化等新因素的介入，人地交互作用过程、格局及其综合效应正在发生深刻变化。对此，中国科学院地理资源所刘彦随研究员传承创新人地关系地域系统理论，提出致力于探究现代人类活动改造和影响地表环境系统的状态，以及人地系统耦合与交互作用的地表圈层——"人地圈"形成机理与演化过程的人地系统科学。土地利用活动是人类社会系统和地理环境系统交互作用的集中体现。从时间和空间视角耦合研究土地利用转型的过程和效应并探讨调控机理正是开展人地关系地域系统研究的核心内容。人地关系地域系统理论可有力地支撑土地利用与乡村转型研究。

乡村地域系统是由多种要素相互作用而形成的具有综合多维性和动态演变性的开放系统。人口、土地和产业是影响乡村社会经济发展的核心要素。其中，土地资源在乡村发展中肩负着提供资源支撑的基础性作用，以其多功能性发挥着保障乡村居民生产、生活及生态空间需求的多元价值。土地资源禀赋作为区域发展的本底因素，也催生了不同的乡村产业发展模式。实现"人口—土地—产业"的内在耦合助推"资源—资本—资产"的集成是培育发展动能、增强乡村活力、解决"三农"问题的关键。城镇化进程中，随着经济与社会转型，区域要素重组与产业重构，特别是乡村发展要素非农化带来资源损耗、环境污染、人居质量恶化和社会发展环境欠和谐等一系列新问题。同时，乡村劳动力要素的变化、土地经济价值的主导、现有制度和政策体系的影响，共同驱动中国土地利用的显性形态和隐性形态发生重大变化。为应对经济社会发展转型背景下乡村转型中出现的新问题以及土地利用形态变化出现的新形势，亟需综合运用经济、法律和工程技术等多种手段，调适土地系统，管控土地利用转型，探寻可持续的乡村转型模式。

土地利用转型任何时候都发生在自然系统、经济系统及体制系统这三重相互关联、共同作用的框架之内。自然系统的变化往往表现为自然资源的衰竭（如耕地数量减少与质量退化）和环境的退化（如土地污染或盐碱化）。当这些问题足够严重以至于引起公众关注时，体制系统就可能通过法律、法规及政策等资源和环境管理手段调整土地利用系统。毫无疑问，乡村转型发展也无法逃脱这三重框架的约束。土地利用转型的驱动因素，如资金和劳动力投入状况、产业发展状况、乡村人口就业与迁移等，这些均与乡村转型发展息息相关。乡村转型发展促使土地利用转型；土地利用转型的结果反过来作用于乡村的转型发展。土地利用转型与乡村转型发展两者之间相互影响且在某种意义上存在一种耦合关系。

然而，综合土地科学与乡村地理学这两个研究领域的丛书并不多见。刘彦随研究员主编的"现代农业与乡村地理"丛书已出版十余部，在学术界产生了很大的反响。然而，该丛书的作者一般需具备较高的资历，这在一定程度上影响了优秀青年学者成果的及时出版。"土地利用与乡村转型"丛书主要面向青年学者出版土地利用与乡村发展转型研究领域的优秀成果，以此与"现代农业与乡村地理"丛书形成互补，共同促进中国土地科学与乡村地理学科的发展建设。

"土地利用与乡村转型"丛书拟分批撰写出版。将陆续出版《中国粮食生产转型与乡村振兴》《乡村重构的理论与实证》《中国农区农业转型与环境响应》《土地系统与乡村发展转型》《多功能乡村与耕地利用转型》《中国城乡融合发展格局》《农区土地利用转型及其环境效应》《土地利用转型内涵与多尺度测度》《劳动力结构变动与耕地利用转型》《食物系统全程耦合与农地利用转型》《土地利用转型的环境与经济效应耦合研究》等著作。

在项目研究、选题策划、专家论证、组织撰写与出版过程中得到了国家自然科学基金委员会、中国科学院、教育部、自然资源部、科技部、中国地理学会、中国土地学会、国际地理联合会（IGU）、中国科学院地理科学与资源研究所、中国科学院大学、广西大学、南宁师范大学、浙江大学、湖南大学、南京师范大学等单位的领导与专家的大力支持与指导，商务印书馆原总经理李平博士、编辑室主任李娟博士、编辑魏铼博士为丛书的编辑与出版付出了辛勤劳动。

借此我谨代表中国地理学会农业地理与乡村发展专业委员会和丛书编辑委员会，向大家表示最衷心的感谢和诚挚的敬意！

在此，我真诚期望有越来越多的国内外高等院校、科研院所以及从事地理学与土地科学及其相关专业研究的专家学者，能够更加重视和支持中国乡村地理学、土地科学专业领域的学科成长、青年人才培养、平台建设、国际合作！真诚欢迎各位领导、专家学者也为进一步完善和提高"土地利用与乡村转型"丛书的撰写与出版水平，多加批评与指导。

英国社会科学院　院士

教育部长江学者　特聘教授

中国地理学会农业地理与乡村发展专业委员会　主任

国际地理联合会（IGU）乡村系统可持续性委员会　执委

2023 年早春于北京

前　言

民为国基，谷为民命。中国以全球9%的耕地养活了世界22%的人口。2020年中国粮食总产量达到6.69亿吨。粮食生产实现"十七连丰"。人均粮食占有量连续多年超过400千克的国际粮食安全标准线。虽然中国粮食连年丰收，但粮食安全的基础仍不稳固。2020年同期粮食进口1.43亿吨，大豆进口依存度高达80%以上，粮食产量的地理重心不断北移，粮食生产的结构性矛盾仍然突出。城镇化带来的乡村人地关系剧烈变化成为驱动粮食生产转型的重要诱因。农业劳动力城乡迁移频繁、生产组织原子化、土地利用转型动态化等趋势成为乡村转型发展的重要表征。粮食生产活动因其处于乡村生产生活与资源环境承载的交叉环节，成为乡村人地关系变化的重要参照物。粮食生产转型过程是乡村人地关系相互作用的结果，也从另一个方面决定了乡村转型发展的趋势。

立足"大国小农"的基本国情，保障国家粮食安全是一个永恒话题。新时期瞄准乡村振兴战略目标，建构可持续粮食安全体系成为三农领域的重要议题。2015年1月，国务院发布了《关于建立健全粮食安全省长责任制的若干意见》，对建立健全粮食安全省长责任制作出全面部署，确保谷物基本自给、口粮绝对安全成为粮食生产的基本底线。2019 年中央"1 号文件"明确指出要毫不放松抓好粮食生产，推动藏粮于地、藏粮于技落实落地。2020 年 11 月国家出台了《关于防止耕地"非粮化"稳定粮食生产的意见》，全面管控耕地非粮化利用，稳定粮食生产。以上文件陆续出台充分说明以粮食安全为导向的粮食生产政策已成为驱动粮食生产转型的关键因素。与此同时，2017 年中共十九大报告提出"实施乡村振兴战略"，2020 年 12 月，召开的全国农村工作会议吹响了全面乡村振兴的号角。会议提出坚持把解决好"三农"问题作为全党工作的重中之重，举全党全社会之力推动乡村振兴，促进农业高质高效、乡村宜居宜业、农民富裕富足。粮食安全与乡村振兴两大战略，叠加百年未有之国际变局，决定新时期城乡关系重构与三农问题破解，与二者关系的协调与互动密切相关。

仓廪实，天下安。吴传钧先生指出乡村地理是农业地理和聚落地理相交叉的研究领域，并出版了《中国粮食地理》一书，编制了《中国 1:100 万土地利用图》，系统介绍中国粮食生产地域格局与土地利用基础。以周立三和邓静中为代表的老一辈农业地理学家出版了《中国农业地理》和《中国农业区划方法论研究》等农业地理经典著作。刘彦随等结合新时期乡村发展和农业生产问题出版的《中国农业现代化与农民》一书，系统阐述了当前农业生产和农民发展面临的困境。城镇化进程中，以"空心化"为代表的村庄衰退趋势导致乡村"不留人、不养人"，乡村发展动力持续衰减，"小农户"与"大市场"难以衔接。破解"谁来种粮""如何富农"成为新时期乡村振兴必须直面的现实问题，也是学术研究的热点问题。深入探讨粮食生产转型与乡村振兴的内在逻辑关系及其互动作用机制，具有强烈的时代意义。

本书以粮食生产转型为逻辑主线,通过"理论框架建构—多尺度实证研究—多类型案例解析—多目标优化调控"构建了粮食生产转型与乡村振兴的研究架构。基于构建的粮食生产转型理论框架,尝试从"要素—结构—功能"视角,全方位阐述粮食生产转型及其与乡村振兴的互动作用机理。以乡村人地关系转型为牵引,乡村土地利用转型为线索,通过全国、传统农区、典型县域和典型村域等多级尺度分析了粮食生产转型的格局特征。结合典型县域和村域实地调研,总结粮食生产转型与乡村振兴互动作用的差异化阶段类型,并提出针对性的优化策略。

本书是国家自然科学基金项目(41731286;41901204)和广西壮族自治区八桂学者项目的部分研究成果总结。在项目研究和本书成稿过程中,得到了中国科学院区域可持续发展分析与模拟重点实验室、南京师范大学地理科学学院、广西大学公共管理学院、南宁师范大学地学部等单位负责人的指导与帮助,借此一并表示衷心的感谢。

在本书写作过程中,参考了许多专家的论著和科研成果。书中对引用部分作了注明,但仍恐有遗漏之处,诚请包涵。由于粮食生产转型与乡村振兴涉及面广,加之笔者才疏学浅,书中不足之处在所难免,恳请各位同行专家学者提出宝贵意见和建议!

作　者

2021 年 12 月

目 录

第一章 绪论 ·· 1

    第一节 新时期粮食安全与乡村振兴 ······················· 1

    第二节 粮食生产转型与乡村振兴 ·························· 12

第二章 粮食生产转型——理论分析框架 ··············· 32

    第一节 系统转型分析框架 ···································· 32

    第二节 过程转型分析框架 ···································· 62

第三章 粮食生产要素转型 ································· 82

    第一节 农业劳动力转型与粮食生产 ······················· 82

    第二节 耕地利用转型与粮食生产 ·························· 106

第四章 粮食生产结构转型 ································· 130

    第一节 黄淮海地区粮食生产内部结构转型 ············· 130

    第二节 黄淮海地区土地利用结构变化与粮食生产转型 ······ 145

第三节　黄淮海地区人地结构演变与粮食生产转型……… 155

第五章　粮食生产功能转型……………………… 174

第一节　黄淮海地区粮食生产多功能转型时空格局……… 174

第二节　黄淮海地区粮食生产多功能耦合协调分析……… 190

第六章　粮食生产转型与乡村振兴类型……………… 201

第一节　粮食生产转型阶段类型解析………………… 201

第二节　传统农耕型乡村粮食生产转型……………… 213

第三节　现代市场型乡村粮食生产转型……………… 239

第四节　城郊休闲型乡村粮食生产转型……………… 282

第七章　粮食生产转型与乡村振兴……………………… 305

第一节　传统农耕型乡村粮食生产转型困境…………… 305

第二节　现代市场型乡村粮食生产转型困境…………… 308

第三节　城郊休闲型乡村粮食生产转型困境…………… 309

第四节　基于粮食生产转型阶段的乡村振兴策略………… 310

第一章 绪 论

第一节 新时期粮食安全与乡村振兴

一、中国粮食安全形势与困境

（一）粮食生产阶段特征差异明显

改革开放以来，中国粮食生产转型与城乡转型发展密切相关，并呈现出显著的阶段特征。1978年12月，十一届三中全会后，粮食生产迎来转型发展的全新机遇期，到1982年全国99%以上的农村完成了由人民公社和小组生产转变为家庭联产承包责任制。政策因素极大释放了农民的生产力，到1998年粮食产量到了5.12亿吨，较1978年增加了67.87%。该时期农户从事非农就业的比例低。粮食增产对于改善农户生计具有显著的作用。但此时城乡二元体制差异显著。粮食生产虽获增产，但农户的生计体系较单一，在"以粮为纲"目标导向下，农户生计困难，贫困面较广（鲁奇等，1997；吴传钧，2001）。1999~2003年，中国粮食生产迎来了一波"压粮扩经促特"的农业结构调整期。农户在本地开展非粮化生产的比例大幅提高，该时期全国粮食产量下降幅度达16%，粮食自给水平降至88%。农业流通领域的市场化程度也有了较大提升。期间城乡二元发展的体制并未出现显著的改变。农民负担重，农业发展后劲不足逐步显现，粮食生产进入新的转型期。

2004年，时隔18年后中央"1号文件"再次瞄准农业和农村问题，保障粮食生产、提高农民收入，改善农村落后面貌成为该时期粮食生产转型的主题。通过实施减免农业税、实施农业多种补贴，大力发展以"绿色革命"为特征的粮食增产战略。粮食生产的集约化程度显著提升。粮食产量迎来连年增产（黄季焜，2010；Long，2020）。随着城乡二元格局被打破，农户外出比例和种粮农户兼业化比例持续提升。到2020年中国农民工数量达到了2.86亿人，常年外出的则达到1.7亿人。粮食生产面临的内外部环境发生了显著的变化。粮食生产在城乡转型发展进程中的社会经济地位持续衰落；农户种粮的积极性不断减退；粮食生产的水土资源环境问题不断显现；粮食生产又面临战略转型，因此将该阶段总结为综合转型期。2015年中央农村工作会议首次提出把推进农业供给侧结构性改革作为农业的重点工作。粮食生产的结构性过剩和供给侧失衡成为粮食生产转型的当务之急。2021年，国家"十四五"规划首次把实施国家粮食安全战略在强化国家经济安全保障专章作了专节规定，其中也提到"积极开展重要农产品国际合作，健全农产品进口管理机制，推动进口来源多元化，培育国际大粮商和农业企业集团"。新时期，粮食生产转型与城乡融合发展密切相关（戈大专等，2020），如何有效保障粮食安全（食物安全和生态安全），有效推动粮食生产的可持续集约发展，探索合理集聚规模，推动粮食生产向特色化和专业化方向发展成为当前粮食生产转型必须面临的战略选择。新时期，城乡互动发展机制和模式成为破解粮食生产转型的结构性问题，促进乡村转型发展的重要因素。

中国粮食生产能力整体上已长期供给不足过渡到丰年有余。粮食生产能力不断提升，粮食土地生产率和劳动生产率均得到提升。2020 年中国粮食总产量为 6.69 亿吨，进口粮食 1.43 亿吨，三大谷物自给率达 98.75%。中国的谷物产量由 1980 年的 2.77 亿吨增长到 2020 年的 6.16 亿吨，增长速度高于同期世界平均水平（图 1-1）。近 10 年占世界谷物总产量的比重维持在 20%以上（李亚婷等，2014；Huang et al.，2017）。人均粮食占有量由 1980 年的 326 千克增长到 2019 年的 440 千克，粮食生产与供给的状况较好。此外，也应该关注中国粮食生产种植结构的变化，其显著特征是水稻产量所占比重波动下降，小麦产量比重先增加后缓慢下降，玉米产量比重显著提升（杜国明等，2014；戈大专等，2019）。

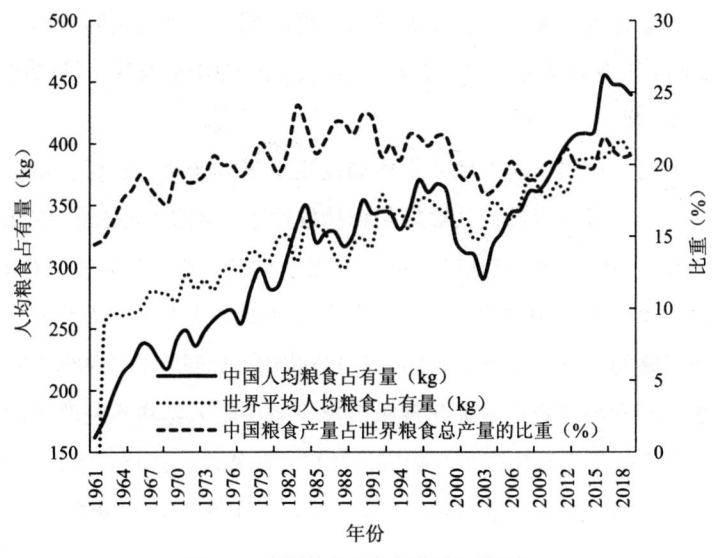

图 1-1　中国粮食生产在世界上的地位

资料来源：世界银行数据库，https://data.worldbank.org.cn。

（二）城镇化与农业生产聚变交织

改革开放以来，中国三次产业产值结构发生重大变化，呈现出第一产业所占比重持续下降，而二、三产业比重不断升高的趋势。2020年，第一产业所占比重已下降到7.7%，而二、三产业的比重分别上升到37.8%和54.5%。农业发展的城乡关系基础发生了根本变化。同年，中国城镇化水平达到了64%，长期居住在城镇的人口已显著超过了居住在农村的人口。城乡人口分布格局发生了根本性变化（黄季焜等，2012；Liu et al.，2014；陈锡文，2018）。农业从业人员占总就业人员的比重已经从1980年的68.7%，下降到2019的25.36%。二、三产业就业人口也分别增长到27.5%和47.4%。中国产业结构和就业结构迅速转型背景下，国家整体实力不断提升，整体进入中等发展国家行列。城乡转型发展进入关键时期，城市有足够的能力反哺农村，工业具备能力支持农业（Long et al.，2016；刘彦随等，2014，2018）。

中国农业发展的人地关系格局发生了重大变化。农村人口不断衰减，农村劳动力的供求数量与结构发生了深刻变化（Liu et al.，2017）。农业劳动力已从过去的绝对富余向结构性短缺转变（Cai，2010）。20世纪90年代以来，乡村从业人数和农业劳动力数量呈现波动下降的趋势。1991~2010年农业劳动力比重[①]由84.09%下降到60.23%。此外，农户兼业化现象突出，农民收入结构不断改变，收入结构正趋于多元化（刘彦随等，2011；陈锡文，2015；温铁军等，2018）。1990~2013年，农民家庭经营性收入比例由1990年的75.56%

---

① 农业劳动力比重=农业劳动力数量/乡村从业人员数量。

下降到 2013 年的 42.64%（鲁莎莎等，2013），而农民的工资性收入由 1990 年的 20.22%上升到 2020 年的 40.71%。同时，中国耕地资源不断衰减，进入新世纪以来，中国耕地面积迅速减少，坚守 18 亿亩耕地红线被提升为重要的国家战略（鲁奇，1999；吴群等，2006）。依据自然资源部第三次国土调查数据，2020 年中国耕地面积约为 1.28 亿公顷，比 1997 年的 1.3 亿公顷减少了 0.02 亿公顷，年均减少 8.08 万公顷。当前，中国农村地区的人口和劳动力数量呈现快速减少态势，打破了传统农业时期乡村人地关系的紧张格局（魏后凯，2017；刘彦随等，2018）。与此同时，农业生产方式也在不断变化，由"精耕细作"的劳动密集型逐渐向资本密集型转变（文琦，2009；李二玲等，2012；Li *et al.*，2016a；Bai *et al.*，2017）。

（三）乡村人地关系强约束日趋紧张

乡村在国民经济生产中的地位迅速下降，乡村人地关系已发生重大变化，成为推动粮食生产转型的重要动力。反过来，乡村人地关系的演变过程也是粮食生产转型的直观反映。中国粮食生产面临资源环境的强约束，人均耕地面积约 0.1 公顷，只相当于美国的 12%。2020 年中国人均水资源量仅为世界平均水平的 25%，而农业用水占所有水资源消耗的 62.1%左右。进入 21 世纪以来，中国农村劳动力（特别是青壮年劳动力）持续由农村流入城市，乡村劳动力城乡迁移趋势频繁，农户内部就业结构不断分化。农业从业人员数量在 1991 年达到 3.9 亿人最高值后逐步下降，到 2020 年已经下降到 1.77 亿人。

城镇化加速发展时期，留守老人和留守妇女成为农业生产的重要劳动力。农村"空心化"和农业劳动力老弱化趋势明显（Long *et al.*, 2012, 2016)。农业劳动力的老弱化造成农业生产的规模化难以有效推进、农业科技推广困难等问题(李同昇等, 2007; Wang *et al.*, 2016b; Huang *et al.*, 2017),严重影响农业生产效率的提高(宋戈等, 2010)。

农业发展面临资源环境的强约束。农业可利用资源的绝对数量大,但人均占有量较少(刘彦随等, 2004)。中国农业生产户(下文简称农户)平均拥有的耕地面积较小。根据全国第二次农业普查数据,全国户均耕地面积低于0.6公顷(9亩)农户的比重达到了83%,其中低于0.2公顷的农户达到了35%(图1-2(a))。中国农户的平均规模远低于世界平均水平,甚至低于印度、日本和韩国(图1-2(b))。农业生产的细碎化、农户小规模经营为特征的"小农"农业目前仍占主导地位(Song *et al.*, 2013)。

(四)国内外多重发展压力叠加

国际粮食价格的天花板与中国粮食生产成本的地板双重作用下,粮食生产利润空间不断压缩。此外,城镇化进程中,中国农业生产经营方式不断演变,农户直接经营承包地的比例在不断下降(Zhan, 2017)。为改革现有耕地承包与经营方式,全国开展了土地承包经营权确权颁证工作。截止到2020年底,全国已有15.6亿亩耕地完成了该项工作。到2020年末,全国农户第二轮承包的耕地中已有4.7亿亩进行了土地流转,占全部被承包耕地总面积的41.1%,其中流转入其他经营主体的比例达40%以上。同时,也应该关注另外一组数据,2020年全国农民工数量为2.86亿人。如果除去这部分"流动人口",中国户籍人口城镇化率仍不足50%,半城镇化现象明显,未来这些农民工中有多大比例可以安居在城市,仍存变数(Carter *et al.*，2012；Wu *et al.*，2016）。协调耕地流转与农户实际城镇化率之间的关系，成为下一步影响中国粮食生产转型的重要因素。

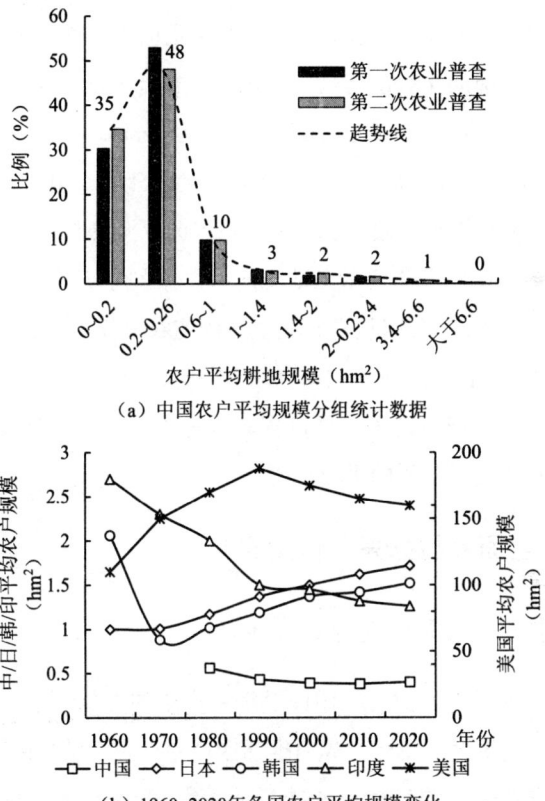

图1-2 农户平均耕地规模变化

资料来源：（a）来自第一次和第二次全国农业普查；（b）来自FAO 2021年统计公报。

农业劳动生产率严重滞后于土地生产率，而土地生产率正接近上限，双重压力导致中国粮食生产转型的难度较大。2010 年中国农业劳动生产率按照 2000 年的不变价为 554.96 美元/人，在 128 个国家地区中排名第 103 位。农业劳动生产率是世界平均水平的 1/2，日本的 1/77，美国的 1/100（高帆，2015）。1990～2010 年，中国土地生产率由 2 802 千克/公顷上升到 5 520 千克/公顷，2010 年的世界排名是第 16 位（世界平均水平为 3 564 千克/公顷）。由此可见，中国土地生产率不断接近上限（陈百明等，2001；刘沛林等，2010），而劳动生产率增幅严重滞后于土地生产率。据刘守英等（2017）研究发现，截至 2012 年全国从事农业生产的纯农户仅占 18.3%，而纯非农户占 15.9%，农业兼业户比重高达 65.8%。农户兼业化与农业劳动力生产率低下是城乡转型发展过程农户生计转型的重要表现，成为推动乡村人地关系转型的重要动力。

二、全面乡村振兴与粮食安全

（一）人地关系演变与粮食生产

城镇化进程中，乡村在国民经济生产中的地位迅速下降，乡村人地关系已发生重大变化，成为推动区域粮食生产转型的重要动力。"小农"农业生产的延续与乡村人地关系的剧烈调整形成强烈的冲突（刘彦随等，2009；龙花楼等，2014）。如何协调乡村人地关系保障粮食生产的有序转型成为需要深入研究的重要课题。（周立三，1990；宋金平等，2001）。2020 年中国农户总数为 1.87 亿户，农业兼业户比例不断提高，农户内部就业结构不断分化，地域差异显著。城镇化进程中，乡村人地关系悄然发生了变化。以乡村"空心化"为代表的乡村衰退型人地关系研究成为热点（陆文聪等，2008；刘彦随等，2009；杨忍等，2013）。

乡村人口外流后，农业生产和农民生活状态已改变。新时期如何在乡村人地关系转型背景下实现乡村的振兴发展（黄祖辉，2018），成为当前政府和学界关注的热点话题。以新型农业经营主体为代表的农户组织模式成为完善"小农"农户生产组织模式的重要途径。2015年全国家庭农场数量达34.26万个，经营了全国4.3亿亩耕地，其中73%以上的耕地是从其他农户承包地中流转而来。家庭农场的平均经营规模为128亩；家庭农场共拥有劳动力224万人，其中34%以上为雇佣劳动力（表1–1）。协调"小农"农户的分散经营与新型农业经营主体的规模化经营成为改变粮食生产组织模式的重要突破口。不同地区乡村人地关系转型的阶段差异显著，直接影响了粮食生产转型的进程。研究不同类型粮食生产转型地域模式及其驱动机制具有重要现实意义。

表1–1　2015年乡村劳动力第一产业从业比例

乡村劳动力第一产业从业比例（%）	省份
<30	北京、江苏、浙江
30~40	四川、陕西、重庆、湖南、湖北、河南、山西、山东、安徽、江西、福建、广东
40~50	甘肃、青海、宁夏、贵州、广西、海南、河北、辽宁、吉林、黑龙江
≥50	新疆、内蒙古、云南

注：西藏、台湾无数据。
资料来源：中国农村经营管理统计年鉴（2015）。

(二)乡村振兴与粮食安全

乡村劳动力从事农业生产的比重除 1998~2003 年略有上升外,其他时期均在不断下降,从 1978 年的 92.4%下降到 2019 年的 58.5%,减少了 33.9 个百分点。与农业劳动力投入密切相关的粮食生产亩均用工数量持续下降。中国三种主粮(小麦、水稻和玉米)的亩均用工数量由 1987 年的 33.3 小时下降到 2015 年的 5.61 小时。粮食生产的劳动力投入持续减少(图 1-3)。与此同时,农业机械投入持续增加,三种主粮亩均机械作业费由 1978 年的 0.84 元上升到 2015 年的 139.6 元,占粮食生产直接费用的比例由 3.4%上升到 34%。粮食生产的省工性投入快速增加,改变了粮食生产的组织模式。

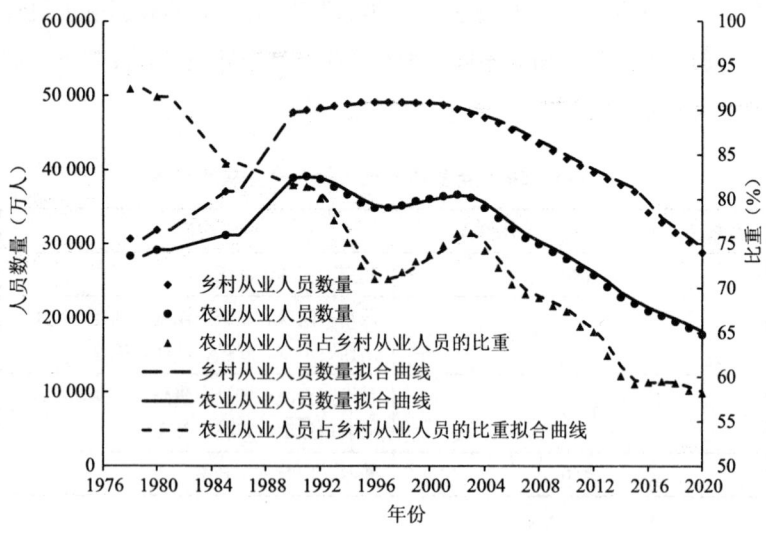

图 1-3 改革开放以来乡村劳动力就业结构变化

日本农学家东畑精一（1968）指出"一个国家面临粮食危机的时候，也是所有的经济要素同时面临危机的时候"。城镇化背景下，中国农业生产系统的变化带来了粮食生产的转型，不论是影响粮食生产的要素，还是粮食生产的结构和功能均在不断发生变化（表1–2）。国情决定了中国的粮食生产转型需要考虑本国的"人地关系"特征（Yan *et al.*，2010，2016；程叶青等，2010；姜长云等，2019）。中国与其他国家相比农业产值占 GDP 比重的下降速度远高于农业就业人口占总就业人口比重的下降速度。中国农业劳动力的转移过程相对于农业产业转型要迟缓。

表1–2 1995～2020年中国农业生产结构的演变（%）

结构类型	类型	1995年	2000年	2005年	2010年	2020年
农业产值结构	种植业	58.4	55.7	49.7	53.3	52.1
	林业	3.5	3.8	3.6	3.7	4.3
	畜牧业	29.7	29.7	33.7	30.0	29.2
	渔业	8.4	10.9	10.2	9.3	9.4
种植业播种结构	粮食作物	73.4	69.4	67.1	68.4	69.7
	经济作物	22.1	26.0	28.2	27.9	27.2
	其他农作物	4.5	4.7	4.8	3.8	3.1

资料来源：《2001年中国农村统计年鉴》《2020年中国农村统计年鉴》。

此外，中国粮食主产区面临"发展"与"增收"两难窘境。当前，国际粮食贸易环境日益复杂，世界人口快速增长，城市化发展、生态环境退化不断挤占和削弱全球的粮食生产能力，世界粮食供需的总体形势不容乐观，力保中国口粮绝对安全成为粮食生产的核心目标与任务（贾贵浩，2014）。"小农"生产组织模式带来的成本提升与收益限制，决定了中国粮食生产的经济效益较低，粮食主产区农民增收困难，"产粮大县"与"财政穷县"成为两难问题，保障国家粮食安全与促进农民增收成为亟需破解的难题（Wang et al., 2016a; Xiao et al., 2017）。破解中国粮食生产转型过程中出现的各种问题，揭示粮食生产转型的阶段规律，完善粮食生产的供给侧改革，保障乡村振兴战略的落实，成为需要研究的重要科学问题。

第二节 粮食生产转型与乡村振兴

一、粮食生产转型概念

（一）粮食概念界定

粮食是一个约定俗成的概念，有广义和狭义之分。狭义的粮食仅指谷物类，主要包括稻谷、小麦、玉米、高粱、谷子和其他作物（大麦、青稞、燕麦、黍、稷）等，习惯上还包括蓼科作物荞麦（吴传钧，1946；周立三，1964，2000）。广义的粮食指谷物类、豆类和薯类，包括农业生产的各种粮食作物和粮食部门经营的全部品种。这与国家统计局每年公布的粮食产量的概念基本一致。豆类以大豆为主，还有绿豆、赤豆、小豆、豌豆、蚕豆等。大豆既是粮食又是油料。薯类主要包括甘薯、马铃薯和木薯。

由于历史时期中国人均谷物产量较低，把豆类和薯类纳入粮食之中，所以习惯上使用广义粮食的概念。新中国成立以来粮食的统计口径也屡次发生变化。1953 年粮食列有五大品种：小麦、大米、大豆、杂粮和薯类。1964 年又把杂粮改为"玉米等"。1994 年五大品种改为：小麦、大米、玉米、大豆和其他，此后一直沿用至今。联合国粮食及农业组织（Food and Agriculture Organization of the United Nations, FAO）采用的粮食概念与中国狭义的粮食概念基本吻合。英文"Grain"一般指谷物，即小麦、稻谷和粗粮三大类。FAO于 1999 年出版的《粮食年鉴 1998》所列的详细谷物产品目录有八种，即小麦、稻谷、大麦、玉米、黑麦、燕麦、小米、高粱。可以看出国际上通用的"粮食"概念不包括豆类和薯类，与中国狭义粮食概念的统计口径基本一致。为有效使用国内统计数据，书中粮食的概念范畴除特殊说明外均指广义的粮食，即包含谷物、豆类和薯类。

（二）粮食生产转型概念界定

粮食生产作为农业生产活动重要的组成部分，从开始出现就与人类的生存和发展密切相关。粮食生产活动是人类获取食物的核心来源，可以说人类的进化史也是一部粮食生产革新的历史（吴传钧，1946）。因为粮食生产活动与自然环境密切相关，离开了人类居住的自然环境，在当前可预见的技术水平下，人类无法实现有效的粮食生产（Zuo et al., 2014）。同时，粮食生产活动又需要有人类直接参与才能实现。无论是传统农业社会的刀耕火种生产方式，还是发达地区大规模机械化现代农业生产方式，都无法摆脱人类的参与（Li et al., 2016b）。可以看出，粮食生产活动在自然环境和人类社会经济环境共同影响下成为一个复杂的系统（Tendall et al., 2015）。系统科学视角下，粮食生产活动可以构成一个开放的粮食生产系统。该系统与自然环境和社会环境不断进行物质和信息交换，维持系统的内部平衡，保证自然生态环境和社会经济发展环境的可持续发展（张象枢，1987；谢高地等，2005）。

中国粮食生产特征与农业发展历史及乡村人地关系演变密不可分。"人多地少"背景下的精耕细作型"小农"农业生产特征，深刻影响了中国粮食生产活动。粮食生产的"小农"属性十分显著。粮食生产变化过程是观察乡村发展演化的一个重要窗口。乡村发展与粮食生产密不可分（张小林，1998；房艳刚等，2015；龚胜生，1996），以粮食生产为切入点，探讨其内在转型规律及其驱动机制，将有利于深化乡村地域系统的理论和实践研究（刘彦随等，2019）。

中国粮食生产活动是以"小农"作为生产主体参与社会生产的过程。"小农"作为中国传统粮食生产经营主体一直占据主导地位。因此，"小农"生产模式下的粮食生产活动，把人与自然、人与地理环境，尤其是农业劳动力与耕地资源紧密联系在一起，形成一个具有特定功能的有机整体。粮食生产是在乡村"人"+"地"共同作用下，呈现"乡村人地关系"的有机整体，也是"人地关系地域系统"的重要组成部分（陆大道，2002；刘彦随等，2014）。粮食生产的结构和功能特征随着社会经济的发展将不断演化，呈现出差异化的地域特色和阶段特征。剖析粮食生产的要素投入、结构演变、功能演化、组织体系的变化过程，成为建构粮食生产转型概念的核心要义。

二、粮食生产转型相关理论

（一）低收入阶段模型与粮食生产

以亚当·斯密和大卫·李嘉图为代表的古典经济学家，以威廉·阿瑟·刘易斯（William Arthur Lewis）为代表的发展经济学家，对低收入阶段经济发展与粮食问题有较为深入的阐述（Lewis，

1954)。李嘉图构建了基于马尔萨斯人口理论为框架的劳动力供给与经济发展模型（图1-4）。李嘉图认为工商业资本积累是经济增长的动力。资本用于支出工人工资。资本增加情境下，劳动力需求增加，短时间劳动力供给有限的情况，工资将上涨，进而在马尔萨斯人口理论下，人口再生产将加速，进而增加劳动力供给（Malthus et al., 1989）。从长期来看，劳动力无限供给，工人工资维持在生存工资的水平，维持工业生产的利润率。资本继续投入生产，进而实现了资本的再生产。但是随着人口的增加，粮食供给在耕地有限供给的情况下会引发粮食危机，造成人口的骤减。人口再生产完成了一个循环过程，进入下一个人口再生产过程。粮食供给受限后，粮食等食品价格上涨，劳动者生存所必需的货币工资也不得不上涨，进而工业资本利润率开始下降，以致不能再进行追加投资，工业生产受限，社会陷入停滞发展阶段（图1-4）。

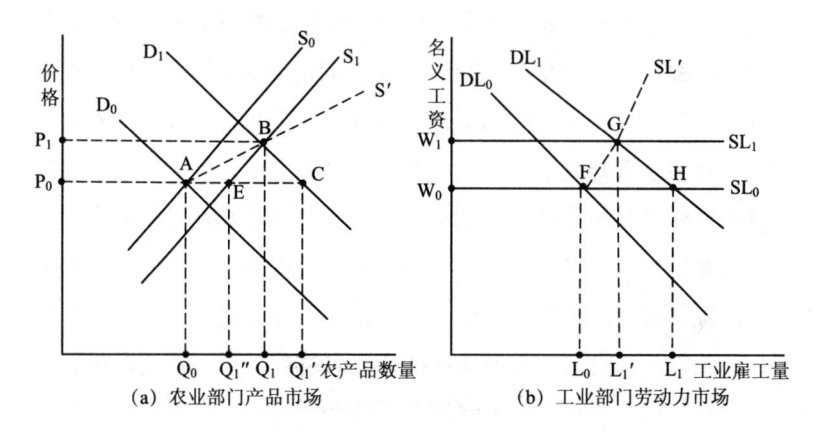

(a) 农业部门产品市场

(b) 工业部门劳动力市场

图1-4　低收入阶段粮食问题模型（速水佑次郎，2014）

李嘉图所考虑的粮食与经济发展的关系，粮食生产的边际成本递增，可以见图1-4（a）中的A、B两点相连的S'线所示的长期供给曲线。粮食价格沿长期供给曲线上升，进而对工业工资、雇佣和利润产生影响。当农产品的供给增长赶不上工业发展带来的社会需求增长时，农产品价格将上涨，而这又会反过来推动工业工资的上升。这样，在农业这一主要经济部门的生产技术处于基本停滞状态时开始推进工业化政策的发展中国家，就不可避免地出现粮食保障问题（图1-4（b））。

（二）城乡二元结构与粮食生产

随着工业化的不断推进，农业生产中的粮食问题逐渐向农业政策调整转化（速水佑次郎等，2003）。这时，"如何提供廉价的农产品"和"减少农村贫困"是两个对立的政策目标，如何协调好二者的关系是中等收入国家农业政策成功与否的关键（Lewis，1954；曹小曙等，2014；程叶青等，2005）。粮食问题向农业调整转化是社会进步与农民自我意识觉醒的过程，同时，也伴随着国家农业政策的变化。众多学者研究了发展中国家工业化和城镇化推进过程中社会经济的发展模型（叶超，2019），其中刘易斯在李嘉图模型的基础上发展构建了由农业（传统部门）与工业（现代部门）构成的二元部门经济发展模型。他假定工业工人工资与农业劳动力工资采用两种工资体系，一种是新古典经济学的边际收益工资，一种是古典经济学的生存工资，所以其模型被称为二元经济模型。与李嘉图认为劳动力无限供给来源于马尔萨斯人口增长规律不同，刘易斯认为农业生产部门存在大量剩余劳动力，农业雇用往往扩大到超出农业生产所必需的程度。对于这样的剩余劳动力，工业雇用者只要支付生存工资，就会有无限多的劳动力从农村转移出来，直到农村剩余劳动力转移完毕。费景汉和拉尼斯用数学方法推导了这个过程（Ranis et al., 1961），并最终把刘易斯的二元结构理论上升为费景汉—拉尼斯模型（图1-5）。

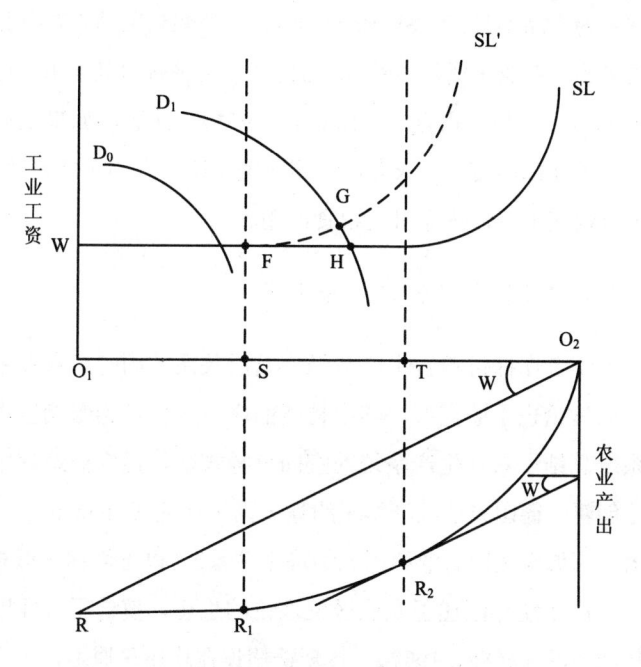

图1-5 费景汉—拉尼斯模型（速水佑次郎等，2003）

费景汉—拉尼斯模型从理论抽象上解释了发展中国家城镇化与工业化过程中农业生产部门向工业生产部门转型过程中工业工资与农业劳动力供给状况的耦合关系，进而揭示了农业产出与农业劳动力转移的关系。O_1点至S点之间，农业劳动力转移暂时不会影响农业产出。此时，农业劳动力充足供给，工业工资维持在制度工资的水平（Ranis et al., 1961）。在工业雇用到达 T 点之前而超过 S 点时，农业剩余劳动力转移虽然仍维持在制度工资的水平，但农业劳动的边际生产力从零变为正数，农业劳动力转移已经开始带来农业产出的下降，进而引发食品价格上升。食品供给开始出现供不应求，S 点也可称之为食品不足点（Shortage point）。当剩余劳动力转移完毕即图中的 T 点，农业工资将沿着 SL 边际生产力曲线开始上升，这个转折点也俗称"刘易斯拐点"（Lewis, 1954）。此后，如果农业劳动力继续向工业部门转移，农业产业将迅速下降，食品价格迅速攀升，农业工资快速上涨，进而引发粮食问题。

（三）农业区位理论与粮食生产

众多学者在探讨粮食生产与经济发展关系的同时，农业生产的空间布局理论也不断完善。其中杜能的农业区位理论影响巨大。该理论系统总结了农业生产系统的空间分异规律，是农业地理学的重要理论创新。德国农业经济学家约翰·冯·杜能（Thunen）于 1826 年出版了《孤立国同农业和国民经济之关系》（以下简称《孤立国》）一书，首次系统地阐述了农业区位理论的思想，奠定了农业区位理论的基础（冯·杜能，1997）。该理论假设在均质平原上，单一交通系统支持下，工农产品消费与供给区域配置情况下，农业生产系统中不同生产部门由于级差地租原理，导致农业土地利用类型的差异，得出各种土地利用方式的地租曲线的高度以及斜率（图 1-6 上部）。在经济效益最大化目标下，农作物因地租收入的差异，进而促成了农业土地利用的杜能圈结构（图 1-6 下部）。

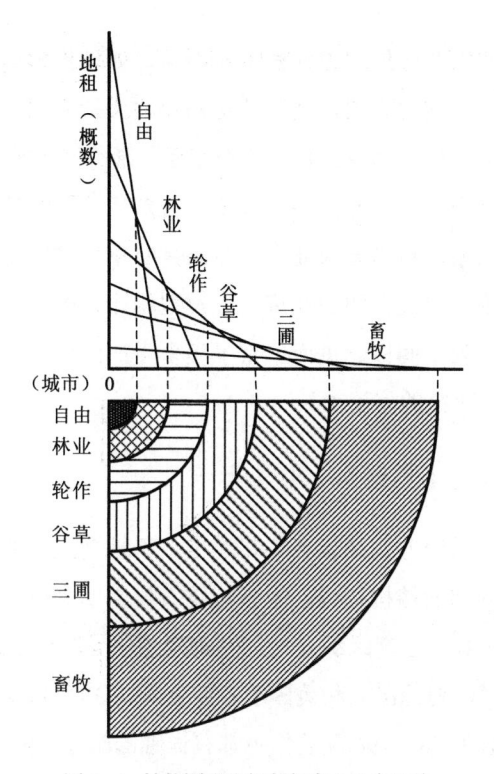

图 1-6 杜能圈形成机制与农业生产结构

　　农业生产方式的空间配置原理是一般在城市（市场）近处种植笨重、体积大因而运输量较大或者运费成本相对其价格而言过高的作物，或者生产易于腐烂或必须在新鲜时消费的产品。随着距城市距离的增加，种植相对于农产品的价格而言运费较小的作物。在城市的周围，将形成以不同农作物为主依次排列的同心圆结构。随着种植作物的不同，农业形态也发生变化，从而产生各种不同的农业组织形式，即以城市为中心，由里向外依次为自由式农业、林业、轮作式农业、谷草式农业、三圃式农业、畜牧业。

虽然杜能农业区位理论存在诸多不足，如理论模型中仅考虑了马车作为唯一的交通方式，其次就是构建的"孤立国"系统在现实世界较难存在，但其理论价值仍十分显著，揭示了均质条件下农业的空间分异原理，说明农业生产系统与自然环境以外的社会环境也存在密切的联系，对指导农业生产布局具有重要现实意义。此外，农业区位理论与前文介绍的经济发展模型相比，把粮食生产问题由时间概念转化为空间概念进而丰富了粮食生产的研究手段，是推动粮食生产综合研究的理论工具。

（四）乡村生产组织与粮食生产

粮食生产组织方式是指直接和间接从事粮食生产的个人或其他形式的团体内部的结构构成。中国传统农耕文明是以农户家庭为核心构成的"小农"生产组织方式。"小农"生产组织方式和运作模式在费孝通的《江村经济》和美国学者铂金斯（D.H. Perkins）的《中国农业的发展1368～1968》著作中都有详细的阐述（费孝通，2006）。传统农业时期，以"小农"生产为特征的自给自足粮食生产方式，构成了中国乡村地区的稳定社会结构。新中国成立以来，中国粮食生产方式经历了由"小农"到农业合作化，再到"承包到户"分散经营模式的历史演变。城镇化背景下，发展中国家小农的发展与经营状态成为世界范围内研究的热点（Chappell et al., 2011；Holden et al., 2013）。欠发达地区"小农"生产的转型对于当地"减贫和发展"作用深远（Haggblade et al., 2010）。中国粮食生产组织方式又迎来一次巨变。新型农业经营主体不断凸显，农户自发组织的多种类型的合作社，粮食生产的集约化和机械化等各方面因素都已经深刻改变了中国传统的农耕组织方式。

新型农业经营主体的建立是构建现代农业生产体系的关键，有助于破解当前"小农"生产组织模式的弊端。农业产业化进程也是农村经济组织演变和创新的过程（周立群等，2001；张晓山，2006；Jia et al.，2012）。研究表明农业产业化发展过程中农民组织化严重滞后的问题亟待解决。发展合作社等中介组织是推进农业产业化向更高层次发展的重要途径（Deng et al.，2010）。家庭农场也将是未来中国农业微观经营组织的重要形式。现阶段粮食生产领域农业经营主体主要有以下几个类型：（1）种植大户；（2）家庭农场；（3）农民专业合作社；（4）农业龙头企业；（5）经营性农业服务组织等（表1–3），对推动粮食生产的现代化、扩大农户的市场参与程度、提高农业生产效率具有重要作用。

表 1–3　多种粮食生产组织创新模式特征及发展趋势

类型	主要特征	发展趋势
公司+农户	公司与农户订立短期购销合同 农户自主进行生产决策 公司不直接介入农户实际生产 双方博弈地位悬殊	协调农户与公司的利益分配，强化农户的参与能力 完善双方约束机制
公司+家庭农场	市场为主导的经济结构 现代生产要素引入（技术、资本） 分工协作应对发展	加大科技投入，发展智慧农业 推动制度化建设，保障各自利益
公司+中介组织+农户	中介组织调和公司与农户的利益 产量规模化与农户组织分散化并存 农户利益是否得到保障与合作社的组织和管理密切相关	加强中介组织规范化建设 理顺合作社在公司与农户之间利益博弈的关系 推动土地流转，扩大经营规模

三、统筹粮食生产转型与乡村振兴

(一)丰富人地关系地域系统理论

人地关系地域系统是人类活动与地理环境之间相互作用在地域上的表现形式(吴传钧等,1994;刘彦随等,2000;陆玉麒等,2007)。它是以地球表层一定地域为基础的人地关系系统,着重研究人类在与自然环境相互作用过程中呈现出的系统性结构与功能。粮食生产作为人类社会经济系统独特的生产部门,既体现了自然生产的过程也反映了社会再生产的过程。因此,以粮食生产转型为研究对象,是对人地关系地域系统的有效诠释。研究粮食生产转型过程中乡村人地关系的转型,进而有效提炼乡村人地关系地域系统在粮食生产转型中的作用,对有效调控区域人地关系(尤其是乡村人地关系),保障区域人地关系地域系统良性发展具有重要意义。粮食生产是人地关系地域系统的子系统,能够呈现人地关系地域系统的核心内涵。因此,深入研究粮食生产转型的格局与机制,可以丰富人地关系地域系统研究成果在农业生产领域的应用。

(二)推动农业地理和乡村地理融合

农业地理学作为地理学的重要分支,是研究农业生产地域规律,开发利用农业资源,合理布局农业生产,开展农业综合区划等直接为农业生产服务且应用性很强的学科(邓静中,1982;周立三,2000)。中国农业地理学在全国农业资源综合考察(邓静中,1963),全国性系列综合农业区划等研究上取得了重要理论突破。城镇化背景下,以粮食生产为代表的农业生产系统发生了深刻变化。农业生产所面临的人地环境均发生较大改变(刘彦随等,2018)。新形势下,以中国粮食生产转型为切入点,深入剖析粮食生产转型的格局与机制,有助于推进农业地理学的理论创新和实践应用(龙花楼等,2014)。以粮食生产转型为研究内容,可以有效揭示乡村人地关系转型的阶段特征和发展规律,可为协调乡村地区良性发展提供重要理论支撑,完善乡村振兴科学体系,进而丰富乡村地理学的研究主题,推动农业地理和乡村地理的融合研究。

(三)优化粮食生产转型理论

城乡转型发展背景下,合理及有效的粮食生产政策能保证粮食生产平稳转型,对保障国家粮食安全具有重要意义。通过研究粮食生产转型的格局及机制,深入剖析城镇化背景下粮食生产转型的影响要素及转型机制,系统刻画粮食生产结构和功能的转型及其动力机制(Huang et al.,2017),是科学把握粮食生产发展现状及总结现有问题的有效手段。系统分析粮食生产转型是预测粮食生产发展的理论基础,可为科学调控粮食生产转型提供参考依据。因此,城镇化进程中,加强粮食生产转型研究,可为粮食生产调控,保障粮食安全发挥重要作用。

(四)支撑农业与农村政策优化路径

粮食生产是与社会经济发展和自然生态环境联系均较密切的生产部门。因此,粮食生产与城乡转型发展和生态环境相互作用强烈。粮食生产转型既体现了区域农业转型发展过程,也刻画了乡村地域系统转型发展过程(马晓冬等,2016;龙花楼等,2017)。当前,接近中国总人口一半的乡村人口仍然居住和生活在乡村地区。这部分人的生存和发展仍然与粮食生产密切相关。以协调乡村人地关系为目标，保障农户生计、维持社会稳定发展和促进乡村良性发展是粮食生产转型亟需突破的重大理论问题（Long et al., 2016）。粮食生产与乡村振兴的关系研究不仅是破解粮食生产发展障碍的重要突破口，也是有效把握乡村转型发展脉络的重要支点。因此，深入研究粮食生产转型，可为农业与农村政策调整，落实乡村振兴发展战略提供借鉴。

四、本书框架

粮食生产作为自然再生产和社会再生产有机结合的生产部门，相对而言其转型与调整的速度较慢。正因为如此，农村社会经济发展转型在粮食生产中表现得尤为明显。本书以"理论解析—实证检验—案例研究—优化调控"为研究路径，实现对城镇化背景下粮食生产转型格局与机制，及其与乡村振兴内在关系的解析。基于"空间弹性"（Spatial resilience）构建中国粮食生产转型的理论分析框架，进而识别影响粮食生产系统转型的核心要素及转型机制。在粮食生产要素、结构和功能转型分析的基础上，总结粮食生产转型的阶段演替规律，识别粮食生产转型与乡村振兴互动的差异化类型特征，选取不同发展阶段的案例区开展实证研究，总结不同发展阶段乡村粮食生产转型问题，总结振兴乡村的实践策略（图1-7）。

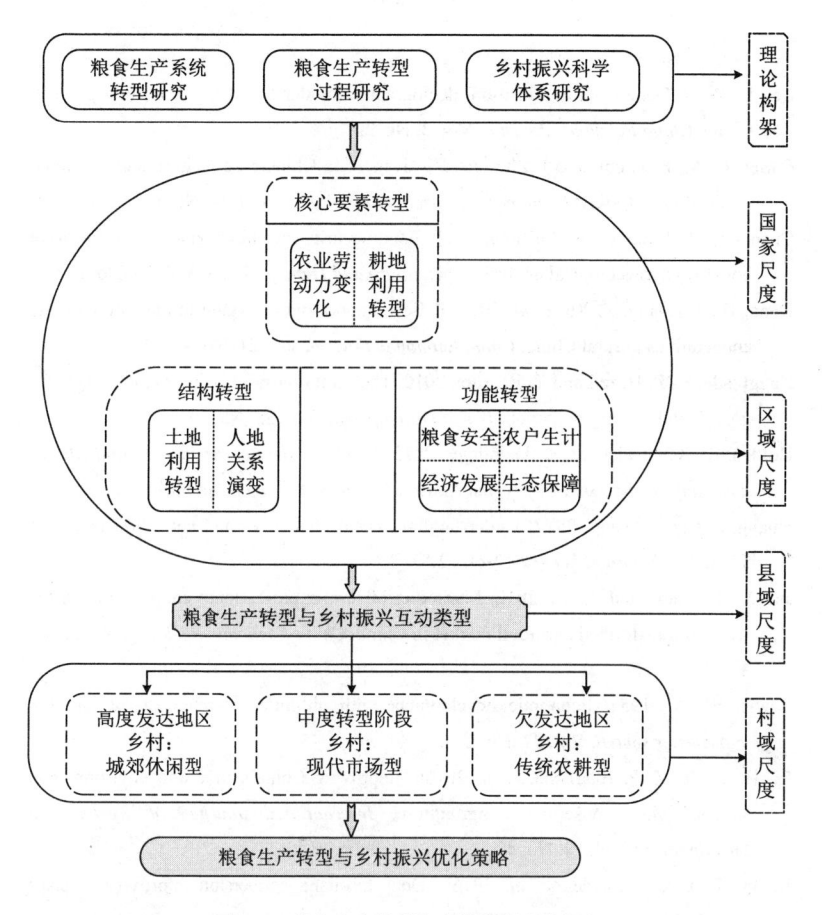

图 1-7　粮食生产转型与乡村振兴研究框架

参考文献

Bai, X., T. McPhearson, H. Cleugh, *et al.* 2017. Linking urbanization and the environment: Conceptual and empirical advances. *Annual Review of Environment and Resources*,

Vol. 42, No. 1.

Cai, F., 2010. Demographic transition, demographic dividend, and Lewis turning point in China. *China Economic Journal*, Vol. 3, No. 2.

Carter, C. A., F. Zhong and J. Zhu, 2012. Advances in Chinese agriculture and its global implications. *Applied Economic Perspectives and Policy*, Vol. 34, No. 1.

Chappell, M. J. and L. A. LaValle, 2011. Food security and biodiversity: Can we have both? An agroecological analysis. *Agriculture and Human Values*, Vol. 28, No. 1.

Deng, H., J. Huang, Z. Xu, et al. 2010. Policy support and emerging farmer professional cooperatives in rural China. *China Economic Review*, Vol. 21, No. 4.

Haggblade, S., P. Hazell and T. Reardon 2010. The rural non-farm economy: Prospects for growth and poverty reduction. *World Development*, Vol. 38, No. 10.

Holden, S., K. Otsuka and K. Deininger, 2013. *Land Tenure Reform in Asia and Africa: Assessing Impacts on Poverty and Natural Resource Management*. Springer.

Huang, J. and G. Yang, 2017. Understanding recent challenges and new food policy in China. *Global Food Security*, Vol. 12.

Jia, X., J. Huang and Z. Xu, 2012. Marketing of farmer professional cooperatives in the wave of transformed agrofood market in China. *China Economic Review*, Vol. 23, No. 3.

Lewis, W. A., 1954. Economic development with unlimited supplies of labour. *The manchester school*, Vol. 22, No. 2.

Li, H., J. He, Z. P. Bharucha, et al. 2016a. Improving China's food and environmental security with conservation agriculture. *International Journal of Agricultural Sustainability*, Vol. 14, No. 4.

Li, Q., Z. Liu, P. Zander, et al. 2016b. Does farmland conversion improve or impair household livelihood in smallholder agriculture system? A case study of Grain for Green project impacts in China's Loess Plateau. *World Development Perspectives*, Vol. 2.

Liu, Y., R. Yang, H. Long, et al. 2014. Implications of land-use change in rural China: A case study of Yucheng, Shandong province. *Land Use Policy*, Vol. 40.

Liu, Y. and Y. Li, 2017. Revitalize the world's countryside. *Nature*, Vol. 548, No. 7667.

Long, H., Y. Li, Y. Liu, et al. 2012. Accelerated restructuring in rural China fueled by 'increasing vs. decreasing balance' land-use policy for dealing with hollowed villages. *Land Use Policy*, Vol. 29, No. 1.

Long, H., S. Tu, D. Ge, et al. 2016. The allocation and management of critical resources in rural China under restructuring: Problems and prospects. *Journal of Rural Studies*, Vol. 47.

Long, H., 2020. *Land Use Transitions and Rural Restructuring in China*. Springer Nature.

Malthus, T. R. and J. Pullen, 1989. *TR Malthus: Principles of Political Economy*. Cambridge University Press.

Ranis, G. and J. C. Fei, 1961. A theory of economic development. *The American economic review*, Vol. 51, No. 4.

Song, Y., G. Qi, Y. Zhang, et al. 2013. Farmer cooperatives in China: Diverse pathways to sustainable rural development. *International Journal of Agricultural Sustainability*, Vol. 12, No. 2.

Tendall, D. M., J. Joerin, B. Kopainsky, et al. 2015. Food system resilience: Defining the concept. *Global Food Security*, Vol. 6.

Wang, C., Y. Zhang, Y. Yang, et al. 2016a. Assessment of sustainable livelihoods of different farmers in hilly red soil erosion areas of southern China. *Ecological Indicators*, Vol. 64.

Wang, X., J. Huang and S. Rozelle, 2016b. Off-farm employment and agricultural specialization in China. *China Economic Review*, Vol. 42.

Wu, Q., X. Zhang, Y. Xu, et al. 2016. Dualities of semi-urbanization villages in social-spatial transition: A case study of Zhoucun village in suburban Nanjing, China. *Journal of Rural Studies*, Vol. 47.

Xiao, Y., X. Wu, L. Wang, et al. 2017. Optimal farmland conversion in China under double restraints of economic growth and resource protection. *Journal of Cleaner Production*, Vol. 142.

Yan, J., Y. Wu, Y. Zhang, et al. 2010. Livelihood diversification of farmers and nomads of eastern transect in Tibetan Plateau. *Journal of Geographical Sciences*, Vol. 20, No. 5.

Yan, J., Z. Yang, Z. Li, et al. 2016. Drivers of cropland abandonment in mountainous areas: A household decision model on farming scale in Southwest China. *Land Use Policy*, Vol. 57.

Zhan, S., 2017. Riding on self-sufficiency: Grain policy and the rise of agrarian capital in China. *Journal of Rural Studies*, Vol. 54.

Zuo, L., X. Wang, Z. Zhang, et al. 2014. Developing grain production policy in terms of multiple cropping systems in China. *Land Use Policy*, Vol. 40.

曹小曙、任慧子、黄晓燕："经济发达地区乡村贫困的地方特征及其影响因素分析——以广东省连州市为例",《地域研究与开发》,2014年第1期。

陈百明、张凤荣:"中国土地可持续利用指标体系的理论与方法",《自然资源学报》,2001年第3期。

陈锡文:"中国农业发展形势及面临的挑战",《农村经济》,2015年第1期。

陈锡文:"实施乡村振兴战略,推进农业农村现代化",《中国农业大学学报(社会科学版)》,2018年第1期。

程叶青、张平宇:"中国粮食生产的区域格局变化及东北商品粮基地的响应",《地理科学》,2005年第5期。

程叶青、邓吉祥:"吉林省中部粮食主产区城乡综合发展水平格局特征",《地理学报》,2010年第12期。

邓静中:"全国农业现状区划的初步探讨",《地理学报》,1963年第4期。

邓静中:"全国综合农业区划的若干问题",《地理研究》,1982年第1期。

東畑精一:《日本農業の変革過程》,日本岩波书店,1968年。

杜国明、刘彦随、刘阁:"黑龙江省近30年来粮食生产变化及增产因素分析",《农业现代化研究》,2014年第5期。

费孝通:《江村经济》,上海人民出版社,2006年。

冯·杜能:《孤立国同农业和国民经济的关系》,商务印书馆,1997年。

房艳刚、刘继生:"基于多功能理论的中国乡村发展多元化探讨——超越'现代化'发展范式",《地理学报》,2015年第2期。

戈大专、龙花楼、乔伟峰:"改革开放以来中国粮食生产转型分析及展望",《自然资源学报》,2019年第3期。

戈大专、龙花楼:"论乡村空间治理与城乡融合发展",《地理学报》,2020年第6期。

龚胜生:《清代两湖农业地理》,华中师范大学出版社,1996年。

黄季焜:"六十年中国农业的发展和三十年改革奇迹——制度创新、技术进步和市场改革",《农业技术经济》,2010年第1期。

黄季焜、杨军、仇焕广:"新时期国家粮食安全战略和政策的思考",《农业经济问题》,2012年第3期。

黄祖辉:"准确把握中国乡村振兴战略",《中国农村经济》,2018年第4期。

贾贵浩："城镇化进程中粮食安全问题及对策"，《宏观经济管理》，2014 年第 8 期。

姜长云、王一杰："新中国成立 70 年来中国推进粮食安全的成就、经验与思考"，《农业经济问题》，2019 年第 10 期。

李二玲、庞安超、朱纪广："中国农业地理集聚格局演化及其机制"，《地理研究》，2012 年第 5 期。

李同昇、罗雅丽、杨凌："示范区农业技术推广模式分析与优化途径"，《西北大学学报（哲学社会科学版）》，2007 年第 1 期。

李亚婷、潘少奇、苗长虹："中国县域人均粮食占有量的时空格局——基于户籍人口和常住人口的对比分析"，《地理学报》，2014 年第 12 期。

刘彦随、龙花楼、陈玉福：《中国乡村发展研究报告：农村空心化及其整治策略》，科学出版社，2011 年。

刘彦随、龙花楼、王介勇：《中国农业现代化与农民》，北科学出版社，2014 年。

刘彦随、王大伟、彭留英："中国农业地理学研究的进展与趋向"，《地理学报》，2004 年第 S1 期。

刘彦随、刘玉、翟荣新："中国农村空心化的地理学研究与整治实践"，《地理学报》，2009 年第 10 期。

刘彦随、吴传钧："农业持续发展研究进展及其理论"，《经济地理》，2000 年第 1 期。

刘彦随、张紫雯、王介勇："中国农业地域分异与现代农业区划方案"，《地理学报》，2018 年第 2 期。

刘彦随、周扬、李玉恒："中国乡村地域系统与乡村振兴战略"，《地理学报》，2019 年第 12 期。

刘守英、高圣平、王瑞民："农地三权分置下的土地权利体系重构"，《北京大学学报（哲学社会科学版）》，2017 年第 5 期。

龙花楼、刘彦随、张小林等："农业地理与乡村发展研究新近进展"，《地理学报》，2014 年第 8 期。

龙花楼、屠爽爽："论乡村重构"，《地理学报》，2017 年第 4 期。

鲁奇："中国耕地资源开发、保护与粮食安全保障问题"，《资源科学》，1999年第6期。

鲁奇、吕鸣伦："五十年代以来中国粮食生产地域格局变化趋势及原因初探"，《地理科学进展》，1997年第1期。

鲁莎莎、刘彦随、关兴良："中国城乡转型背景下农业综合区划研究——以106国道沿线典型样带区为例"，《地理科学》，2013年第8期。

陆大道："关于地理学的'人—地系统'理论研究"，《地理研究》，2002年第2期。

陆玉麒、林康、张莉："市域空间发展类型区划分的方法探讨——以江苏省仪征市为例"，《地理学报》，2007年第4期。

陆文聪、梅燕、李元龙："中国粮食生产的区域变化：人地关系、非农就业与劳动报酬的影响效应"，《中国人口科学》，2008年第3期。

马晓冬、孙晓欣："2000年以来江苏省农业转型发展的时空演变及问题区识别——基于全要素生产率的视角"，《经济地理》，2016年第7期。

宋戈、梁海鸥、林佳等："黑龙江省垦区耕地利用综合效益评价及驱动力分析"，《经济地理》，2010年第5期。

宋金平、王恩儒："中国农业剩余劳动力转移的模式与发展趋势"，《中国人口科学》，2001年第6期。

速水佑次郎、神门善久：《农业经济论》，中国农业出版社，2003年。

文琦："中国农村转型发展研究的进展与趋势"，《中国人口·资源与环境》，2009年第1期。

温铁军、邱建生、车海生："改革开放40年'三农'问题的演进与乡村振兴战略的提出"，《理论探讨》，2018年第5期。

魏后凯："中国农业发展的结构性矛盾及其政策转型"，《中国农村经济》，2017年第5期。

吴传钧：《中国粮食地理》，商务印书馆，1946年。

吴传钧：《中国农业与农村经济可持续发展问题：不同类型地区实证研究》，中国环境科学出版社，2001年。

吴传钧、郭焕成：《中国土地利用》，科学出版社，1994年。

吴群、郭贯成、万丽平："经济增长与耕地资源数量变化：国际比较及其启示"，《资源科学》，2006年第4期。

谢高地、肖玉、甄霖等："中国粮食生产的生态服务价值研究"，《中国生态农业学报》，2005年第3期。

杨忍、刘彦随、郭丽英："环渤海地区农村空心化程度与耕地利用集约度的时空变化及其耦合关系"，《地理科学进展》，2013年第2期。

叶超："空间正义与新型城镇化研究的方法论"，《地理研究》，2019年第1期。

张小林："乡村概念辨析"，《地理学报》，1998年第4期。

张象枢：《农业系统工程概论》，山东科学技术出版社，1987年。

张晓山："创新农业基本经营制度发展现代农业"，《农业经济问题》，2006年第8期。

周立群、曹利群："农村经济组织形态的演变与创新——山东省莱阳市农业产业化调查报告"，《经济研究》，2001年第1期。

周立三：《中国农业地理》，科学出版社，2000年。

周立三："试论农业区域的形成演变、内部结构及其区划体系"，《地理学报》，1964年第1期。

周立三："从人口资源与生态环境的观点分析中国国情与农村经济发展"，《地理学报》，1990年第3期。

第二章 粮食生产转型——理论分析框架

弹性思维在社会－生态系统和社会－经济系统等复杂系统得到了广泛的应用。粮食生产作为社会经济环境和社会生态环境共同作用下的复杂系统，需要建立一个跨时空尺度的框架来研究粮食生产系统转型的时空过程。因此，本章将粮食生产的空间属性纳入到系统的弹性研究中，构建了基于空间弹性的粮食生产系统转型研究框架，从多功能和内外扰动视角建构粮食生产系统转型的研究路径，探讨系统扰动因素跨尺度作用和多主体利益协调机制下的粮食生产系统空间弹性应对策略。

第一节 系统转型分析框架

一、空间弹性与社会生态系统转型

（一）社会生态系统弹性概念与应用

当前，弹性思想是集弹性（Resilience）、适应性（Adaptability）、可变性（Transformability）于一体的综合性思维方式（Folke *et al.*,

2010）。弹性思想强调社会生态系统需要利用灵活的策略应对各种危机，进而实现在原有轨道或者全新发展轨道上良性的发展。弹性是一个动态的概念，涉及到系统的复杂性、不确定性、跨层次和尺度的异质性。弹性是系统在面临持续变革的严峻危机时能够维持自身处在一个相对稳定区域内的一种趋势（Folke，2016）。而适应性是弹性的一部分，指系统在应对内外部因素变化时，保持系统稳定在当前轨道和区域内实现发展的能力（Folke et al.，2010；Walker et al.，2004）。变化性指实现系统跨越门槛进入新的发展轨道，创新且稳定发展的能力（Bousquet et al.，2016；Loorbach et al.，2017）。

当弹性这一概念延伸到其他相关学科后，其内涵和外延也在不断变更。由生态学科体系下的系统面对重要扰动后的恢复能力（Holling，1973），逐渐演变为主体和客体的关系特征（Folke，2016）。相应地，学界出现了城市弹性研究（Meerow et al.，2016；Eakin et al.，2017）、旅游地弹性研究、社区弹性研究（Norris et al.，2008；Berkes et al.，2013）、发展弹性研究（Cao et al.，2009；Bousquet et al.，2016）等研究领域，注重研究系统主体面临重大障碍机制后的适应性发展能力。可持续性和弹性有相似的概念，但也有本质的区别。社会—生态系统的弹性研究是可持续发展科学的进一步延伸（Loorbach et al.，2017）。可持续发展思维主要是利用现有手段和技术体系实现社会—生态系统适应性发展的能力。弹性概念更加强调面临危机后社会—生态系统维持稳定的发展，避免持续衰退和恶化的方法与认识论。

1. 发展弹性

弹性概念对发展研究产生了重要的影响，从个人到社区再到整个社会的发展，具有弹性属性的发展研究在理论和经验上变得不断丰富（Barrett et al.，2014；Béné et al.，2016）。发展弹性指随着时间的变化农户在面对多重压力及多次严重冲击后避免贫困和陷入生活困境的能力。如果这种能力可以随着时间的变化不断增强，则称之为发展弹性（Barrett et al.，2014）。当人类更加深入地参与到社会和生物圈活动，不断遇到来自不同尺度的发展问题，而且这些问题与发展的管理体系密切相关。当前，越来越多的国际人道组织利用"弹性"（或"恢复力"）这一概念来处理环境变化、政治波动及经济混乱等重大问题（杨新军等，2015；Béné et al.，2017）。对发展弹性关注较多的原因是其提供了地方面临多重危机后的恢复发展方案和可能性，对地方摆脱脆弱发展陷阱，走上恢复发展的道路具有重要意义。

当系统接近决定系统关键功能的阈值（受到突然或不可预测冲击）时，系统弹性则特别重要。这种阈值在低收入国家，特别是高贫困、粮食不安全和社会政治制度以及基础设施不充分的情况下，可能使贫困人口面临广泛的压力和生存危机（Barrett et al.，2014）。因此，发展弹性关注贫困、适应能力、粮食安全、社会保护、生态系统和环境变化的关系，以及人类应对气候变化方面的抵御能力，都具有重要的现实的意义（Barnosky et al.，2012；Béné et al.，2014；Brown，2015；Bousquet et al.，2016；Tendall et al.，2015）。在应对粮食安全、营养供给短缺和发展的适应力时，主要采用短期人道主义干预措施、气候变化项目和长期发展方案等措施（图 2-1）。

2. 社区弹性

为组织个体和不同利益群体有效应对社会经济发展进程中系统面临的危机，社区弹性（Community resilience）概念已经被广泛地应用。社区若抓住由气候诱发的冲击所造成的机会窗口，将产生持续的社会生态改善，这意味着管理层应该促进当地的内生制度变化，以提高社区应对气候冲击的抵御能力（McSweeney et al.，2011）。诺利斯等认为（Norris et al.，2008），社区弹性来自经济发展、社会资本、信息和交流以及社区能力四个方面的适应能力，并且整体上它们有助于提高社区应对变化的能力（如自然灾害）。

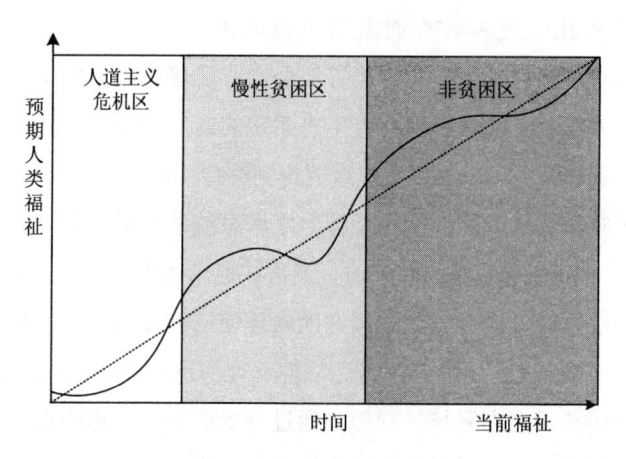

图2-1 发展弹性理论示意图

资料来源：Bousquet et al.，2016。

灵活性作为一个动态的概念反映在社区弹性的定义中。社区成员在发展和参与程度上不断变化，在不确定性、不可预测性和短时间利好变化的环境中不断成长（Norris et al.，2008）。社区和社会弹性以及与全球化进程相关的跨尺度研究正在受到关注，并引发社区与尺度相互作用之间的平衡，而且是全球经济进程中提升社会生态抵御能力的关键内容（Carpenter et al.，2009；Crona et al.，2015）。

3. 弹性管理

社会和生态系统在许多方面存在差异。弹性思维对延续更广泛的社会和生态治理研究具有较大的潜力，特别是在多层次管理制度的研究中，考虑变化与稳定、适应与设计、层次结构和自组织等重大问题时具有自身的优势（Nelson et al., 2007）。此外，"多中心"或多重的控制层次在解决政策实施和管理中遇到的困难问题也很有效。生态系统管理的社会层面，在处理不确定性、组织变化、机构灵活性和社会资本等方面取得了重大进展。研究发现社会资本（Petzold, 2017）和社会记忆等社会运行环境对社会生态系统适应能力至关重要。通过管理社会生态系统的适应性周期循环，使资源和生态系统服务可以在多个尺度上得到维持（Folke et al., 2005）。

适应和塑造变化的能力是社会生态系统的重要组成部分。自适应管理（Gunderson et al., 2001）通常被提出作为处理生态系统复杂性的有效方法，而不是管理资源的最佳使用和控制方式。使用适应性政府的概念是扩大生态系统适应性管理的重点（Dietz et al., 2003），从而实现基于生态系统的管理。通过有效的管理，意味着创造有序的规则、集体行动的条件和社会协调的制度。此外，弹性管理也是体现公民决策，分享权力的过程（Lebel et al., 2006）。

（二）系统弹性与系统转型

1. 系统空间异质性

空间异质性是系统的固有属性，不论是简单系统还是复杂系统，系统构成的要素、结构和功能的异质性是系统存在的前提，也深刻影响了系统的发展。人类社会的空间异质性，以及人与生态系统之间相互作用的空间差异得到了广泛的认可和记录（Turner II, 2010）。地理学关于地理要素时空格局的研究，以及生态学研究景观格局的演化规律，都是试图用更加精细化的方法解释社会经济系统和生态系统的内在差异。系统的空间异质性既包括系统组成要素在统一尺度上的空间差异，也包括系统要素及其系统结构和功能在不同时空尺度上的异质性（Folke *et al.*，2010）。

系统弹性受到系统空间异质性的制约。多尺度的空间异质性作为生态过程的驱动力对系统弹性影响的重要性现在得到了广泛的认可（Cumming *et al.*，2016）。研究发现，区域性环境管理的早期尝试经常失败，因为这些管控政策忽视了区域社会的异质性因素（Cutter *et al.*，2008）。不论是自然生态系统还是社会经济系统，空间的异质性决定了系统弹性的差异。系统构成要素不同的空间组合将得到不同的系统弹性。社会学和经济学将生态条件与诸如市场准入、贫穷、平等、腐败和种族多样性等社会指标联系起来，分析社会生态系统的弹性（Cinner *et al.*，2012；Barnes *et al.*，2017）。同时，随着科学技术的不断发展，尤其是遥感科学的发展，让动态观测不同尺度和不同层次的空间异质性成为可能。科学准确把握系统的空间异质性是认识系统发展和演化的前提，是利用系统弹性科学地服务于人类社会的技术基础。

2. 系统连通性

连通性被定义为系统要素（资源、物种或社会行动者）在生态和社会空间之间分散、迁移或相互作用的方式与程度（Bodin *et al.*，2011）。系统要素的连接方式多种多样，构成了不同的连接模式，进而把不同空间上的系统组成一个有机的网络，共同维持系统的稳定结构。连接网络的差异化结构，构成了系统运行的基本机制和模式。系统运行的效率也直接与系统的连通性密切相关。

系统连通性对系统弹性的影响主要取决于连通的结构和强度。要素的连接结构与各种连接在不同空间尺度的要素分发模式密切相关。连接的强度由要素相互作用的频率和力量等因素决定（Cinner et al., 2012; Barnes et al., 2017）。连通性有助于交换生态和社会过程运作所必需的材料或信息。在现代社会的能源流动、资源共享和信息流通等强力推动下，各种层次的系统连通性均在不断演化。连通性的上升可以削弱危机对社会生态系统弹性的影响。高水平的连通性可以促进干扰后的生态恢复和发展，激发社会制度中集体行动所必需的信任。然而，高度联系的系统增加了危机传播的潜力，并增加了系统同质化的风险（Brondizio et al., 2009）。

3. 系统适应性

系统的适应性是系统弹性的一部分。适应性是社会生态系统调整其应对不断变化的外部驱动程序和内部流程的响应能力，从而允许系统沿着发展轨迹在当前稳定的领域内不断发展（Folke et al., 2010）。可以看出系统的适应性明确了"系统的参与者影响自身弹性的能力"（Walker et al., 2004）。在社会生态系统中这相当于人类管理弹性的能力。复杂系统的一个特征是自组织性（Levin et al., 2012），由于人类行为在社会生态系统中占主导地位，系统的适应性主要是指个人和团体对系统的管理。

人类对系统的管理和调控行为无意中影响了系统的弹性。人类有意识地管理弹性的能力决定了能否成功地避免危机。系统的适应性学习是提升系统弹性的有效手段。系统学习被认为是建立抵御能力和处理系统不确定性的基础（Walters et al., 1990），需要不断修改现有知识，以适应系统的演变和变化，以及在面对干扰和变化的情况下保持系统基本的结构和功能（Walker et al., 2006b）。系统学习可以定义为修改提升或获取新知识、行为、技能、价值观或偏好的过程。系统学习继承于个人层面，而且也超越个人，成为更广泛的群体学习（Reed et al., 2010）。系统学习可以发生在不同的层次上，它们以不同的方式提高系统的弹性（Cumming et al., 2016）。系统学习可以有助于改善影响系统弹性的恢复过程。同时也应该看到，强大的利益相关者可以主宰学习过程，从而影响社会生态系统的弹性（Blaikie, 2006）。因此，优化社会学习过程的设计，改善不同群体的参与方式是防止适应不良学习和统治系统学习的关键内容。

4. 系统可变性

系统的可变性定义为"当自然生态基础或社会经济结构发生转型使现有系统站不住脚时创造一个新系统的能力"（Walker et al., 2004）。系统的可变性是创造新的稳定领域的能力，创造一个新的系统稳定格局，并将系统的关键阈值转化到新的发展轨迹。如果没有明确的阈值作为参考点，就不可能测量系统的变化，但可以通过系统身份（System identity）的概念来提供系统转型的参考坐标（Cumming et al., 2005）。系统的身份由关键要素之间的关系来定义，须通过时间和空间来保持系统被认为是同一个系统。系统身份可以通过确定关键要素和相互作用的数量或属性的关键阈值来定义。系统的可变性概括了不同尺度系统转型的内在逻辑关系，及系统转型关键阈值的判断（Bousquet et al., 2016）。系统的可变性强调了系统身份的整体性变化，但系统基本的功能和过程还可以保持在原来的轨道上继续运转（Cumming et al., 2017）。

系统小尺度的变化可以在更大的尺度上实现系统的弹性。防止系统的崩溃就是在不丧失系统身份的同时，通过系统学习，发挥系统弹性的作用，实现系统结构和功能的优化，保持系统实现平稳的转型（Cumming et al., 2017）。系统的可变性特征往往涉及社会经济管理的转变、社会网络配置、行为者之间的互动模式的变化，包括领导力和政治与权力关系，以及相关的组织和制度的安排（Fischer et al.，2009；Loorbach et al.，2017）。系统的转型变化可以在多个尺度上开始。转型速度存在显著的差异，可以是逐渐的发展，也可以是快速剧烈的变化（Walker et al.，2009）。社会生态系统的变化，通过利用系统危机将系统转型转化为改变系统身份的机会窗口，以便建立新的社会生态系统的抵御能力和新的系统弹性。系统有序的小规模变化，可能导致整个系统大规模的反馈效应，并最终促进系统大尺度的转型。系统转型过程中将社会生态不同尺度的利益相关者参与到上述过程中，有利于系统学习能力的提升，进而培育更强的系统空间弹性（Folke et al.，2010）。

5. 异质性、连通性、适应性、可变性与弹性

社会生态系统中，具体的弹性研究需要回答"什么是什么的弹性"，即需要回答系统的弹性是什么，什么决定了系统的弹性（Scheffer et al.，2001）。多尺度弹性是理解系统宏观的持久性与微观变化、适应性和可变性之间相互作用的基础。弹性框架将弹性的描述扩展到超越其含义之外。弹性思维也融合了系统中多个尺度和多个稳定域的持久性。这决定了系统的适应性和可变性的动态相互作用。促进系统具体弹性的发挥，不可避免对原有系统稳定域中的制度和管理模式构成冲击。系统多尺度的异质性，决定系统不同参与主体获取信息、加工信息能力的不同。系统的连接体系决定了系统转型过程中不同利益主体的强冲突。决定系统弹性的前提（特别是具有强烈身份或主体利益冲突的系统）往往需要一个或至少一个被共同认可的危机（Cumming et al.，2017），如全球气候变化。

系统转型离不开系统要素空间异质性状态下的多尺度动态连接和相互作用，共同推动系统适应能力、学习能力和管理方式的变化。

利用系统多尺度的弹性，把社会危机作为机会之窗，实现系统重新组合，将社会生态系统从一个稳定域过渡到另一个。在系统基本功能和结构稳定的状态下，实现系统身份的变化，提升人类的福祉（Brown et al., 2011）。系统转型在较小尺度的变化可以在更大尺度上实现系统的弹性，而在较小尺度下的转型能力则取决于其他尺度的弹性（Fischer et al., 2009）。系统的连通性与适应性是系统要素空间异质性相互作用基础上共同推动系统实现变革的纽带。弹性思维需要动员社会各种利益主体参与到系统的转型过程。协调各方利益冲突的系统管理模式和社会学习过程是系统实现有序转型的关键手段。它可能导致新的系统弹性，也可能带来系统的崩溃。这些全新的社会生态系统弹性思维，优化了系统政策和管理方法，提高了应对社会生态系统危机的能力。

（三）空间弹性内涵与外延

在内外部扰动因素的干扰下，系统构成要素的空间变化（包含空间位置、空间分布、空间环境等）将在多个空间和时间尺度上影响（并受其影响）社会－生态系统维持其弹性的能力和方式即为空间弹性（Cumming, 2011a）。影响空间弹性的主要内在要素包括系统要素及其相互作用的空间位置、空间相关的系统属性（系统大小和形状、系统边界的数量和性质）、空间变量影响系统弹性的阶段特征、系统在空间位置中的独特属性等。影响空间弹性的主要外部要素包括跨尺度的空间环境（Cumming, 2016）、空间连接（包括空间分区）、空间动力视角下的空间驱动反馈或空间效应等。系统内部和外部要素均须考虑到系统弹性要素和交互作用的性质、系统不断转变同时维护系统身份的固有属性。

空间弹性作为弹性理论的一个子集，侧重于在多个空间位置和空间尺度上分析系统弹性的运行过程（Cumming，2016）。它考虑了系统要素（如农户、社区）的空间布置以及它们之间的相互作用。在不同要素横向连接和纵向连接的作用下，可以开展两个要素之间交互的简单分析到包括网络结构分析、层次结构分析和其他空间动态全局系统的复杂分析。空间影响和规模依赖对于了解复杂系统的动态和弹性意义重大，并且可能在系统转型中发挥关键作用（Cumming et al.，2016）。

空间弹性是一个动态的概念，不仅适用于理解生态系统属性，而且也适用于理解社会生态系统的变化（Folke，2016）。系统环境的空间属性可以影响系统的变化轨迹、社会变迁的种类和规模、系统应对和适应的能力。一般来说，空间反馈在较小的尺度和彼此邻近的系统组件之间更为紧密（Loorbach et al.，2017）。此外，社会生态系统要素的空间格局对于应对系统变化的能力也至关重要。以人类需求为核心的现代制度确定了市场供需的空间位置、城乡居住特征的空间布局、交通基础设施连接程度、资源利用的强度和潜力是未来全球系统转型空间弹性研究的核心内容。

利用空间弹性的思维方式和科学范式，实现发展弹性（Development Resilience）的目标，最终推动社会经济系统和社会生态系统的良性发展。因此，完善生态学与地理学（尤其是人文地理学）关于人类可持续发展目标研究的结合方式，将地理学的时空思维方式纳入到生态学的科学研究范式，利用生态系统的综合性和系统性思维模式，优化人文地理学的研究范式，将有利于推动人地关系地域系统的科学研究，为破解社会－经济系统所面临的复杂系统问题提供科学的解决方案。

二、粮食生产系统转型

（一）粮食生产系统界定

1. 粮食生产系统定义

中国粮食生产转型与农业发展历史及现实条件密不可分，为更好指导粮食生产转型，协调粮食生产转型过程中出现的困境，我们提出了粮食生产系统的概念。将以乡村人地关系为基础，乡村社会经济发展为目标，"小农"生产组织方式为特征的粮食生产活动，且包含供给粮食产品、保障农户生计、支撑城乡转型发展和保育生态环境等特定功能的有机整体称为粮食生产系统（Ge et al.，2017，2018）。

粮食生产系统作为国民经济的基础性生产部门，是国家社会经济系统的基础。中国传统"小农"农业生产模式下，使得粮食生产系统又具备了更多的社会属性，同乡村地区大多数人的生计来源紧密相关。此外，粮食生产系统作为人类利用自然生态系统生产物质资料的部门，又与自然生态系统密切相关，成为区分其他生产部门的显著特征。自然生产系统在与人类相互作用过程中形成了社会生态系统。粮食生产系统正是在社会经济和社会生态宏观背景下形成的具有多重属性的社会－经济－生态系统（图2-2）。

2. 粮食生产系统多重属性

从上述粮食生产系统的概念可以看出粮食生产系统是具有经济属性、社会属性和生态属性的复杂系统。经济属性代表粮食生产过程及其产品具有可以交换的价值属性，是粮食生产的产品及粮食生

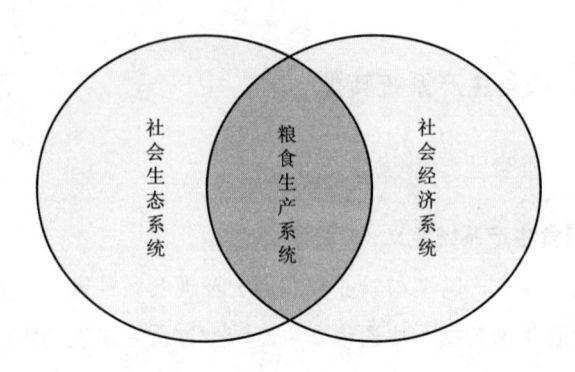

```
                ╭─────╮ ╭─────╮
              ╱  社  │ │ 粮 │ 社 ╲
             │  会    │ │ 食  │ 会   │
             │  生   │ │ 生  │ 经   │
             │  态   │ │ 产  │ 济   │
             │  系   │ │ 系  │ 系   │
              ╲ 统    │ │ 统  │ 统 ╱
                ╰─────╯ ╰─────╯
```

图 2–2　粮食生产系统与社会生态系统和社会经济系统的关系

产过程的固有属性。而粮食生产的社会属性来源于参与粮食生产的人及其与社会网络的联系。中国人地关系紧张格局下形成的"小农"农业生产方式与发达国家大规模机械化农业生产有本质的区别。粮食生产的社会属性还代表了粮食生产的社会保障功能（Li et al.，2013）。此外，粮食生产过程是在自然生态环境中利用光合作用实现生产的特殊生产活动，因此，粮食生产活动离不开本地的生态环境。粮食生产过程对本地生态服务价值的影响也十分明显。粮食生产的经济、社会和生态属性密切相关。经济属性是维持社会属性的基础。社会属性为经济属性的实现提供保障，而生态属性是经济和社会属性的前提（图 2–3）。

3. 粮食生产系统多维功能

同粮食生产系统的多重属性相匹配，构建了粮食生产系统四个维度的功能体系，即粮食生产供给功能、农户生计保障功能、城乡转型支撑功能和生态环境保育功能。粮食生产系统具有提供粮食安全和高品质粮食产品的粮食生产供给功能。保障粮食安全是粮食生产系统的基本功能。解决基本营养需求基础上的高品质粮食产品需求也日趋明显。因此，粮食安全与高品质粮食产品的供给构成了粮食生产系统的基本功能。粮食安全指人类在任何时候可以获得充足、健康和有营养的维持个人健康和活力的粮食供给状态（Pinstrup-Andersen，2009）。与粮食生产系统的多重属性对应，粮食生产供给功能是粮食生产系统社会、经济及生态属性的综合（图 2–4）。

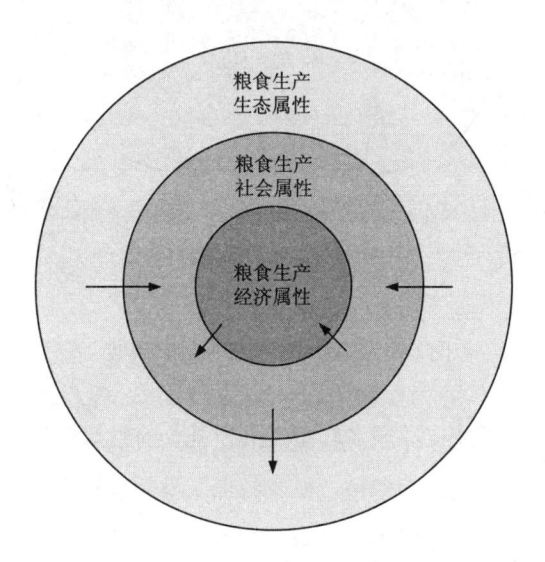

图 2–3 粮食生产系统多重属性概念模式

粮食生产系统维持农户生计保障功能对应了粮食生产系统的社会属性。粮食生产系统框架下的农户生计指在维持区域生态平衡状态下，实现农户农业生产和收入来源的多样化，稳定且合理的营养结构，融入到本地区市场和农业产业体系，且能够享受到基本公平和合理的国民待遇（Barrett *et al.*，2001；Pelletier *et al.*，2016）。

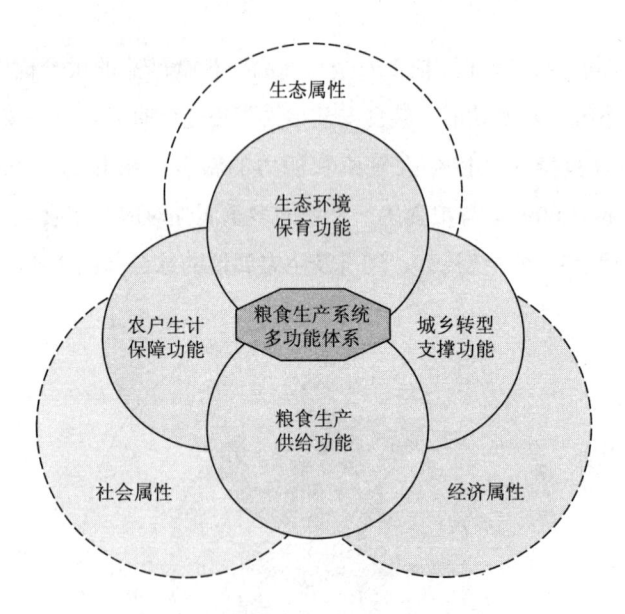

图 2-4 粮食生产系统功能的四个维度

粮食生产系统支撑城乡转型发展及社会有效运转的功能是系统经济属性和社会属性的概括。城乡转型发展指城镇化与工业化快速发展背景下,传统二元城乡割裂结构演化的宏观社会经济发展过程(Long et al., 2016)。粮食生产系统的转型与城乡转型发展同步推进,协调城乡转型发展的进程和质量与粮食生产系统密切相关。粮食生产系统的稳定转型为城乡转型提供保障,也创造了城乡转型发展的优化空间和调控机遇。

生态环境保育功能与粮食生产系统生态属性相对应,体现粮食生产系统生态化的转型趋势。生态环境可持续发展是系统功能的体现,也是系统发展的基础。离开稳定的生态系统,粮食生产系统将难以持续运转。生态危机不断显现,生态服务价值不断衰退。当前,有机农业（Badgley et al., 2007; Seufert et al., 2012）、可持续农业（Tilman et al., 2011; Smith et al., 2017）等新型粮食生产方式不断出现，正是粮食生产系统生态属性的回归，体现了粮食生产系统生态环境可持续功能的重要性。

（二）粮食生产系统多层次框架

粮食生产系统作为社会－经济－生态多重属性的复杂系统，具有明显的层次结构。复杂系统重要特征是层次结构，不同层次结构的层级构成了不同尺度的研究视角，系统分层选择与尺度选择密切相关。系统不同尺度模式和过程对其他尺度上的影响可能会相互加强或相互破坏。系统的功能与系统构成要素之间的匹配性质（即系统要素的数量和性质）严重依赖于尺度的变化（Ebbesson, 2010）。此外，复杂系统的边界通常是模糊的。系统核心内容的变化以绝对程度的变化为主，即系统微小的变化是绝对的，而系统保持稳定的状态是相对的。

在粮食生产系统经济、社会和生态三重属性体系的相互作用（Darnhofer et al., 2010），及不同尺度系统组成要素连接的作用（Duru et al., 2014）下，粮食生产系统的内部运行机制和操作模式基本呈现。农户及地方尺度作为粮食生产的底层结构，受到来自上层结构的影响，如国家粮食生产政策、国际粮食市场的波动（Suweis et al., 2015）及全球气候变化的影响（Ray et al., 2015）。同样，上层结构的变化也受到来自基层变化的扰动，如农户就业结构的改善、农户居住特征的城乡迁移和应对自然灾害的能力也会对上层结构如城乡结构和农业贸易谈判产生影响。因此，跨尺度结构下的粮食生产系统是一个复杂多变的系统。系统清晰的边界难以有效区分，但是系统内部的变化时刻都在发生。层次结构模式下，粮食生产系统的连接程度，决定了粮食生产应对危机的能力，即粮食生产系统的弹性。这方面内容将在粮食生产系统的空间弹性部分重点论述（图 2–5）。

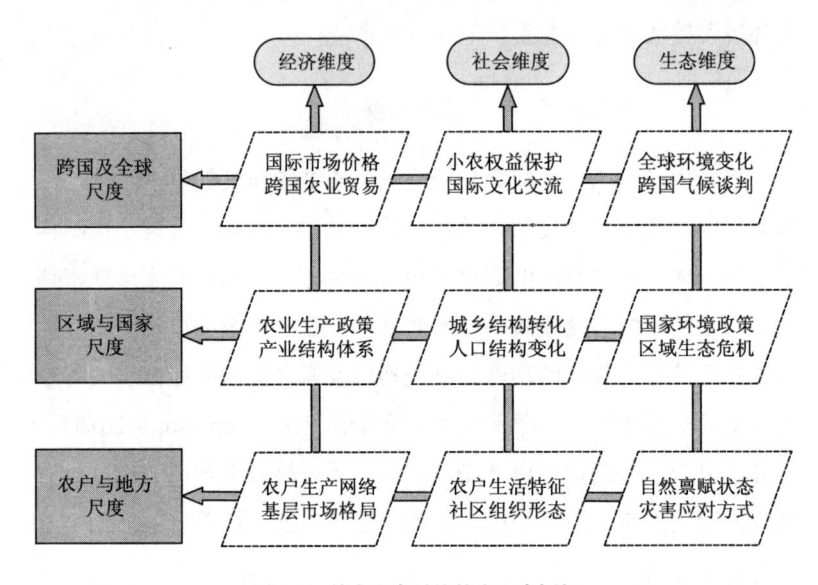

图 2–5　粮食生产系统的多尺度框架

三、粮食生产系统空间弹性

（一）粮食生产系统相关系统弹性研究进展

目前，学术界在社会生态系统弹性模式的研究（Walker *et al.*, 2006a; Folke *et al.*, 2016）、全球环境变化的弹性研究（Brown, 2013）、社会经济系统的弹性研究（Holling, 2001; Simmie *et al.*, 2010）和农户生计系统的弹性研究（Pelletier *et al.*, 2016）等方面均取得了重要进展。与粮食生产系统相关的诸多内外部环境的弹性均不断突破，为粮食生产系统空间弹性研究创造了有利条件。主要有农业系统弹性（Koohafkan et al.，2012；Pretty et al.，2014；Urruty et al.，2016）、食物系统弹性（Tendall et al.，2015）、粮食安全与系统弹性（Suweis et al.，2015；Bullock et al.，2017；Knickel et al.，2018）、畜牧业发展系统的弹性（Duru et al.，2014）和草地生态系统的发展弹性等。

众多学科的学者在弹性理论研究中不断取得突破，深化了系统要素分散与连接、系统动力学理论、社会网络理论、环境梯度理论以及要素的空间异质性理论。人们越来越认识到时间和空间尺度在弹性动力学中的重要性（Cumming et al.，2016）。面对复杂系统的多源扰动及跨尺度的时空网络联系，从局部和个案的弹性分析已经难以接近系统运行的真实状态。因此，考虑系统多时空尺度空间联系的空间弹性分析成为一种有效的分析方法。

（二）粮食生产系统空间弹性运行范式

为有效研究粮食生产系统受到扰动后系统空间弹性的变化，构建了粮食生产系统空间弹性转型的理论框架。对此，需要首先明确粮食生产系统空间弹性的对象是什么？每个系统的弹性均需要有明确的对象，才可以进行有效的弹性研究，如定量识别系统要素的变化、系统转型的信息和系统关键阈值的变化等。根据上文的分析可知，粮食生产系统是一个复杂系统，因此系统空间弹性的对象就是针对系统四个功能维度体系而建立的综合判断，即包含粮食安全、农户生计、经济发展和生态平衡在系统受到扰动后的综合预期。四个功能维度之间的相互作用，共同构成了粮食生产系统空间弹性的目标体系（Ge et al.，2017）。

粮食生产系统的空间弹性是系统受到内外部多时空尺度扰动的

动态转型过程。粮食生产系统的空间弹性由系统的鲁棒性（Janssen et al., 2007）、适应性（Folke et al., 2010）、灵活性（Suweis et al., 2015）、可变性（Cumming et al., 2017）和弹性空间几个部分组成，共同构成了一次完整扰动事件后粮食生产系统空间弹性的变化（图 2-6）。鲁棒性（Robustness）指系统在面对扰动后维持总体弹性能力不损失的能力。这个阶段的空间弹性能力，体现了维持原有系统整体弹性稳定的能力（Urruty et al., 2016），是对系统弹性先期的总体判断。应对来自不同领域的系统扰动，系统的空间弹性差异显著，可以是强弹性也可能是弱弹性。弹性强弱来源于多重因素，既有系统所面临扰动的大小，也有系统应对扰动的反馈能力。针对系统的反馈能力，出现了第二个重要的概念，即系统的适应性。适应性指粮食生产系统自身调整其应对不断变化的外部扰动因素和内部流程响应的能力，从而不断吸收来自外界的干扰，允许沿着当前稳定领域内不断发展（Folke et al., 2010），避免出现系统崩溃的局面（Cumming et al., 2017）。适应性体现了系统通过发挥自身弹性特征，维持粮食生产系统基本功能的能力。

系统从扰动中恢复和超过原来弹性能力的速度和效率，体现了系统的灵活性。灵活性与系统的稳定性相对应（Tang et al., 2014），体现了系统空间弹性应对扰动后的灵活应变能力及发展潜力。通过系统的适应性和灵活性应对，系统的可变性即在先期系统空间弹性稳定水平上创造新的稳定领域的能力，并将系统的关键阈值转化到新的发展轨迹。系统的可变性体现了系统应对危机后的发展水平和综合能力的提升。系统弱弹性曲线与强弹性曲线之间构建了系统可变性的程度和能力，并将系统应对扰动后呈现出具有弹性（即可变性）的虚拟空间定义为系统的"弹性空间"（Resilience space）。弹性空间的形状和大小从宏观上体现了系统空间弹性的变化趋势，以及系统应对扰动的弹性能力。

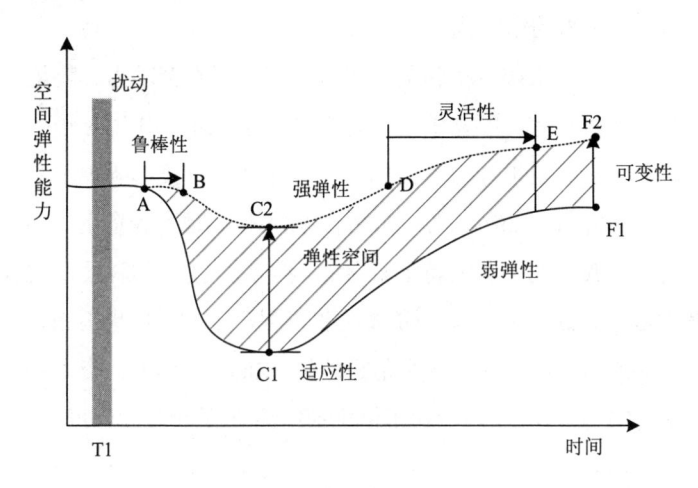

图 2-6　粮食生产系统空间弹性示意图

注：图中 T1 为系统的扰动因素，A-F2 代表了系统的强弹性模式，A-F1 代表了系统的弱弹性模式；A 点到 B 点体现了系统的鲁棒性；C1 到 C2 体现了系统的适应性；D 到 E 体现了系统的灵活性；F1 到 F2 体现了系统的可变性；阴影部分为弹性空间。

资料来源：修改自 Tendall *et al.*，2015。

四、粮食生产系统转型空间弹性机制

（一）空间弹性内部扰动因素

粮食生产系统内部的空间扰动因素主要包括系统构成要素的空间位置、分布格局，及其相互作用的关系；同时也包括粮食生产系统内部不同子系统的空间属性（空间位置、属性和时空阶段特征等）（Cumming，2011）。粮食生产系统内部空间扰动主要包括构成系核心要素（也包括子系统）的时空过程及其相互关系。在跨时空尺度下对系统空间弹性的影响，即系统的空间弹性来源于系统内部要素空间变化带来的空间扰动。

与粮食生产系统直接相关的系统要素主要有劳动力、耕地、技术、资本和政策等。要素的空间分布特征及其相互作用对粮食生产系统影响明显。耕地和劳动力的空间分布状况直接影响了粮食生产系统的空间格局（Liu et al., 2010）。技术作为现代粮食生产系统的核心要素，其空间分布的特征直接影响了粮食生产的科技及现代化水平（Song et al., 2016）。而资本在粮食生产中的作用也不断得到强化。资本密集型粮食生产方式尤其显著（Zhan, 2017）。资本的传播与流动的空间差异，决定了不同地区粮食生产的市场化程度（Zhang et al., 2016）。

不同时空尺度上，粮食生产系统要素的相互作用明显，且跨尺度下要素对系统影响作用也在不断加强。以劳动力的时空格局演变为例，中国城乡转型发展进程中，农业劳动力的就业结构和就业空间位置发生了重大变化。劳动力在不同尺度上成为连接乡村到城市的重要纽带，实现了城乡之间信息、资金和技术的交换（Lipton, 1980），深刻改变了底层的粮食生产状态。同时，劳动力就业结构的改变对国家粮食生产的政策和措施体系产生了影响（Li et al., 2013）。农业劳动力的城乡迁移，对耕地利用方式和强度也产生了深刻的影响。单位面积的资本投入不断增加，而劳动力投入不断衰减（Huang et al., 2012）。农业劳动力在时空上跨尺度的作用，从不同尺度上深刻改变了粮食生产系统的空间弹性。

农村社区作为粮食生产的基层组织单位，是粮食生产系统重要的子系统。农村社区的时空演化过程对粮食生产系统及其跨尺度的其他子系统产生了深刻影响（van der Ploeg et al., 2014）。传统"小农"生产阶段，农村社区是粮食生产组织及管理的重要载体。城乡转型发展进程中，农村组织社会职能的弱化和功能的缺失，已经深刻影响了粮食生产系统的运转模式，如农业推广技术组织体系涣散，对农户的组织作用不断弱化等（Ye et al., 2016）。此外，农村社会组织体系的时空演变也影响了粮食生产系统的其它子系统，如农村市场体系、农业政策体系等。当前基层粮食生产单位应对危机的能力不断弱化，粮食生产系统的空间弹性降低。

（二）空间弹性外部扰动因素

粮食生产系统空间弹性的主要外部因素包括系统面临的空间环境、系统空间连通性（如系统的空间分类和子系统的连接）和系统驱动力空间反馈效应等。粮食生产系统的转型及空间弹性的变化是整个社会经济发展的缩影，因此，社会经济发展的各方面扰动因素也会对粮食生产产生深刻的影响。系统外部因素指在粮食生产系统周围存在并对其产生影响的空间环境过程、空间环境的时空演变及其带来的空间效应。因此，粮食生产系统空间弹性也深刻受到系统周边环境的影响（Cumming, 2011）。

城镇化进程作为粮食生产系统最重要的外部空间环境深刻地影响了粮食生产系统的空间弹性。首先城镇化对粮食生产系统的内部要素的时空格局产生了重要影响，如城乡的人口迁移、耕地利用方式的变化、资本的城乡流通和知识与技术的扩展等（Proctor et al., 2016）。此外，城镇化进程中现代都市农业、休闲农业和生态农业等新的粮食生产业态的出现（Su et al., 2012）；城镇化进程中的食物消费结构的变化（谷物比例的降低，1978~2015 年中国人均肉类消费增加了 4 倍)(Cumming *et al.*, 2014; Seto *et al.*, 2016); 粮食生产系统受到储存、运输、市场等农业系统的影响(如食品加工工业、物流体系、交通工具的变化,零售行业的发展,农户可以就近获取食物来源,进而降低了自给自足的"小农"农业的比例)(Holdaway, 2017)。城镇化进程中粮食生产系统空间弹性的动态变化将是研究的核心内容,也将在下面几个章节着重论述。

全球化过程中,不同尺度全球环境的变化对粮食生产系统也产生了重要影响。研究发现随着粮食产品对外贸易依存度的升高,本国粮食生产系统的弹性将降低,系统应对危机的能力被削弱(Suweis *et al.*, 2015)。粮食生产受到气候变化的影响十分显著。研究发现全球粮食生产的波动有三分之一可以归结为气候因素的变化(Ray *et al.*, 2015)。

(三)扰动因素尺度效应

为更加细致地梳理粮食生产系统内外部因素在不同时空尺度上对粮食生产系统的扰动,表 2-1 从短时间尺度(周一月)、中时间尺度(月一年)和长时间尺度(年一十年)三个时间尺度,结合前文划分的三个空间尺度,构建了中国不同时空尺度下,粮食生产系统可能面临的扰动。这些因素在不同地区不一定全部存在,且不同时空尺度之间并不是割裂的存在,而是彼此连通且相互作用的。表 2-1 中内容从整体上呈现了粮食生产系统跨时空尺度下空间弹性的影响因素,为下文深入剖析粮食生产系统空间弹性的变化奠定了基础。

表 2-1　不同时空尺度下粮食生产系统所面临的系统内外部扰动

	短时间尺度 (周一月)	中时间尺度 (月一年)	长时间尺度 (年一十年)
跨国及全球尺度	◆粮食危机及国际应急事件 ◆国际期货市场的短时波动	◆全球大宗商品价格波动 ◆地区性动乱（如中东危机） ◆能源要素的改变（如生物质能源的需求） ◆全球生态系统危机（如热带雨林地区毁林开荒）	◆全球粮食系统的变化 ◆生物科技的重大突破 ◆全球合作组织模式 ◆全球气候变化 ◆人口及环境危机
区域与国家尺度	◆干旱及洪涝灾害的危机应对 ◆粮食市场的政策和价格的变化	◆国家粮食产业政策（如粮食收储政策） ◆国家生态保护政策（如退耕还林、生态休耕政策） ◆基础设施改善 ◆农业补贴政策变化 ◆居民的生活预期	◆城乡结构变化 ◆人口结构变化 ◆消费结构变化 ◆产业结构变化 ◆农业产业政策变化
农户和地方尺度	◆作物品种选择 ◆降水、气温、病虫害对粮食生产的影响 ◆农户兼业状态 ◆社区管理 ◆惠农政策的落实	◆农业生产方式变化（如有机农业、可持续农业） ◆土地所有权变化（如土地流转） ◆家庭结构变化（如生育、死亡） ◆社区管理方式变化	◆耕地质量变化 ◆家庭结构变化 ◆农业科技变化 ◆农业生产方式变化 ◆社区集聚模式变化

注：横向为时间尺度，纵向为空间尺度。

（四）空间弹性关键阈值

乡村人地关系转型成为影响中国粮食生产系统转型的关键因素。可将乡村人地关系转型具体化为农业劳动力转型和土地利用转型。二者分别代表乡村"人"的转型和"地"的转型。二者相互作用共同构成了乡村人地关系的转型。农业劳动力与土地作为粮食生产系统的两个核心要素，集中体现了系统空间的跨尺度效应，对粮食生产系统空间弹性的发挥起到核心作用（Rozelle et al., 1999；Foley et al., 2011），因此，产生了农业劳动力转型与土地利用转型。伴随二者转型过程中产生的各种结构变化，成为粮食生产系统转型的关键阈值。构成中国农业劳动力转型的关键阈值主要有农业劳动力数量和结构的变化（Li et al., 2013；Rozelle et al., 1999）。"刘易斯拐点"对于揭示城乡二元体系下农业劳动力转移与农产品供给的关系具有重要意义（Cai, 2010），也成为农业劳动力转型的关键指标。伴随农业劳动力转型农户的生计结构也相应不断改变，这与农户生计及粮食安全维度的功能密切相关，自然也成为系统转型的一个关键阈值。

"人多地少，后备资源不足"等先天条件，决定了中国土地利用转型（龙花楼，2015）在粮食生产系统中的重要地位。与粮食生产系统转型密切相关的土地利用转型主要涉及耕地显性形态和隐性形态的转型（Long et al., 2018），以及不同地类之间转型的关系。人均耕地数量成为一个重要的参考指标，直接反映了地方和农户尺度"人地关系"的整体格局，也是粮食生产系统空间弹性的重要影响因素。人口城乡迁移背景下，耕地利用的隐性形态转型逐渐凸显，与粮食生产系统转型密切相关的指标主要包括耕地流转比例、耕地非农化比例、耕地非粮化比例等指标。此外,耕地利用转型与其他土地利用方式的关系也是系统转型关键因素,如林地转型与耕地利用转型的关系等(图2-7)。

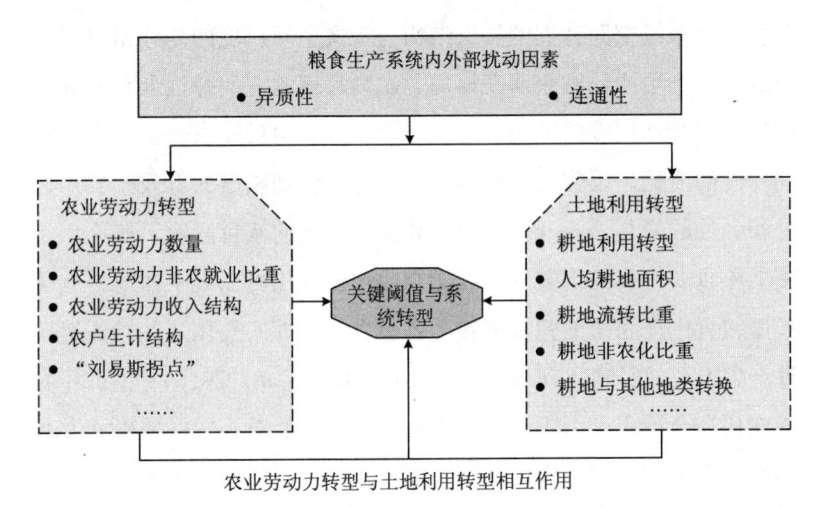

图2-7 粮食生产系统关键阈值与系统转型

粮食生产系统内外部扰动因素
- 异质性
- 连通性

农业劳动力转型
- 农业劳动力数量
- 农业劳动力非农就业比重
- 农业劳动力收入结构
- 农户生计结构
- "刘易斯拐点"
- ……

关键阈值与系统转型

土地利用转型
- 耕地利用转型
- 人均耕地面积
- 耕地流转比重
- 耕地非农化比重
- 耕地与其他地类转换
- ……

农业劳动力转型与土地利用转型相互作用

农业劳动力转型和土地利用转型构成了乡村人地关系转型的核心内容。乡村人地关系演变进而驱动区域粮食生产系统的转型,人地关系演变的区域差异、阶段特征和耦合关系演变构成了驱动粮食生产转型地域差异的关键阈值(Ge et al.,2017;Long et al.,2019)。因为各地自然基础条件的空间异质性和连通性差异显著,基于空间异质性视角的重要阈值判断和预测研究具有重要意义。这也将是后续章节研究的核心内容。

(五)空间弹性层次结构

在系统内外部扰动因素空间异质性和连通性的相互作用下,共同塑造了不同层次的粮食生产系统空间弹性。空间弹性的层次结构说明了系统应对危机应该优先选择与之匹配的空间政策。空间调控政策与空间弹性的不匹配将削弱系统的弹性（Cumming et al., 2012）。粮食生产系统空间弹性的层次结构与上文空间尺度的划分相对应，形成了三个层次的时空演变格局。农户尺度的空间弹性受到来自国家尺度和全球尺度的影响。这个层次可以集中反映农户生计维度空间弹性的变化。国家尺度空间的弹性可以受到制度的有效影响，其空间弹性的变化离不开基层尺度和全球尺度的双重影响。在这个尺度上粮食安全和经济发展维度的空间弹性变化可以集中体现。全球尺度粮食生产系统的弹性依赖于各国系统弹性的变化，并对各国弹性产生宏观的影响（Turner II, 2010；Clark et al., 2016）。生态环境的变化在全球尺度上不断受到重视。因此，针对不同区域粮食生产系统四个维度空间弹性的变化，需要找到合适的层次与之对应，才能更好地理解系统空间弹性的变化及其意义（图2-8）。

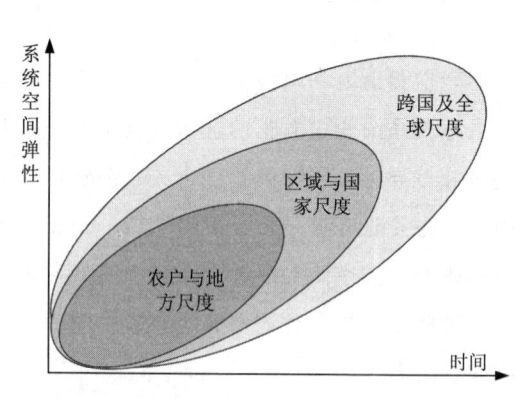

图2-8 粮食生产系统空间弹性的多层次结构

（六）空间弹性视角下粮食生产转型调控

空间弹性视角下粮食生产系统的调控，是在深刻理解系统运行机制基础上对系统面临危机时的弹性能力进行优化。粮食生产系统的空间弹性来源于系统内外部扰动跨尺度的综合作用，即以系统要素空间异质性和连通性为前提，在不同时空尺度上对系统空间弹性产生的影响。空间弹性变化的直接结果集中体现在粮食生产系统四个维度的功能变化上，即粮食生产供给功能、农户生计保障功能、城乡转型支撑功能和生态环境保育功能。面对系统扰动带来的系统功能变化，相关利益主体可以通过优化系统的空间反馈和系统空间滞后效应，对系统内外部扰动因素施加影响，从而达到优化系统空间弹性的目的。

扰动因素跨尺度作用下，不同利益主体也相应处于不同层次，因而优化系统空间弹性也需要从不同层次的利益主体出发并制定相应的措施，才有可能起到事半功倍的效果。跨国及全球尺度空间弹性的优化策略包括有助于加强国际合作的跨国国际组织及NGO的合作；建立及宣传地球环境危机意识；共同应对全球粮食安全合作框架。而国家尺度是空间弹性主要调控范围，针对系统可能出现的功能损失，出台保障农户基本生计及公平的粮食生产政策，优化本国市场利益主体与经济发展之间的关系，与国际NGO组织合作，共同应对生态环境危机。农户作为粮食生产系统最脆弱的环节，保持空间弹性的方法，要介入全球通行的农户生计保障措施体系中，增加农户生计多样性，加强时空连通性（Barrett et al., 2014）。

以优化粮食生产系统综合功能为核心，尝试构建空间弹性视角下的粮食生产系统调控策略。概念框架由三个部分构成（图2-9），

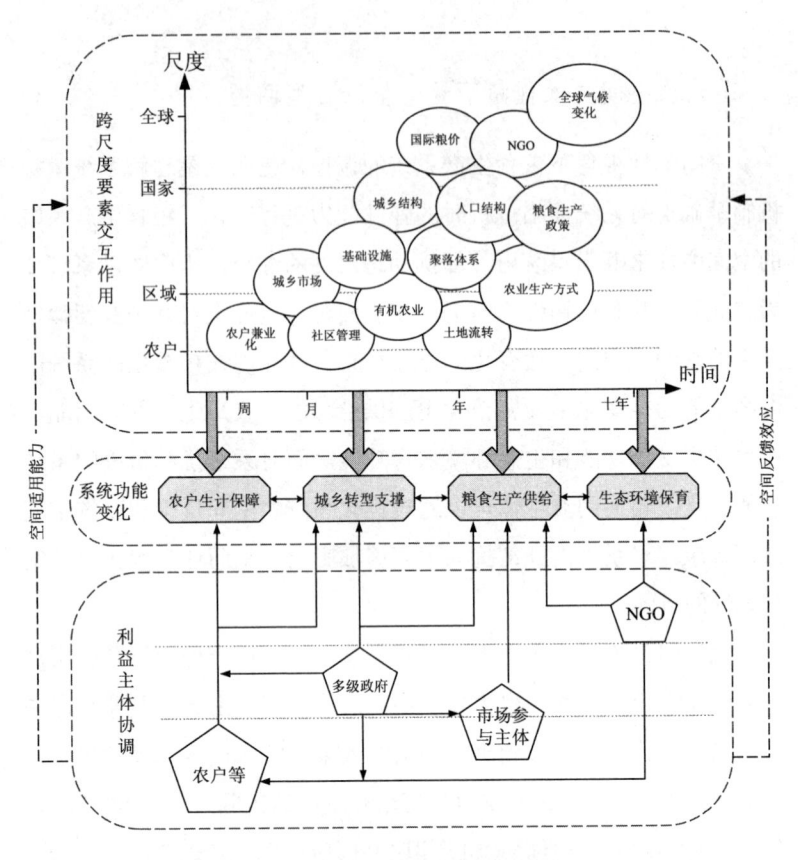

图 2-9 粮食生产系统弹性优化框架

上部分为影响粮食生产系统空间的弹性的跨时空尺度的内外部扰动因素。系统内外部扰动因素在空间异质性和系统连接的作用下对粮食生产系统空间弹性施加影响。中间部分为粮食生产系统四维功能体系。下部分为不同层级利益主体相互作用构成的主体。不同利益主体的组合对应不同粮食生产系统功能。不同利益主体相互协作构成的社会影响，并通过空间滞后效应和空间反馈效应传输到影响系统空间弹性的扰动因素，进而实现对粮食生产系统总体功能的影响。

粮食生产系统的空间调控除了需要不同层级利益主体做好本职工作外，不同层级利益主体获取资源和掌握信息应对系统危机的能力差异巨大。解决这些问题可以基于社区的资源管理，综合流域管理等方式，把远程主体和当地利益主体知识学习开展有效地协作，以满足不同利益主体的需求（Cumming，2011）。在广泛的空间尺度上系统空间弹性的调控取决于地方和更高层次支持的实质性协调，以及持续提高财政和行政的援助（Bell et al.，2014）。

因而，调控粮食生产转型更为重要的内容是建立跨尺度共同的连接机制。这项工作在不同地区弹性评价中得到有效的验证（Cumming et al.，2015；Lindborg et al.，2017；Tendall et al.，2015），可以依据粮食生产系统四个维度的功能体系建立跨尺度的空间连接机制，进而有效实现跨尺度结构下系统空间弹性的优化目标。粮食安全与品质维度上需要建立从农户到各级管理结构的内在连接，利用技术措施、市场调控措施、制度管控措施实现不同尺度利益主体在粮食安全维度上实现空间弹性的优化。农户生计与公平维度的空间弹性调控难以依靠农户层次实现自我的完善，需要借助现有成熟农户生计保障体系，实现跨尺度的保障。经济发展与效率维度的调控主要依靠系统不同尺度利益主体自我学习能力的提升。生态环境可持续维度的空间弹性调控主要依靠系统面临重要危机时，环境意识的觉醒。四个维度功能体系的空间弹性调控策略并不是孤立的存在，不同层级的利益主体也应该在不同功能维度上实现协调。

不同层级的利益主体对应不同的系统功能，不同主体相互作用共同推动粮食生产系统整体功能的变化，从而实现系统转型。协调农户层面利益直接对应农户生计保障功能。此外，不同利益主体相互作用共同影响系统的某一个功能。因此，优化粮食生产系统四个维度的功能策略，不同层级利益主体并不是孤立存在，而是呈现显著的跨尺度作用。优化协调粮食生产系统整体功能需要建立不同层级利益主体的协调机制。

第二节 过程转型分析框架

地理现象的"格局—过程"耦合，可为揭示地理要素的发生机制和演变规律提供合理依据和解决方案。粮食生产转型过程研究能够清晰反映区域乡村人地关系的演化，为深化乡村转型发展研究提供新的视角，也为开展粮食生产格局研究提供方向指引。本节聚焦改革开放以来粮食生产转型历程，引入社会生态系统转型模型作为分析工具，探讨粮食生产转型与乡村发展的内在逻辑关系，解析驱动粮食生产转型的多时空尺度扰动因素，进而尝试分析粮食生产复杂系统转型的跨尺度效应，优化粮食生产转型与乡村发展的关系。

一、粮食生产转型过程分析框架

（一）GL–RL 模型构建

GL–RL（Green Loop–Red Loop，GL–RL）模型是由卡明提出用于分析社会生态系统转型的概念模型（Cumming et al., 2014）。既可以用于分析与自然生态系统密切相关的传统乡村生产活动的转型过程（如人类改造和利用自然环境满足自身的生存需求），也可以用以描述城乡之间物质交换过程中人类生产生活方式变化影响生态系统转型的过程。在人类利用和改造自然的过程中，逐步建立了以城市为核心的生产和生活中心。人类直接感受生态环境反馈的敏感程度逐渐削弱。GL-RL 模型中，绿色发展循环阶段（Green Loop）指人类利用本地自然生态服务满足自身生存需求，实现生态可循环的物质生产过程（Cumming et al., 2018）。该阶段人类与自然生态环境的关系密切。人类生产生活的环境效应在自然环境的承载力范围内。当本地自然环境无法承载人类的生产生活需求时，在排除域外环境影响的情况下，本地生产生活将面临困境。食物匮乏、人地关系紧张、农户生计体系脆弱、本地社会生态系统将陷入绿色陷阱（Green Trap）阶段（图 2-10）。卡明利用全球国家发展数据，进一步验证了非洲部分贫困国家如何由绿色发展循环陷入持久的绿色陷阱。国家发展上升通道一直被本地生态环境所限制，无法实现可持续的发展。

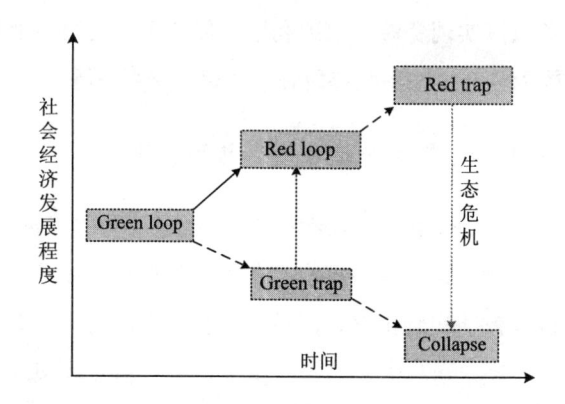

图 2-10　GL-RL 模型下社会生态系统转型的可能路径

如何更好地利用和改造自然，人类不断寻求跨区域的协作，并在不同空间尺度作用下，实现了本地生产生活的有序运转。城镇化进程中，本地生产生活体系逐渐融入到城乡交融的网络系统中。当本地自然环境承载能力有限时，人类将选择利用域外资源环境来支撑本地的需求。本地城镇化进程中，传统农耕生产和生活方式逐渐被城镇生产和生活模式所替代。人类与自然环境直接联系逐渐弱化，更难以感知域外自然生态系统的改变（Ge et al., 2017）。人类通过自身管理制度和科学技术的创新，可以在一定程度上实现人类发展状态和区域生态系统的良性运转，将呈现为发展循环阶段（Red Loop）。该阶段使人类改造自然和适应自然能力不断提升，人类综合发展能力不断提高。如果人类改造和利用自然的程度超过了区域生态环境的承载能力，现代城市文明也将陷入可怕的发展陷阱（Red Trap）阶段。以《寂静的春天》和《瓦尔登湖》为代表的现代生产生活方式的反思，敲响了人类反思现代生产文明的序幕。不论是绿色陷阱还是发展陷阱，人类文明都会受到来自然生态环境的约束。如何协调区域人地关系，实现资源的永续利用，促进生态文明与现代文明和谐推进，成为社会生态系统转型必须考虑的宏观命题。

（二）GL–RL 模型与粮食生产转型过程

粮食生产作为农业生产活动中重要的组成部分，与自然生态环境密切相关。离开自然生态环境，在当前可预见的技术水平下，人类无法实现有效的粮食生产。同时，粮食生产活动又需要有人类直接参与才能实现。可以看出，粮食生产活动在自然环境和人类社会环境共同影响下将成为一个复杂生产系统。既体现了自然再生产的过程，也在一定程度上体现了社会再生产的过程。粮食生产转型过程中，自然生态环境在粮食生产中的作用不断演化。城镇化进程中，技术进步、产业结构调整、制度与政策和劳动力转型等影响要素均发生了显著的变化。驱动粮食生产由本地化生产逐渐扩展到全局性生产，受到外来因素影响的程度逐渐扩大。以上分析可知，基于 GL–RL 模型将有利于解析粮食生产转型中自然生态环境及其他要素驱动机制的演变。

不同社会经济发展阶段粮食生产与自然生态环境和社会经济环境的关系不断演化，进而驱动了粮食生产 GL–RL 模型的阶段演替。传统农耕型粮食生产模式是改造和利用自然环境基础上而开展的自给型生产活动。生产活动与本地自然生态环境密切相关，因此当人类合理开发利用自然环境实现粮食在本地生产和消费的活动属于绿色发展循环阶段。当人类大规模粮食生产或不合理生产方式带来的资源环境影响超过了本地生态环境的承载能力时，在没有外援力量支撑的情况下，本地粮食生产可能会陷入绿色陷阱阶段，食物供给出现短缺，人类可持续生计受到威胁。随着农业科技和食品储藏加工技术的发展，"孤立国"状态下的封闭农业生产系统逐渐被打破。本地粮食生产活动逐渐融入到更广阔的市场和贸易中。粮食生产的科技含量不断增加。粮食增产模式逐渐由劳动密集投入转变为资本和技术密集投入。粮食生产对自然生态环境的依赖和影响超出了本地范畴。如果能够有效地利用"绿色革命"，在资源环境承载范围内实现粮食生产的发展，将进入发展循环阶段。相反，如果粮食生产无法保证可持续的集约化生产，将带来深刻的资源环境危机，不仅会对本地自然生态环境带来显著的影响，全球尺度的生态平衡也可能被打破。粮食生产将可能陷入发展陷阱阶段。

二、改革开放以来中国粮食生产转型过程

（一）基于 GL-RL 模型的粮食生产转型过程

改革开放以来，中国粮食生产活动经历了由绿色发展循环到发展循环的阶段转型过程。改革开放初期，经历家庭联产承包责任制的改造后，"小农"为主体的粮食生产经营主体主要依靠开发和利用本地自然生态环境，完成粮食生产活动（邹健等，2009）。可以看出，这个时期粮食生产活动与外界的物质和信息交换较少，粮食生产主要依靠本地自然生态系统实现生产目的，并保持本地自然生态系统的整体稳定。该阶段可以整体概括为绿色发展循环阶段（图 2-11（a））。同时，也应该看到，该阶段乡村人地关系紧张，农户贫困面较广，粮食生产活动支撑下的农户生计体系存在较大的波动。粮食生产活动存在陷入绿色陷阱的可能性。

城乡转型发展进程中，城乡二元关系逐步打破。粮食生产活动受到来自城镇要素的影响逐渐增强。粮食生产活动也逐渐超出了对本地自然生态系统的影响。本地粮食生产活动逐渐融入到城乡连接的系统网络。农业劳动力的城乡迁移，加强了本地粮食生产与城镇生产活动的连接。城镇粮食产品需求的多样化也改变了粮食生产活动的组织模式（图 2-11（b））。以科技进步为特征的农业生产"绿色革命"深刻影响了粮食生产的投入模式。以化肥和农药为代表的要素投入（杨庆媛，2017），将本地粮食生产活动与区域生态系统紧密联系起来。可以看出，城镇化进程中，粮食生产活动对本地自然生态系统的依赖程度有所降低，逐渐由绿色陷阱阶段，向发展循环阶段过渡。转型过程中，由于中国乡村"小农"为特征的粮食生产组

织模式转变受制于人多地少的乡村人地关系。因此，粮食生产转型进程并不是一蹴而就的。图 2-11（b）中描述了城乡转型发展进程中，乡村地域以外因素开始加强对本地粮食生产的影响，但是粮食生产仍无法脱离乡村地域人地关系的限制，即粮食生产仍以"小农"和分散经营为主体。

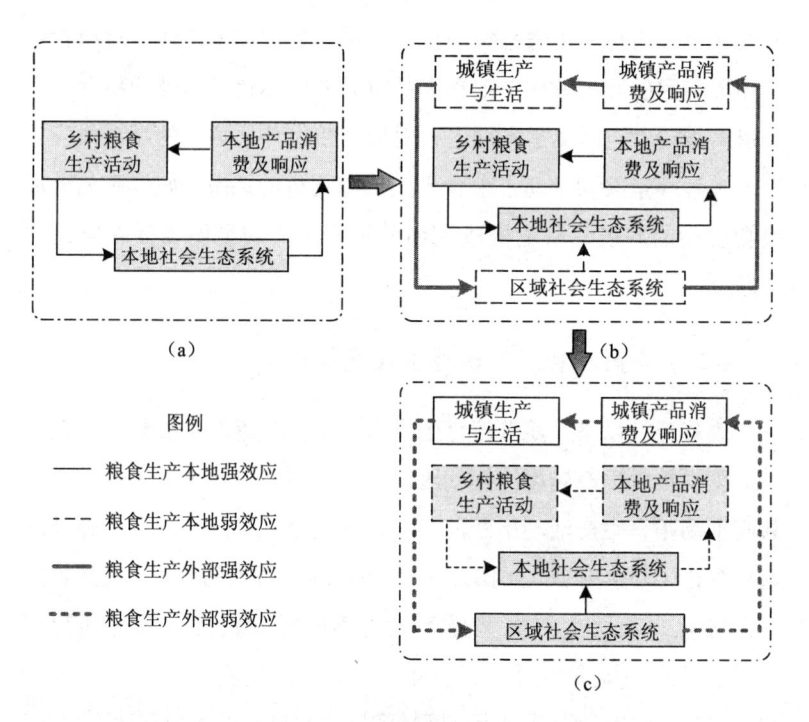

图 2-11　基于 GL-RL 模型的粮食生产转型分析

当前，粮食生产转型的生态环境效应日益突出，如何保持粮食生产在发展循环阶段，避免出现发展陷阱的系统危机成为粮食生产转型首要面对的困境。当前，持续的高投入保证了粮食产品较高的自给水平，然而高投入模式下集约化的粮食生产模式所带来的生态环境问题日益突出。该时期，粮食生产对本地生态环境的依赖进一步降低；工程技术及农业科技对粮食生产的影响进一步加深；城镇生产和生活对本地粮食生产的影响则持续增强（图2-11（c））。城镇化进程中粮食产品在食物系统中的地位不断减弱。城镇生产与生活方式割裂人与自然生态系统的直接联系，更削弱了消费端对粮食生产环境问题的反馈效应。粮食产品贸易的国际化及对外的粮食生产的资本投资，也隔离了本地人口对域外生态环境危机的反馈效应。以上多种因素共同推动了粮食生产环境危机的加重。如何避免出现粮食生产的发展陷阱危机成为当前粮食生产转型亟需深入研究的命题。

（二）中国粮食生产转型多尺度效应

改革开放以来，随着粮食生产由本地生产逐渐扩展到全局性生产，驱动粮食生产转型的扰动因素也在不同时空尺度上逐渐扩展，共同推动粮食生产活动不断演变。针对复杂地理现象的空间弹性和远程耦合（刘建国等，2016），研究表明地理现象的跨时空尺度作用不断加强。粮食生产转型受到来自不同时间尺度（短时间尺度（周—月）、中时间尺度（月—年）和长时间尺度（年—十年））和空间尺度（跨国和全球尺度、区域和国家尺度以及农户和地方尺度）扰动因素的影响。不同时空尺度上，影响粮食生产转型的扰动因素相互作用明显，且跨尺度作用对系统转型的作用程度在不断加强。驱动粮食生产转型的扰动因素及其跨时空尺度的作用强度主要取决于他们彼此的连接结构和强度（Barnes *et al*.，2017）。扰动因素连通性的上升可以提升系统扰动对粮食生产转型的影响程度。高水平的连通性可以促进干扰后系统功能的恢复，并激发社会制度和管理模式的改变。

本书将粮食生产活动在多时空尺度影响要素作用下形成的结构和功能演化过程称之为粮食生产的转型过程。通过总结改革开放粮食生产转型所面临的乡村人地关系演变特征，分解影响粮食生产转型的要素，分析各要素间的相互作用机理，进而尝试解析乡村人地关系演变背景下粮食生产内部的结构演变。在城乡转型发展进程中，粮食生产转型的影响要素由本地化逐渐扩展到全局化。不同时空尺度的影响要素在跨尺度作用下，深刻改变了本地粮食生产的组织方式与模式，推动本地粮食生产由绿色发展循环阶段转型到发展循环阶段。粮食生产的功能也由最初的满足本地消费和生产需要，逐渐扩展到服务城乡转型发展需求，甚至平衡国际关系利益等更广阔的领域。

粮食生产"要素－结构－功能"转型的跨尺度作用构成了驱动乡村人地关系演变的重要动力。图2-12以描述驱动粮食生产转型的要素（投入要素和影响因素等）为基础，解析粮食生产的结构转型（空间结构和组织结构等）和功能转型（原始功能和扩展功能）的核心内涵，构建了粮食生产转型的多尺度效应模式。粮食生产转型是多尺度扰动因素共同作用的结果，反过来粮食生产"要素－结构－功能"的转型过程也同样可以通过跨尺度作用方式带来多尺度的转型效应。本地粮食生产转型可以影响到国际间粮食贸易（如关税和粮食补贴政策等）、全球气候谈判（如国际间碳减排的博弈）和联合国可持续发展目标（如减少贫困）的实现等全球尺度事件。在一国之内粮食生产的系统转型将直接推动粮食生产政策、土地利用格局、地域主导功能演变等区域事件。回归到与粮食生产转型密切相关的农户尺度，粮食生产的转型过程直接改变了本地农户生计体系、劳动力迁移模式、乡村产业体系及乡村转型发展进程。

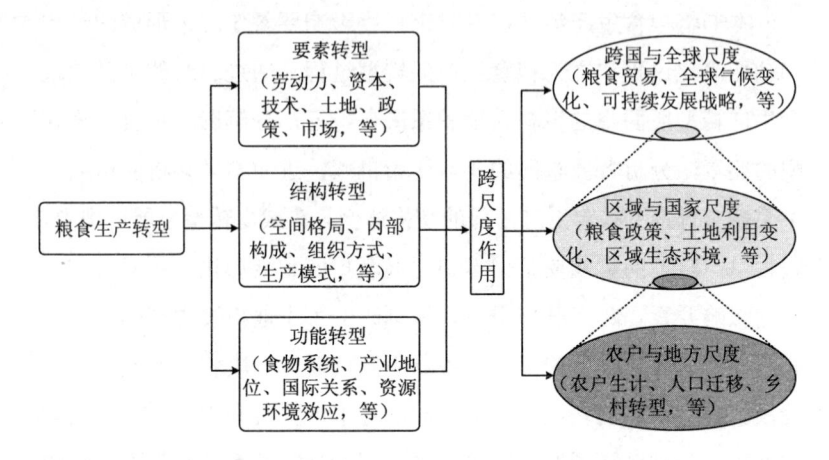

图 2-12 粮食生产转型的多尺度效应

三、粮食生产转型过程与乡村振兴

改革开放以来，伴随着城乡关系和乡村人地关系的剧烈演变，中国粮食生产转型明显；粮食生产综合能力不断提升；乡村人地关系紧张格局有所缓和；粮食生产面临的内外部环境发生了深刻变化；驱动粮食生产转型的多时空尺度扰动因素逐渐扩展；转型的跨尺度效应也渐趋明晰。同时也应该看到，高度集约化和小农户为主体的粮食生产模式正面临全新挑战。新时期，城乡融合发展背景下，深入分析协调乡村人地关系、推进乡村振兴目标和落实全球化战略给粮食生产转型带来的影响，将有利于明确粮食生产转型的趋势，为制定粮食生产转型的优化策略提供参考。

（一）城乡融合发展与粮食生产转型

城乡转型是推动粮食生产转型的核心动力。城乡融合发展将给粮食生产转型带来全新的机遇和挑战。城乡融合发展关键在于推动城乡发展要素在城市和乡村之间的充分流动，进而给乡村发展带来全新的要素重组机遇，推动粮食生产转型和乡村转型发展实现重构。城乡要素流动过程中劳动力的城乡迁徙、资本的加速流动和城乡市场一体化等将进一步激发粮食生产规模经营潜力，提高粮食生产技术水平和推动粮食生产社会化服务组织的发育。城乡融合发展进一步推动了粮食生产状态的演变，强化了城乡间生产系统的联系，推动前文所论述的发展循环阶段的进一步演化。城镇生产体系进一步融入到本地粮食生产活动。粮食生产受到外部环境跨尺度影响的程度进一步提升，同时粮食生产的跨尺度效应也将得到增强。城镇化进程中，城镇居民的食物消费需求不断优化。传统主粮消费比率持续下降，而肉类和奶制品占比不断增加。城乡融合发展加强了城乡间食物系统的联系。城镇消费系统中对高品质和原生态粮食产品的需求将带来粮食生产模式的改变，进而推动粮食生产的生态化转型。城乡融合发展是优化城镇化发展格局与过程的重要手段和方法，协调推动城镇化进程与粮食生产转型过程是中国实现农业现代化的重要内容（叶兴庆，2017）。二者耦合与协调发展是乡村有序转型的重要保障。

（二）乡村振兴战略与粮食生产转型

突出乡村振兴战略在城乡转型发展中的关键意义，为推动粮食生产转型注入活力。乡村振兴战略的提出与落实，是对过去城镇化进程中长期"重城轻乡"政策的及时纠正。乡村的持续衰退不利于城乡的良性发展，也同样阻碍了粮食生产转型的进程。乡村地区"不留人、不养人"，"一方水土难养一方人"，"种粮大县与财政穷县问题"和"农村空心化与乡村病盛行"等乡村发展问题，直接导致粮食生产"内卷化"现象（单位耕地面积的投入越大，并不能带来更多的收益）和粮食生产的生态环境问题突出（Geertz，1963）。乡村振兴战略中发挥粮食生产转型的基础带动作用，促进乡村地区"一二三"产业的融合发展，推动粮食生产的专业化和优质化路线，提高粮食生产的附加值，完善种粮补贴政策，加大政策倾斜力度，支持种粮核心区开展农业结构调整（陈秧分等，2018；李二玲等，2018）。此外，依据不同乡村地域类型和乡村转型发展阶段，研究协调粮食生产转型与乡村转型发展的路径，以乡村振兴战略的实施为契机，推动粮食生产的良性转型。结合乡村振兴工程地理学与农业地理工程技术措施，推动粮食生产工程技术创新，完善粮食生产技术保障体系。

城镇化进程中乡村地区人地关系失调是阻碍粮食生产良性转型的重要原因。城乡转型发展进程中协调乡村人地关系是推动粮食生产有序转型，实现可持续集约化与生态化转型的重要保障。城乡转型发展进程中，传统农区农业劳动力"城乡双漂"和青壮年劳动力普遍外出务工从事非农业生产（李小建等，2008），造成了本地农业劳动力的老弱化和女性化程度不断增加。推动粮食生产组织模式转型与协调乡村人地关系演变密切相关，应依据乡村人地关系的区域差异，推动差异化的粮食生产规模化经营模式，统筹"小农户"与"新型经营主体"的关系，防止发生大规模的土地兼并和攫取事件的发生（叶敬忠等，2018）。

（三）全球化与粮食生产转型

全球化进程中交通和信息交换方式不断优化，在地理空间跨尺度作用下扩展了粮食生产转型的尺度空间。粮食生产跨出本地和本国生产的范畴进入全球生产领域。全球化给粮食生产转型带来更多的挑战和可选方案。如果将粮食生产过程放到更广阔的全球空间，利用行星边界等全球视野来审视粮食生产的转型过程，容易发现发展循环阶段粮食生产转型需要更加关注全球化给粮食生产带来的深刻影响。当前，全球气候变化对各国粮食生产政策均产生了显著的影响。如何在粮食生产环节减少碳排放，如何可持续且高效地供给全球粮食产品是全球各国粮食生产亟需应对的问题。此外，全球的减贫和发展战略是全球可持续发展的核心内容之一。减贫与发展目标的实现与粮食生产转型密切相关。中国的粮食生产政策也将直接影响全球粮食的供给与消费，进而对全球减贫和发展带来显著的影响。全球化背景下国际间的粮食产品贸易和全球农业投资对中国粮食生产带来更多机遇和挑战，适度扩大粮食产品的进口且增加对外农业投资将有利于缓解中国国内粮食生产的资源环境压力。同时也应该看到，对外依存度的提高将降低中国粮食产品的自我供给能力。农业对外投资的国际影响也需深入评估。

参考文献

Badgley, C., J. Moghtader, E. Quintero, *et al.* 2007. Organic agriculture and the global food supply. *Renewable Agriculture and Food Systems*, Vol. 22, No. 2.

Barnes, A. and V. Nel, 2017. Putting spatial resilience into practice. *Urban Forum*, Vol. 28, No. 2.

Barnosky, A. D., E. A. Hadly, J. Bascompte, *et al.* 2012. Approaching a state shift in Earth's biospher. *Nature*, Vol. 486, No. 4701.

Barrett, C. B. and M. A. Constas, 2014. Toward a theory of resilience for international development applications. *Proceedings of the National Academy of Sciences of the United States of America*, Vol. 111, No. 40.

Barrett, C. B., T. Reardon and P. Webb, 2001. Nonfarm income diversification and household livelihood strategies in rural Africa: Concepts, dynamics, and policy implications. *Food policy*, Vol. 26, No. 4.

Bell, J. and T. Morrison, 2014. A comparative analysis of the transformation of governance systems: Land-use planning for flood risk. *Journal of Environmental Policy & Planning*, Vol. 17, No. 4.

Béné, C., A. Newsham, M. Davies, *et al.* 2014. Review article: Resilience, poverty and development. *Journal of International Development*, Vol. 26, No. 5.

Béné, C., R. M. Al-Hassan, O. Amarasinghe, *et al.* 2016. Is resilience socially constructed? Empirical evidence from Fiji, Ghana, Sri Lanka, and Vietnam. *Global Environmental Change*, Vol. 38.

Béné, C., F. S. Chowdhury, M. Rashid, *et al.* 2017. Squaring the circle: Reconciling the need for rigor with the reality on the ground in resilience impact assessment. *World Development*, Vol. 97.

Berkes, F. and H. Ross, 2013. Community resilience: Toward an integrated approach. *Society & Natural Resources*, Vol. 26, No. 1.

Blaikie, P., 2006. Is small really beautiful? Community-based natural resource management in Malawi and Botswana. *World Development*, Vol. 34, No. 11.

Bodin, Ö. and C. Prell, 2011. *Social Networks and Natural Resource Management: Uncovering The Social Fabric of Environmental Governance*. Cambridge University Press.

Bousquet, F., A. Botta, L. Alinovi, *et al.* 2016. Resilience and development: Mobilizing for transformation. *Ecology and Society*, Vol. 21, No. 3.

Brondizio, E. S., E. Ostrom and O. R. Young, 2009. Connectivity and the governance of multilevel social-ecological systems: the role of social capital. *Annual Review of Environment and Resources*, Vol. 34, No. 1.

Brown, K., 2013. Global environmental change I: A social turn for resilience?. *Progress in*

Human Geography, Vol. 38, No. 1.
Brown, K., 2015. *Resilience, development and global change*. Routledge.
Brown, K. and E. Westaway, 2011. Agency, capacity, and resilience to environmental change: Lessons from human development, well-being, and disasters. *Annual Review of Environment and Resources*, Vol. 36.
Bullock, J. M., K. L. Dhanjal-Adams, A. Milne, et al. 2017. Resilience and food security: Rethinking an ecological concept. *Journal of Ecology*, Vol. 105, No. 4.
Cai, F., 2010. Demographic transition, demographic dividend, and Lewis turning point in China. *China Economic Journal*, Vol. 3, No. 2.
Cao, S., B. Zhong, H. Yue, et al. 2009. Development and testing of a sustainable environmental restoration policy on eradicating the poverty trap in China's Changting County. *Proceedings of the National Academy of Sciences of the United States of America*, Vol. 106, No. 26.
Carpenter, S. R., H. A. Mooney, J. Agard, et al. 2009. Science for managing ecosystem services: Beyond the Millennium Ecosystem Assessment. *Proceedings of the National Academy of Sciences of the United States of America*, Vol. 106, No. 5.
Cinner, J. E., T. R. McClanahan, M. A. MacNeil, et al. 2012. Comanagement of coral reef social-ecological systems. *Proceedings of the National Academy of Sciences of the United States of America*, Vol. 109, No. 14.
Clark, W. C., T. P. Tomich, M. van Noordwijk, et al. 2016. Boundary work for sustainable development: Natural resource management at the Consultative Group on International Agricultural Research (CGIAR). *Proceedings of the National Academy of Sciences of the United States of America*, Vol. 113, No. 17.
Crona B, I., T. Van Holt, M. Petersson, et al. 2015. Using social-ecological syndromes to understand impacts of international seafood trade on small-scale fisheries. *Global Environmental Change*, Vol. 35.
Cumming, G. S., 2011. *Spatial resilience in social-ecological systems*. Springer Science & Business Media.
Cumming, G. S., 2016. Heterarchies: Reconciling networks and hierarchies. *Trends in Ecology & Evolution*, Vol. 31, No. 8.
Cumming, G.S., C. R. Allen, N. C. Ban, et al. 2015. Understanding protected area resilience: A multi-scale, social-ecological approach. *Ecological Applications*, Vol. 25, No. 2.
Cumming, G. S., A. Buerkert, E. M. Hoffmann, et al. 2014. Implications of agricultural

transitions and urbanization for ecosystem services. *Nature*, Vol. 515, No. 7525.

Cumming, G. S. and J. Collier, 2005. Change and identity in complex systems. *Ecology and Society*, Vol. 10, No. 1.

Cumming, G. S., T. H. Morrison and T. P. Hughes, 2016. New directions for understanding the spatial resilience of social-ecological systems. *Ecosystems*, Vol. 20, No. 4.

Cumming, G. S., P. Olsson, F. S. Chapin, *et al.* 2012. Resilience, experimentation, and scale mismatches in social-ecological landscapes. *Landscape Ecology*, Vol. 28, No. 6.

Cumming, G. S. and G. D. Peterson 2017. Unifying research on social-ecological resilience and collapse. *Trends in Ecology & Evolution*, Vol. 32, No. 9.

Cumming, G. S. and S. Von Cramon-Taubadel, 2018. Linking economic growth pathways and environmental sustainability by understanding development as alternate social-ecological regimes. *Proceedings of the National Academy of Sciences of the United States of America*, Vol. 115.

Cutter, S. L., L. Barnes, M. Berry, *et al.* 2008. A place-based model for understanding community resilience to natural disasters. *Global Environmental Change*, Vol. 18, No. 4.

Darnhofer, I., S. Bellon, B. Dedieu, *et al.* 2010. Adaptiveness to enhance the sustainability of farming systems. A review. *Agronomy for Sustainable Development*, Vol. 30, No. 3.

Dietz, T., E. Ostrom and P. C. Stern, 2003. The struggle to govern the commons. *China Earth Sciences*, Vol. 302, No. 5652.

Duru, M. and O. Therond, 2014. Livestock system sustainability and resilience in intensive production zones: Which form of ecological modernization?. *Regional Environmental Change*, Vol. 15, No. 8.

Eakin, H., L. A. Bojórquez-Tapia, M. A.Janssen, *et al.* 2017. Opinion: Urban resilience efforts must consider social and political forces. *Proceedings of the National Academy of Sciences of the United States of America*, Vol. 114, No. 2.

Ebbesson, J., 2010. The rule of law in governance of complex socio-ecological changes. *Global Environmental Change*, Vol. 20, No. 3.

Fischer, J., G. D. Peterson, T. A. Gardner, *et al.* 2009. Integrating resilience thinking and optimisation for conservation. *Trends in Ecology & Evolution*, Vol. 24, No. 10.

Foley, J. A, N. Ramankutty, K. A. Brauman, *et al.* 2011. Solutions for a cultivated planet. *Nature*, Vol. 478, No. 7369.

Folke, C., 2006. Resilience: The emergence of a perspective for social-ecological systems analyses. *Global Environmental Change*, Vol. 16, No. 3.

Folke, C., 2016. Resilience (Republished). *Ecology and Society*, Vol. 21, No. 4.

Folke, C, R. Biggs, A.V. Norström, *et al.* 2016. Social-ecological resilience and biosphere-based sustainability science. *Ecology and Society*, Vol. 21, No. 3.

Folke, C., S. Carpenter, B. Walker, *et al.* 2010. Resilience thinking: Integrating resilience, adaptability and transformability. *Ecology and Society*, Vol. 15, No. 4.

Folke, C., T. Hahn, P. Olsson, *et al.* 2005. Adaptive governance of social-ecological systems. *Annual Review of Environment and Resources*, Vol. 30, No. 1.

Geertz, C., 1963. *Agricultural Involution: The Process of Ecological Change in Indonesia*. University of California Press.

Ge, D., H. Long, L. Ma, *et al.* 2017. Analysis framework of China's grain production system: A spatial resilience perspective. *Sustainability*, Vol. 9, No. 12.

Ge, D., H. Long, Y. Zhang, *et al.* 2018. Farmland transition and its influences on grain production in China. *Land Use Policy*, Vol. 70.

Gunderson, L. H. and C. S. Holling, 2001. *Panarchy: Understanding Transformations in Human and Natural Systems*. Island press.

Holdaway, J., 2017. *Urbanisation, Rural Transformations and Food Security: The View from China*. Working Paper, IIED.

Holling, C. S., 1973. Resilience and stability of ecological systems. *Annual Review of Ecology and Systematics*, Vol. 1973, No. 4.

Holling, C. S., 2001. Understanding the complexity of economic, ecological, and social systems. *Ecosystems,* Vol. 4, No. 5.

Huang, J., R. G. Pontius, Q. Li, *et al.* 2012. Use of intensity analysis to link patterns with processes of land change from 1986 to 2007 in a coastal watershed of southeast China. *Applied Geography*, Vol. 34.

Huang, Z., C. He, and S. Zhu, 2017. Do China's economic development zones improve land use efficiency? The effects of selection, factor accumulation and agglomeration. *Landscape and Urban Planning*, Vol. 162.

Janssen, M. A., J. M. Anderies and E. Ostrom, 2007. Robustness of Social-Ecological Systems to Spatial and Temporal Variability. *Society & Natural Resources*, Vol. 20, No. 4.

Knickel, K., M. Redman, I. Darnhofer, *et al.* 2018. Between aspirations and reality: Making farming, food systems and rural areas more resilient, sustainable and equitable. *Journal of Rural Studies*, Vol. 59.

Koohafkan, P., M. A. Altieri and E. H. Gimenez, 2012. Green Agriculture: Foundations for biodiverse, resilient and productive agricultural systems. *International Journal of Agricultural Sustainability*, Vol. 10, No. 1.

Lebel, L., J. M. Anderies, B. Campbell, *et al.* 2006. Governance and the capacity to manage resilience in regional social-ecological systems. *Ecology and Society*, Vol. 11, No. 1.

Levin, S., T. Xepapadeas, A-S. Crépin, *et al.* 2012. Social-ecological systems as complex adaptive systems: Modeling and policy implications. *Environment and Development Economics*, Vol. 18, No. 2.

Li, L., C. Wang, E. Segarra, *et al.* 2013. Migration, remittances, and agricultural productivity in small farming systems in Northwest China. *China Agricultural Economic Review*, Vol. 5, No. 1.

Lindborg, R., L. J. Gordon, R. Malinga, *et al.* 2017. How spatial scale shapes the generation and management of multiple ecosystem services. *Ecosphere*, Vol. 8, No. 4.

Lipton, M., 1980. Migration from rural areas of poor countries: The impact on rural productivity and income distribution. *World Development*, Vol. 8, No. 1.

Liu, J., Z. Zhang, X. Xu, *et al.* 2010. Spatial patterns and driving forces of land use change in China during the early 21st century. *Journal of Geographical Sciences*, Vol. 20, No. 4.

Loorbach, D., N. Frantzeskaki and F. Avelino, 2017. Sustainability transitions research: Transforming science and practice for societal change. *Annual Review of Environment and Resources*, Vol. 42.

Long, H., S. Tu, D. Ge, *et al.* 2016. The allocation and management of critical resources in rural China under restructuring: Problems and prospects. *Journal of Rural Studies*, Vol. 47.

Long, H. and Y. Qu 2018. Land use transitions and land management: A mutual feedback perspective. *Land Use Policy*, Vol. 47.

Long, H., Y. Zhang and S. Tu, 2019. Rural vitalization in China: A perspective of land consolidation. *Journal of Geographical Sciences*, Vol. 29, No. 4.

McSweeney, K. and O. T. Coomes, 2011. Climate-related disaster opens a window of opportunity for rural poor in northeastern Honduras. *Proceedings of the National Academy of Sciences of the United States of America*, Vol. 108, No. 13.

Meerow, S., J. P. Newell and M. Stults, 2016. Defining urban resilience: A review. *Landscape and Urban Planning*, Vol. 147.

Nelson, D. R., W. N. Adger and K. Brown, 2007. Adaptation to environmental change: Contributions of a resilience framework. *Annual Review of Environment and Resources*, Vol. 32, No. 1.

Norris, F. H., S. P. Stevens, B. Pfefferbaum, *et al.* 2008. Community resilience as a metaphor, theory, set of capacities, and strategy for disaster readiness. *American Journal of Community Psychology*, Vol. 41, No. 1-2.

Pelletier, B., G. M. Hickey, K. L. Bothi, *et al.* 2016. Linking rural livelihood resilience and food security: An international challenge. *Food Security*, Vol. 8, No. 3.

Petzold J., 2017. *Social Capital, Resilience and Adaptation on Small Islands: Climate Change on the Isles of Scilly.* Springer.

Pinstrup-Andersen, P., 2009. Food security: Definition and measurement. *Food Security*, Vol. 1, No. 3.

Pretty, J. and Z. P. Bharucha. 2014. Sustainable intensification in agricultural systems. *Annals of Botany*, Vol. 114, No. 8.

Proctor, F. J. and J. A. Berdegué, 2016. *Food Systems at The Rural-Urban Interface.* Working Paper series.

Ray, D. K., J. S. Gerber, G. K. MacDonald, *et al.* 2015. Climate variation explains a third of global crop yield variability. *Nature Communications*, Vol. 6.

Reed, M., A. Evely, G. Cundill, *et al.* 2010. What is social learning?. *Ecology and Society*, Vol. 15, No. 4.

Rozelle, S., J. E. Taylor and A. deBrauw, 1999. Migration, remittances, and agricultural productivity in China. *American Economic Review*, Vol. 89, No. 2.

Scheffer, M., S. Carpenter, J. A. Foley, *et al.* 2001. Catastrophic shifts in ecosystems. *Nature*, Vol. 413, No. 6856.

Seto, K. C. and N. Ramankutty, 2016. Hidden linkages between urbanization and food systems. *Science*, Vol. 352, No. 6288.

Seufert, V., N. Ramankutty and J. A. Foley, 2012. Comparing the yields of organic and conventional agriculture. *Nature*, Vol. 485, No. 7397.

Simmie, J. and R. Martin, 2010. The economic resilience of regions: Towards an evolutionary approach. *Cambridge Journal of Regions, Economy and Society*, Vol. 3, No. 1.

Smith, A., S. Snapp and R. Chikowo, *et al.* 2017. Measuring sustainable intensification in smallholder agroecosystems: A review. *Global Food Security*, Vol. 12.

Song, W., Z. Han and X. Deng, 2016. Changes in productivity, efficiency and technology

of China's crop production under rural restructuring. *Journal of Rural Studies*, Vol. 47.
Su, S., R. Xiao and Y. Zhang, 2012. Multi-scale analysis of spatially varying relationships between agricultural landscape patterns and urbanization using geographically weighted regression. *Applied Geography*, Vol. 32, No. 2.
Suweis, S., J. A. Carr, A. Maritan, et al. 2015. Resilience and reactivity of global food security. *Proceedings of the National Academy of Sciences*, Vol. 112, No. 22.
Tang, S. and S. Allesina, 2014. Reactivity and stability of large ecosystems. *Frontiers in Ecology and Evolution*, Vol. 2.
Tendall, D. M., J. Joerin, B. Kopainsky, et al. 2015. Food system resilience: Defining the concept. *Global Food Security*, Vol. 6.
Tilman, D., C. Balzer, J. Hill, et al. 2011. Global food demand and the sustainable intensification of agriculture. *Proceedings of the National Academy of Sciences of the United States of America*, Vol. 108, No. 50.
Turner II B. L., 2010. Vulnerability and resilience: Coalescing or paralleling approaches for sustainability science?. *Global Environmental Change*, Vol. 20, No. 4.
Urruty, N., D. Tailliez-Lefebvreand and C. Huyghe, 2016. Stability, robustness, vulnerability and resilience of agricultural systems. A review. *Agronomy for Sustainable Development*, Vol. 36, No. 1.
van der Ploeg J. D., J. Ye and L. Pan, 2014. Peasants, time and the land: The social organization of farming in China. *Journal of Rural Studies*, Vol. 36.
Walker, B., J. Anderies, A. Kinzig, et al. 2006a, Exploring resilience in social-ecological systems through comparative studies and theory development: Introduction to the special issue. *Ecology and Society*, Vol. 11, No. 1.
Walker, B., S. Barrett, S. Polasky, et al. 2009. Environment. Looming global-scale failures and missing institutions. *Science*, Vol. 325, No. 5946.
Walker, B., C. S. Holling, S. Carpenter, et al. 2004. Resilience, adaptability and transformability in social–ecological systems. *Ecology and Society*, Vol. 9, No. 2.
Walker, B. and D. Salt, 2006b. *Resilience Thinking: Sustaining Ecosystems and People in A Changing World*. Island Press.
Walters, C. J. and C. S. Holling, 1990. Large-scale management experiments and learning by doing. *Ecology*, Vol. 71, No. 6.
Ye, J., C. He, J. Liu, et al. 2016. Left-behind elderly: Shouldering a disproportionate share of production and reproduction in supporting China's industrial development. *The Journal of Peasant Studies*, Vol. 43.

Zhan, S., 2017. Riding on self-sufficiency: Grain policy and the rise of agrarian capital in China. *Journal of Rural Studies*, Vol. 54.

Zhang, Q., Z. Sun, F. Wu, *et al.* 2016. Understanding rural restructuring in China: The impact of changes in labor and capital productivity on domestic agricultural production and trade. *Journal of Rural Studies*, Vol. 47.

陈秋分、王国刚、孙炜琳:"乡村振兴战略中的农业地位与农业发展",《农业经济问题》,2018年第1期。

李二玲、胥亚男、雍雅君等:"农业结构调整与中国乡村转型发展——以河南省巩义市和鄢陵县为例",《地理科学进展》,2018年第5期。

李小建、周雄飞、郑纯辉:"河南农区经济发展差异地理影响的小尺度分析",《地理学报》,2008年第2期。

刘建国、Vanessa Hull、Mateus Batistella等:"远程耦合世界的可持续性框架",《生态学报》,2016年第23期。

龙花楼:"论土地利用转型与土地资源管理",《地理研究》,2015年第9期。

杨庆媛:"协同推进土地整治与耕地休养生息",《中国土地》,2017年第5期。

杨新军、石育中、王子侨:"道路建设对秦岭山区社会—生态系统的影响——一个社区恢复力的视角",《地理学报》,2015年第8期。

叶敬忠、豆书龙、张明皓:"小农户和现代农业发展:如何有机衔接?",《中国农村经济》,2018年第11期。

叶兴庆:"实现国家现代化不能落下乡村",《中国发展观察》,2017年第21期。

邹健、龙花楼:"改革开放以来中国耕地利用与粮食生产安全格局变动研究",《自然资源学报》,2009年第8期。

第三章 粮食生产要素转型

第一节 农业劳动力转型与粮食生产

农业劳动力是乡村人地关系的核心要素,也是塑造中国"小农"特色粮食生产模式的关键因素。农业劳动力变化是乡村发展的重要驱动力,其成为乡村转型的重要指征。因此,探讨农业劳动力与粮食生产之间的关系为调控粮食生产转型提供关键参考。农业劳动力与粮食产量耦合的格局差异,为制定合理的粮食生产地域政策提供借鉴。本节结合农业劳动力数量变化和比重变化,构建了农业劳动力与粮食产量变化的耦合关系理论模式,探讨了县域粮食生产与农业劳动力耦合的转型过程,解析了农业劳动力变化驱动粮食生产转型的内在机制。通过构建粮劳弹性系数和农业劳动力转移效应系数分析了中国县域粮食产量与农业劳动力变化的耦合关系,验证了刘易斯模型和"费景汉—拉尼斯"模型在中国的实践特征。

一、农业劳动力数量变化与粮食生产转型

农业劳动力是粮食生产不可或缺的重要资源(吴玉鸣,2010)。20世纪90年代以来,中国粮食产量与农业劳动力变化剧烈。粮食产

量保持波动上升趋势（Long et al., 2010），从 1991 年 4.35 亿吨增加到 2010 年的 5.46 亿吨。而同一时期农业劳动力数量则加速衰减，由 3.5 亿人下降到 2.77 亿人。同时，农业劳动力非农就业的比例不断上升，农户的非农收入比例不断升高（Rozelle et al., 1999b）。农业劳动力参与农业生产的方式和途径发生了重大变化。农业劳动力变化背景下中国粮食生产格局、粮食供给安全和农业劳动力与粮食生产的关系成为研究热点（Li et al., 2012）。

粮食产量与农业劳动力变化的动态关系研究不断深入，但存在较大争议（Chan, 2010）。众多研究发现农业劳动力转移对粮食产量变化起到不同的作用（Taylor et al., 2010）。粮食产量变化与农业劳动力市场的供给情况密切相关，并呈现出三种不同类型：（1）农业劳动力充足供给时，农业劳动力转移不会削弱粮食生产能力，甚至会改善农业生产环境，增加粮食产量（Rozelle et al., 1999a）；（2）农业劳动力有限供给时，农业劳动力机会成本上升，农业劳动力转移将导致粮食产量减少（Beyene, 2008）；（3）自由劳动力市场环境下，农业劳动力转移完成后，粮食生产依靠其他农业生产要素的补充投入。

综合分析国内外学者对粮食生产与农业劳动力变化的研究可以看出，当前有关粮食产量与农业劳动力变化的单方面研究较多。二者的时空耦合研究较少。针对小范围的个案研究较多，而针对中国不同地域类型的综合研究较少。二者耦合的单一特性研究较多，而针对中国不同地区差异化的耦合特征研究较少。因此，拟在前人研究基础上结合农业劳动力变化的特征，构建中国粮食产量与农业劳动力变化差异化的耦合模式，探讨不同类型农业劳动力变化背景下，粮食产量的变化特征。基于全国县域 1991 年、2000 年和 2010 年三期截面数据，深入分析全国范围内不同地域类型县域粮食产量与农业劳动力变化的格局演化及其耦合关系，并对理论分析进行实证检验。在理论研究与实证分析基础上探讨中国粮食产量与农业劳动力变化的耦合关系模式。

（一）农业劳动力数量与粮食产量耦合理论分析

1. 粮食产量与农业劳动力数量变化耦合模式

粮食产量的变化受多种因素影响。农业劳动力投入是粮食生产不可或缺的要素。古典二元经济理论下刘易斯模型（Lewis，1954）和"费景汉—拉尼斯"模型（Ranis et al.，1961），构建了传统农业生产部门向现代生产部门的转化过程，并揭示了农业劳动力转移的必要条件和转移效应，是开展研究的理论基础。已有研究表明粮食产量与农业劳动力数量变化的关系受到农业劳动力市场供给情况的影响（Beyene，2008），因此，利用县域农业劳动力数量的变化表征区域内农业劳动力供给情况，进而构建区域粮食产量与农业劳动力数量变化的耦合关系模式。改革开放以来，中国县域农业劳动力数量变化特征差异明显，区域性增加与区域性减少长期并存。因而，构建了农业劳动力数量增加地区和农业劳动力数量减少地区的粮食产量与农业劳动力数量变化差异化的耦合模式。农业劳动力减少地区依据社会经济综合发展程度不同又划分为传统农区和农业快速转型区，进而共同探讨了农业劳动力增加区、农业劳动力减少背景下传统农业区和农业快速转型区三类粮食产量与农业劳动力数量变化的耦合关系模式。

在农业劳动力数量增加地区，粮食产量与农业劳动力数量变化的耦合关系符合二元经济结构转型过程中农业劳动力数量增加与农产品产出的关系模式。图 3-1（a）反映了农业劳动力数量增加地区粮食产量与农业劳动力数量变化的耦合关系基本符合二元经济结构转型的逆向过程。随着农业劳动力数量的增加，粮食产量各阶段差异明显。T_1-T_2 时期农业劳动力数量的增加，提高了人类改造自然的能力，通过劳动力投入可扩大农业生产规模，粮食产量顺势增加。但粮食生产的边际递减效应逐渐明显，当达到 T_2 点时，农业劳动生产率达到最大，自然资源的约束性逐渐凸显，继续增加劳动力投入已无法实现粮食增产。T_2 点在刘易斯二元经济结构转型中被定义为"食品不足点"。T_2 点以后，若农业劳动力数量持续增加，而粮食产量止步不前，社会危机将加重，迫切需要改革现有生产关系。粮食产量与农业劳动力数量变化的耦合关系进入转型期。

农业劳动力数量减少的传统农区，粮食产量与农业劳动力数量变化的耦合关系阶段特征差异明显。本类地区（图3-1（b））转型初期 T_1' 点时，农业劳动力剩余程度高；农业劳动生产率低，直接导致了粮食产量有限；人均粮食占有量较低；粮食产量与农业劳动力数量处于"拮抗"阶段；农业劳动力数量抑制了农业生产的活力；传统农区转型发展受限；乡村地区存在整体性贫困。$T_1'-T_2'$ 时期，城市地区率先实现集聚发展；"刘易斯"城乡二元结构出现；在农业劳动力机会成本和比较收益的作用下，农业劳动力开始出现转移，并从事非农就业；非农收入比例上升；就业结构和生活质量得到改善。此外，这部分人带回先进技术和充足的资金；农业劳动生产率提高；粮食产量缓步上升；乡村地区农业生产关系中的"人地关系"和"人粮关系"得到缓和（Rozelle *et al.*, 1999b）。$T_2'-T_3'$ 时期，城镇化与工业化快速推进过程中，全社会劳动生产率得到快速提高；农业生产技术和管理体制不断创新；农业劳动力数量持续衰减；农业劳动生产率不断提升；农业生产规模化和专业化不断推进，但农业生产要素的边际递减效应不断凸显；粮食产量达到最高位 G_3'。$T_3'-T_4'$ 时期，大量农业劳动力外流；乡村"空心化"问题突出；农业生产的边际收益越来越低；城乡收入差距持续拉大；农地边际化伴随土地利用"粗放化"（Chen et al., 2009），直接导致耕地撂荒严重；粮食产量不增反降；粮食产量与农业劳动力数量变化的耦合关系进入下一轮调整时期。

在农业快速转型区，粮食产量与农业劳动力数量变化的耦合关系符合二元经济结构转型过程中劳动力转移与农产品产出变化的关系模式。农业快速转型区经济基础和区位条件较好，这些地区非农就业机会多，农业劳动力非农就业的机会成本低，粮食的社会保障功能逐渐降低，率先实现农业转型发展。图 3-1（c）描述了中国农业劳动力数量减少地区粮食产量也减少二者的耦合模式。$T_1''-T_2''$ 时期，农业劳动力数量下降并不会迅速带来粮食产量的下降（Lin, 1992），其他农业生产要素的补充投入弥补了这部分劳动力流失对粮食产量带来的影响。T_2'' 点以后，区域经济转型过程中，农业生产比较效益低，农业生产活动逐渐被其他产业替代，粮食产量持续下降。区域性粮食保障能力不断降低。

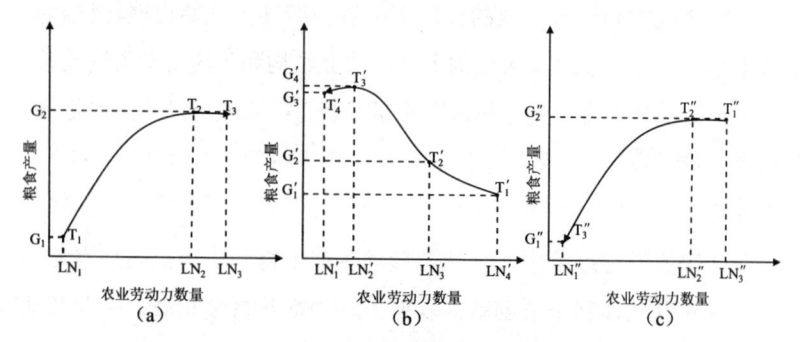

图 3-1　粮食产量与农业劳动力数量变化耦合关系概念模式

农业劳动力数量增加地区、传统农区和农业快速转型区粮食产量与农业劳动力数量变化的耦合关系模式，因区域发展层次不同，所处的区位发展条件不同，同一时期在不同区域可能会同时出现。同时，也应该看到同一区域不同时期三种耦合模式因为区域发展的阶段不同可能会连续出现，即区域农业转型发展进程中农业劳动力数量先不断增加后不断衰减，并最终实现农业劳动力转移。因此，构建的粮食产量与农业劳动力数量变化的耦合关系模式，在同一个时间维度表征不同耦合类型区的差异；在不同时间维度表征区域耦合过程的演化。

2. 粮劳弹性系数

粮劳弹性系数可以定义为一定时期内粮食产量变化率与农业劳动力数量变化率的比值，计算公式如下：

$$GLEC_i = \frac{GPR_i}{ALNR_i} = \frac{\left(\dfrac{GP_{it_2} - GP_{it_1}}{GP_{it_1}}\right)}{\left(\dfrac{ALN_{it_2} - ALN_{it_1}}{ALN_{it_1}}\right)} \quad （式3-1）$$

公式中 i 表示县域，GPR_i 和 $ALNR_i$ 分别表示县域粮食产量变化率和农业劳动力数量变化率。GP_{it_2} 和 GP_{it_1} 分别表示 t_2 和 t_1 时期 i 县的粮食产量；ALN_{it_2} 和 ALN_{it_1} 分别表示 t_2 和 t_1 时期 i 县的农业劳动力数量；$GLEC_i$ 为粮劳弹性系数，表示 i 县在 t_1 至 t_2 时期的粮食产量变化与农业劳动力数量变化之间的耦合关系。

通过分析 $GLEC$ 系数的变化，揭示二者的耦合关系模式。若 $ALNR>0$，且 $GLEC<0$，则说明农业劳动力数量增加粮食产量在减少，农业劳动力数量增加对粮食增产起到"反向"作用；若

$ALNR>0$，且$GLEC>0$，说明粮食产量与农业劳动力数量变化方向相同，农业劳动力数量增加对粮食增产起到"正向"作用；若$ALNR<0$，且$GLEC<0$，说明农业劳动力数量减少的同时，粮食产量在增加，农业劳动力数量减少对粮食增产起到"正向"作用；若$ALNR<0$，且$GLEC>0$，则说明农业劳动数量减少对粮食增产起到"反向"作用。

（二）农业劳动力数量与粮食产量变化格局

1. 县域尺度粮食产量变化

1991～2010年全国县域粮食总产量在不断增加，但区域差异明显。1991～2000年，全国71.09%的县域粮食产量在增加，县域平均粮食产量增加了13.73%，带动全国县域粮食总产量增加13.71%，粮食增产区主要集中在黄淮海平原、东北三江平原、新疆和云贵地区，而长江中下游地区等传统粮食主产区在经济转型发展进程中粮食产量在下降。2000～2010年全国有66.65%的县域粮食产量在增加，县域平均粮食产量增加28.23%。期间全国县域粮食总产量增加了28.19%。增产区主要集中在中国北方地区，尤其是东北三省、内蒙古和新疆地区成为粮食增产的主要区域。同时，从江苏南部到广东沿海一线，形成了粮食减产连绵地区（图3-2）。1991～2010年，全国74.33%的县域粮食产量在增加，县域平均粮食产量增加45.84%，全国县域粮食总产量增加了45.8%。粮食增产区主要集中在中国北方地区，尤其是东北地区和西北地区成为粮食增产主要贡献地区。粮食生产重心不断"北移"（王介勇等，2009）。此外，传统粮食主产区如长江三角洲和珠江三角洲等地区，在快速城镇化进程中粮食产量逐步减少。"鱼米之乡"逐步转变为现代都市区。

(a）1991~2000年

(b）2000~2010年

(c）1991~2010年

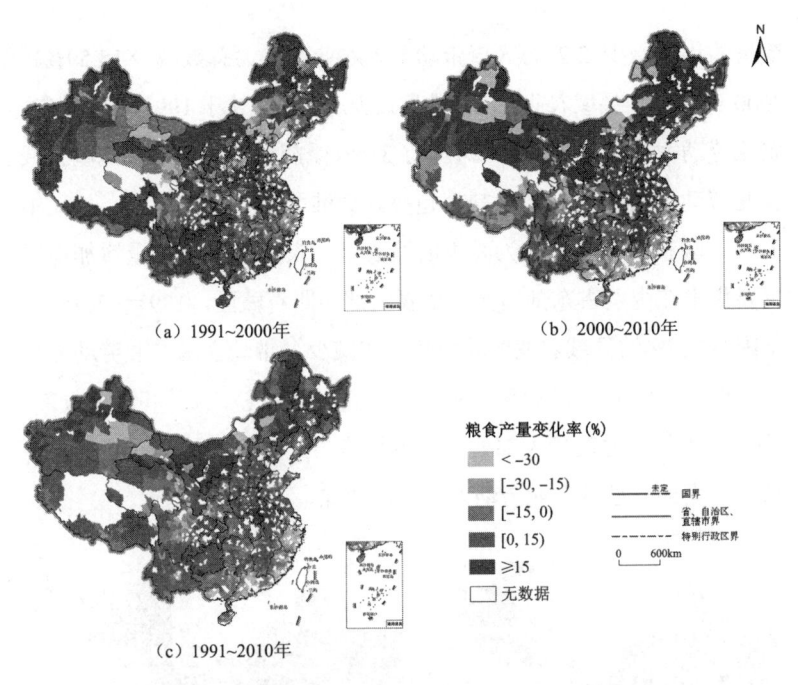

图 3-2　1991~2010 年县域粮食产量变化的时空格局

2. 县域农业劳动力数量变化

1991~2010 年中国县域农业劳动力数量呈现加速减少的趋势。东西部地区空间格局差异显著。1991~2000 年全国 53.09%的县域农业劳动力数量在减少（图 3-3），县域农业劳动力数量的均值[①]减少 0.71 万人，带动全国农业劳动力总数减少了 4.82%。县域农业劳动力数量减少区主要分布在胡焕庸线东南部（除河南大部、黑龙江大部、云南大部）地区，并在长江沿线和东部沿海省份形成集聚区。2000~2010 年全国 68.84%的县域农业劳动力数量在减少。县域农业劳动力

---

① 均值计算过程中利用三倍标准差方法剔除异常值，下同。

数量的均值减少 2.2 万人，带动全国农业劳动力总数减少 15.59%。2000~2010 年县域农业劳动力数量减少速度明显快于 1991~2010 年，农业劳动力数量减少的县域增加了 316 个。胡焕庸线东南部地区县域农业劳动力数量大部处于减少趋势。黄淮地区、江淮地区、长江中下游地区和四川盆地成为减少的核心区。农业劳动力数量增加地区主要集中在内蒙古东部地区、新疆大部和四省藏区。1991~2010 年全国 65.15%的县域农业劳动力数量在减少，带动全国农业劳动力总数减少了 19.66%。胡焕庸线东南部地区（除黑龙江大部和海南大部）县域农业劳动力数量大部处于减少趋势，此线以西地区（除甘肃中东部）大部分县域农业劳动力数量在增加。

(a) 1991~2000年

(b) 2000~2010年

(c) 1991~2010年

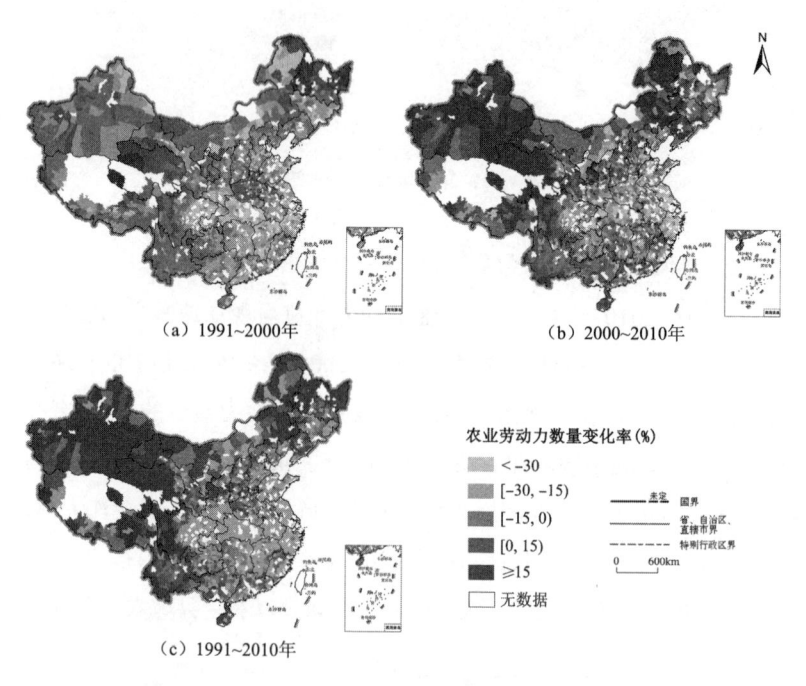

图 3-3　1991~2010 年县域农业劳动力数量变化的时空格局

（三）农业劳动力数量与粮食产量变化耦合关系

1. 粮食产量与农业劳动力数量耦合格局

中国县域粮食产量与农业劳动力数量空间耦合特征明显。胡焕庸线是中国县域粮食产量与农业劳动力数量空间耦合的重要分界线。县域农业劳动力数量较多的地区粮食产量也较高。以全国县域农业劳动力数量分级设色作为底图，以县域粮食产量作分级显示。胡焕庸线东南部地区县域农业劳动力数量较多，粮食产量也较高，尤其是大江大河的冲积平原地区，二者耦合程度更高。胡焕庸线西北部地区县域农业劳动力数量普遍偏低，粮食产量也十分有限。二者的空间耦合特征与中国自然本底环境下"水、土、气、生"等分布和人口分布状况密不可分。中国东部地区人口密度高，县域平均人口规模大，农业劳动力数量多，加之该地区平原广袤，耕地肥沃，水源充足且灌溉便利，适宜开展粮食生产，因此粮食产量相应较大。而中国西部地区人口稀少，县域平均人口规模较小，农业劳动力数量少，耕地稀缺且质量有限，气候干旱少雨且灌溉不便。这些因素都制约了西部地区的粮食生产。

2. 粮食产量与农业劳动力数量变化耦合特征

（1）1991~2000年粮劳弹性系数空间特征：其间，全国共有1 078个县域农业劳动力数量在减少，主要分布在胡焕庸线东南部地区，其中粮食产量降速更快（$ALNR<0$ 且 $GLEC \geqslant 1$）的县域有158个，主要分布在浙江东南部、山东半岛东部；粮食产量降速慢于农业劳动力数量降速（$ALNR<0$ 且 $0 \leqslant GLEC<1$）的县域有205个，分布在浙江西部和江西中北部；粮食产量增速慢于农业劳动力数量降速（$ALNR<0$ 且 $-1 \leqslant GLEC<0$）的县域有230个，主要分布在四川盆地

和湖南中东部地区；粮食产量增速快于农业劳动力数量降速（$ALNR<0$ 且 $GLEC<-1$）的县域有 485 个，主要分布在黄淮海平原、吉林大部。在 941 个农业劳动力数量增加的县域中，粮食产量增速更快（$ALNR>0$ 且 $GLEC\geqslant 1$）的有 562 个，主要分布在新疆中西部、云贵高原和豫鲁皖交界地区；粮食产量增速慢于农业劳动力数量增速（$ALNR>0$ 且 $0\leqslant GLEC<1$）的县域有 151 个，主要分布在四川西部和黑龙江中部地区；粮食产量降速低于农业劳动力数量增速（$ALNR>0$ 且 $-1\leqslant GLEC<0$）的县域有 98 个，主要分布在青海北部；粮食产量降速快于农业劳动力数量降速（$ALNR>0$ 且 $GLEC<-1$）的县域有 117 个，主要分布在辽宁西部。其间，县域粮食产量和农业劳动力数量变化趋势相同，呈现"双增加"和"双减少"的县域数量占全部县域数量的比重分别为 35.54% 和 18.09%；二者逆向变化的县域数量占全部县域数量的比重为 46.36%。其中粮食产量增加而农业劳动力数量减少的县占全部县域数量的比重为 35.64%。粮食产量减少而农业劳动力数量增加的县占全部县域数量的比重仅为 10.72%。可以看出本期粮劳变化的耦合格局呈现出两者同向变化为主，逆向变化为辅，但比重相差不大。

(2) 2000~2010 年粮劳弹性系数空间特征：这一时期全国有 1 385 个县域农业劳动力数量在减少，大部分在胡焕庸线东南部地区（除内蒙古西部）。其中粮食产量降速更快的县域有 218 个，主要分布在广东、福建和广西境内；粮食产量降速慢于农业劳动力数量降速的县域有 264 个，分布在浙江大部；粮食产量增速慢于农业劳动力数量降速的县域有 325 个，主要分布在川渝黔交界地区；粮食产量增速快于农业劳动力数量降速的县域有 578 个，主要分布在黄淮海平原、河套地区和东北平原。在 621 个农业劳动力数量增加的县域中，粮食产量增速更快的有329个，主要分布在新疆西部、内蒙古东部和"黑、吉、辽"三省西部；粮食产量增速慢于农业劳动力数量增速的县域有103个，主要分布在新疆中东部和青海北部地区；粮食产量降速低于农业劳动力数量增速的县域有65个，主要分布在西藏东部地区；粮食产量降速快于农业劳动力数量增速的县域有124个，主要分布在海南境内。其间，县域粮食产量和农业劳动力数量变化趋势相同，呈现"双增加"和"双减少"的县域数量比1991～2000年同类县域分别减少119个和增加281个，两种类型占全部县域数量的比重分别为21.54%和24.03%。二者逆向变化的县域数量占全部县域数量的比重为54.44%。其中粮食产量增加而农业劳动力数量减少的县占全部县域数量的比重为45.01%，县域粮食产量减少而农业劳动力数量增加的比重仅为9.42%。可以看出，与1991～2000年相比，二者同向增加的县域数量下降较快，逆向变化的县域中粮食产量在增加的县域比重在上升。整体上，二者耦合关系中逆向变化的县域数量超过了同向变化的县域数量，也成为这一时期二者耦合关系演化的重要标志。

（3）1991～2010年粮劳弹性系数空间特征：这一时期全国有1 307个县域农业劳动力数量在减少，大部分在胡焕庸线东南部地区，其中粮食产量降速更快的县域有150个，主要分布东南沿海省份；粮食产量降速慢于农业劳动力数量降速的县域有246个，主要分布在浙江大部；粮食产量增速慢于农业劳动力数量降速的县域有271个，主要分布在四川盆地和湖北大部；粮食产量增速快于农业劳动力数量降速的县域有640个，主要分布在黄淮海平原和贵州大部。在699个农业劳动力数量增加的县域中，粮食产量增速更快的有471个，主要分布在新疆中西部、内蒙古东部和黑龙江；粮食产量增速慢于农业劳动力数量增速的县域有 113 个，主要分布在青海大部；粮食产量降速低于农业劳动力数量增速的县域有 47 个，主要分布在四川西部；粮食产量降速快于农业劳动力数量增速的县域有 68 个，主要分布在甘肃西部地区。1991~2010 年粮食产量和农业劳动力数量变化趋势相同县域数量占全部县域总数的比重为 48.85%，变化趋势不同的县域为 51.15%。其中呈现"双增加"和"双减少"两类县占县域总数的比重分别占 29.11%和 19.74%（图 3-4）；粮食产量增加而农业劳动力数量减少的县域数量占县域总数的比重为 45.41%，成为粮食产量与农业劳动力数量变化耦合关系的主要类型；粮食产量减少而农业劳动力数量上升这类县域的比重仅为 5.73%。

粮劳弹性系数的变化可以看出，中国农业劳动力数量的变化对粮食增产的作用在下降，且地域差异显著。1991~2010 年中国县域农业劳动力数量增加地区 *GLEC* 均值由 3.81 上升到 3.99，说明农业劳动力数量增加对部分地区粮食增产的推动作用在欠发达地区仍然存在，但在 2000~2010 年，此种类型县域数量下降了 307 个。粮食产量占当年全国总产量的比重由 2000 年的 41.22%，下降到 2010 年的 25.81%。而县域农业劳动力数量减少地区 *GLEC* 均值由–2.56 上升到–1.76，说明农业劳动力数量减少对这类地区粮食增产的作用在下降，且该类型县域粮食产量占当年粮食总产量的比重由 2000 年的 58.78%，上升到 2010 年的 74.19%。这类地区成为中国粮食产量与农业劳动力数量变化耦合关系的主要类型。

农业劳动力数量总数减少的背景下，全国 *GLEC* 均值由–0.25 上升到–0.16，说明农业劳动力数量的下降对粮食增产的正向推动作用不断下降。综合以上分析，农业劳动力数量在粮食增产中的作用不断降

第三章 粮食生产要素转型 95

(a) 1991~2000年

(b) 2000~2010年

(c) 1991~2010年

(d) 1991~2000年

(e) 2000~2010年

(f) 1991~2010年

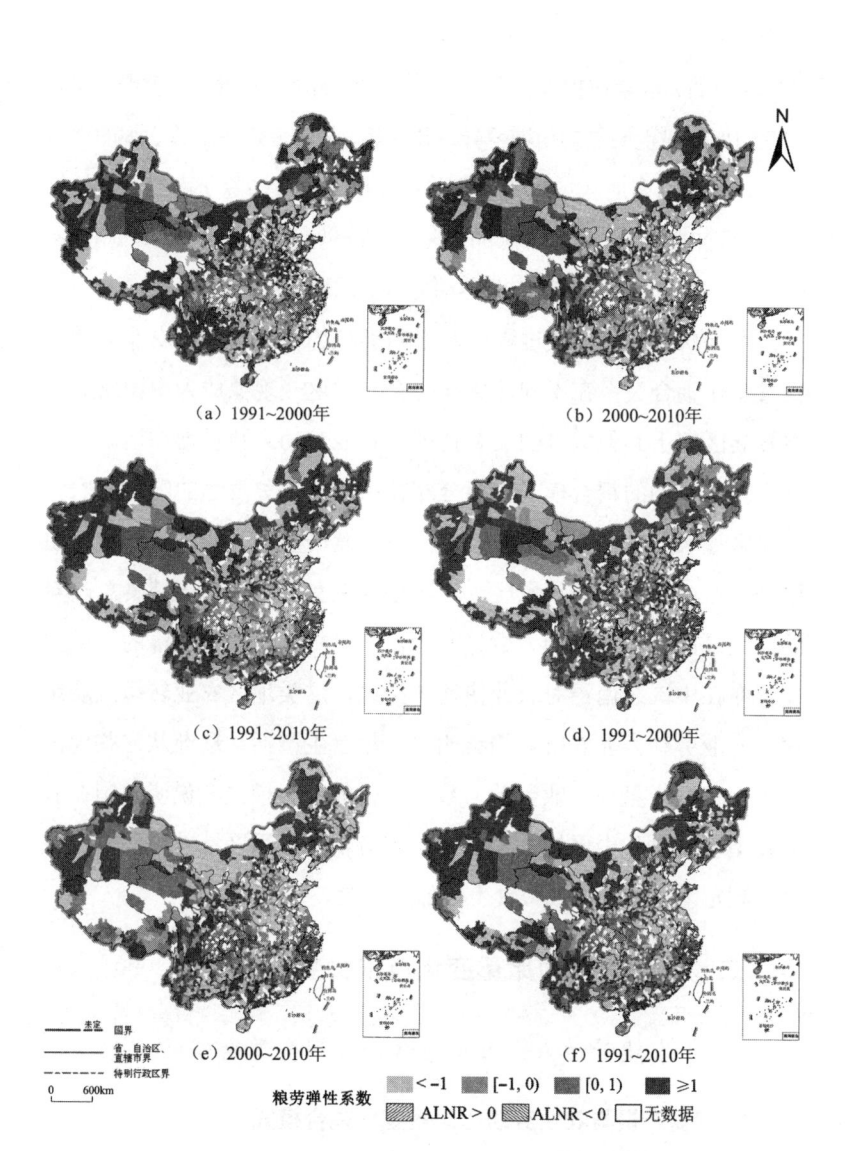

粮劳弹性系数 ▨ <-1　▨ [-1, 0)　▨ [0, 1)　▨ ≥1
▨ ALNR > 0　▨ ALNR < 0　☐ 无数据

图3-4　1991~2010年县域粮劳弹性系数空间格局演变

低。非劳动力因素在粮食生产中的作用不断加强。同时，二者耦合关系的空间格局呈现明显的地域差异。胡焕庸线是粮劳弹性系数宏观的地理界线。此线以东地区二者的耦合关系以逆向为主（除东南沿海发达地区），即农业劳动力数量下降的同时粮食产量在增加；此线以西则以同向为主，即粮食产量随着农业劳动力数量的增加而增加。

中国农业转型发展进程中，不同类型的粮食产量和农业劳动力数量变化耦合关系在不同区域同时存在。这一现象成为中国农业转型发展区别于其他国家的显著特征。农业劳动力数量增加地区，粮食产量也增加的耦合模式主要分布在中国西部欠发达的牧区和农牧交错区；农业劳动力数量减少，同时粮食产量上升的耦合模式，主要分布在中国东部传统农区，这类地区粮食产量占全国粮食总产量的比重最高；农业劳动力数量减少，同时粮食产量也下降的区域主要分布在中国东南沿海农业快速转型区，这类地区农业转型发展迅速，农业劳动力非农就业趋势明显，粮食生产活动逐渐从这些地区退出。粮食产量与农业劳动力数量变化的耦合模式，说明中国在农业转型发展进程中区域差异明显，粮劳耦合关系区域差异显著，有必要制定差异化的区域粮食生产保障政策。

二、农业劳动力比重变化与粮食生产转型

（一）农业劳动力比重与粮食产量耦合理论分析

1. 粮食产量与农业劳动力比重变化耦合模式

县域农业劳动力数量直接反映了县域范围内从事农业生产的人

员数量,而农业劳动力比重[①]反映了农业劳动力数量占乡村从业人员的比例,从侧面反映出本地区农业劳动力的就业结构和转移趋势。图 3–5 描述了不同时期县域粮食产量与农业劳动力比重变化的耦合关系模式和粮劳耦合曲线[②],分别抽象描述了农业劳动力转移初期(T_1)、农业劳动力转移中期(T_2)、农业劳动力转移后期(T_3)和农业劳动力过度转移(T_4)四个阶段县域粮食产量与农业劳动力比重变化耦合的关系。粮劳耦合特征整体上呈现出由集聚向离散到再次集聚的转化过程。农业转型发展初期,县域农业劳动力比重普遍偏高,粮劳耦合曲线呈现"负偏态"状态。农业转型发展进程中,县域平均粮食产量不断提升,农业劳动力比重整体下降,粮劳耦合曲线不断向农业劳动力比重低值区推进,且粮劳耦合的离散趋势不断增加。$T_1 - T_3$ 时期,农业劳动力转移对县域粮食增产起到了"正向"推动作用(Zhang et al., 2011),全国粮食总产量提升。T_3 时期以后,农业剩余劳动力转移基本完成。$T_3 - T_4$ 时期过度的农业劳动力转移,导致粮食生产向优势度较高的地区集聚。粮食生产的集中化和专业化趋势不断增强。农业快速转型区农业劳动力比重下降迅速。原来的粮食主产区将部分退出粮食生产。农业劳动力比重较高的欠发达地区由于粮食的社会保障功能将保留部分粮食生产能力。$T_3 - T_4$ 时期,农业劳动比重的下降对粮食增产起到"反向"抑制作

---

① 县域农业劳动力比重=农业劳动力数量/乡村从业人员数量。由于乡村从业人员的统计以户籍中适龄人口规模作为主要参考依据,农业劳动力跨县域转移带来的本地乡村就业人员数量的变化,可以包括在现有的统计孔径内。因此,本书使用农业劳动力比重来刻画农业劳动力转移具有现实意义。

② 粮劳耦合曲线指一段时期内粮食产量与农业劳动力比重分别作为纵横坐标形成的耦合曲线。它主要表征粮食产量随农业劳动力比重变化。

用。持续的农业劳动力转移将威胁粮食生产安全。粮食产量与农业劳动力比重变化的耦合关系将进入新一轮调整期。

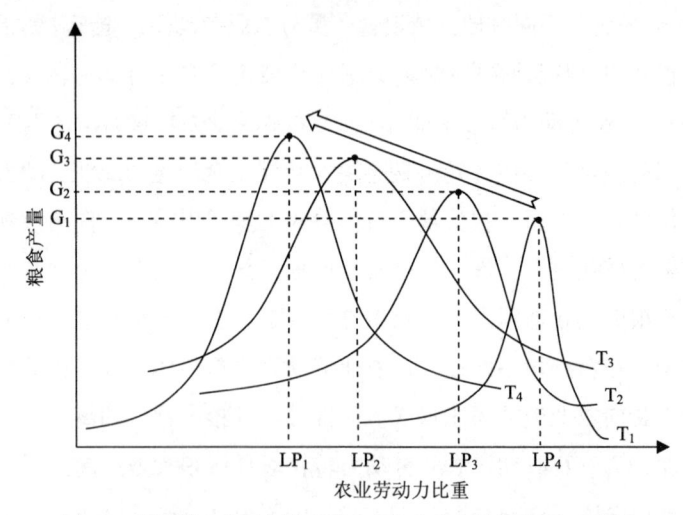

图 3-5 县域粮食产量与农业劳动力比重变化耦合关系概念模式

2. 农业劳动力转移效应系数

农业劳动力转移效应既包含劳动力由农业生产部门转移到其他非农业生产部门带来粮食产量的变化,也包含农业劳动力跨区域转移对区域粮食产量的影响。我们构建了农业劳动力转移效应系数 $ALTEC$,用以刻画农业劳动力转移对于区域粮食产量带来的影响。$ALTEC$ 测算公式如下:

$$ALTEC_i = \frac{GPR_i}{ALPR_i} = \frac{\left(\dfrac{GP_{it_2} - GP_{it_1}}{GP_{it_1}}\right)}{\left(\dfrac{ALN_{it_2}}{REN_{it_2}} - \dfrac{ALN_{it_1}}{REN_{it_1}}\right)} \quad （式3-2）$$

公式中 i 表示县域，GPR_i 和 $ALPR_i$ 分别表示一定时期内县域粮食产量变化率和农业劳动力比重变化率。GP_{it_2} 和 GP_{it_1} 分别表示 t_2 和 t_1 时期 i 县的粮食产量；ALN_{it_2} 和 ALN_{it_1} 分别表示 t_2 和 t_1 时期 i 县的农业劳动力数量；REN_{it_2} 和 REN_{it_1} 分别表示 t_2 和 t_1 时期 i 县的乡村从业人员数量。$ALTEC_i$ 为农业劳动力转移效应系数，表示 i 县在 t_1 至 t_2 时期的粮食产量与农业劳动力比重变化之间的耦合关系。

当 $ALTEC>0$ 表明粮食产量与农业劳动力比重变化趋势相同，同时若 $ALPR>0$，粮食产量在增加，则说明农业劳动力比重增加对粮食增产起"正向"推动作用；相反，若 $ALPR<0$，则粮食产量在减少，说明农业劳动力比重下降对粮食增产起到"反向"抑制作用。若 $ALTEC<0$，表明农业劳动比重与粮食产量变化趋势相反，同时若 $ALPR>0$，则粮食产量在减少，说明农业劳动力比重增加对粮食增产起"反向"抑制作用；相反，若 $ALPR<0$，则粮食产量在增加，说明农业劳动力比重下降对粮食增产起到"正向"推动作用。

（二）农业劳动力比重与粮食产量变化耦合关系

1. 县域农业劳动力比重变化

1991~2010 年全国县域[①]农业劳动力比重普遍下降，因社会经济发展条件和自然环境差异，各地降幅差异明显。1991~2000 年全国 91.03% 的县域农业劳动力比重在下降（图 3-6），降幅超过 15 个百分点的县占全国县域总数的 24.77%。全国县域农业劳动力比重的均值下降 9.8 个百分点。县域农业劳动力比重快速下降地区主要集中在长江中下游地区和浙闽粤经济发达地区。农业劳动力比重增加区主要

---

① 由于数据所限，本节共统计了全国 2006 个县域。

(a) 1991~2000年

(b) 2000~2010年

(c) 1991~2010年

农业劳动力比重变化率(%)
< -25
[-25, -15)
[-15, 0)
[0, 15)
≥15
无数据

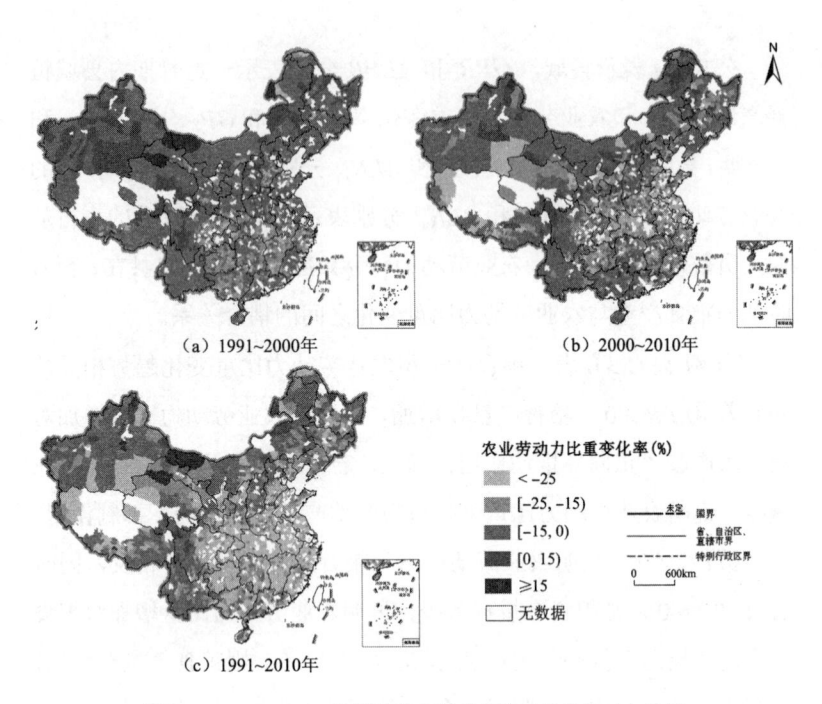

图 3-6　1991～2010 年县域农业劳动力比重变化的时空格局

集中在西北地区。2000～2010 年全国 93.92%的县域农业劳动力比重在下降，降幅超过 15 个百分点的县占全部县域总数的 42.17%，带动全国县域农业劳动力比重的均值下降 14.05 个百分点。县域农业劳动力比重快速下降地区主要集中在黄淮海平原、长江中下游平原和四川盆地等粮食主产区。农业劳动力比重增加地区零星分布在新疆和内蒙古等地区。1991～2010 年全国高达 99.7%的县域农业劳动力比重在下降，仅有 0.3%的县域农业劳动力比重在增加，降幅超过 15 个百分点的县占全国县域总数的 70.24%，直接导致了全国县域农业劳动力比重的均值下降 23.86 个百分点，由 84.09%下降到 60.23%。胡焕庸线东南地区县域农业劳动力比重快速下降，此线以西地区也普遍下降，但降幅与东部地区相比较低。农业劳动力比重上升的县域零星分布在新疆和内蒙古局部地区。

2. 粮食产量与农业劳动力比重耦合格局

利用县域农业劳动力比重作为底图，县域粮食产量作分级显示，从空间上直观地反映出全国范围内县域粮食产量与农业劳动力比重的空间耦合关系。1991年全国各地农业劳动力比重普遍偏高，均值为84.12%。粮食高产县主要分布在长江中下游平原、黄淮海平原和四川盆地。除长江三角洲和珠江三角洲部分地区外，粮食高产区的农业劳动力比重也较高。2000年全国县域农业劳动力比重均值下降到74.28%。二者耦合关系在"胡焕庸线"东西两侧呈现鲜明的差别。此线以东地区县域农业劳动力比重下降，粮食产量并未显著下降。此线以西地区农业劳动力比重仍维持较高水平，粮食产量变化不显著。2010年，在城镇化与农业现代化快速推进背景下，长江中下游地区和东南沿海省份，尤其是长江三角洲和珠江三角洲地区农业劳动力比重下降迅速。这些地区的粮食产量也迅速下降，已经不是中国粮食生产的核心区。

县域粮食产量与农业劳动力比重变化的耦合曲线呈现阶梯式波动变化。利用农业劳动力比重不同数值区间作为横坐标，分类汇总各区间县域数量占县域总数的比重和各区间县域粮食产量占县域粮食总产量比重。图3-7反映出各区间的县域比重和粮食产量比重的动态变化。二者的波峰处于同一区间，并随着社会经济发展转型不断向下游区间转移，且峰值不断下降，并趋于扁平化。1991年农业劳动力比重较高的县粮食产量也较高。农业劳动力比重大于80%的县占全部县域总数的71.79%，并生产了全国65.95%的粮食。波峰出现在农业劳动力比重80%~90%这个区间。2000年农业劳动力比重在60%~90%区间的县域数量占县域总数的76.72%。这些县生产了全国69.53%的粮食。波峰出现在农业劳动力比重70%~80%这个区间。2010年，如前文所述，全国县域农业劳动比重快速下降，农业劳动力比重处在40%~60%的县域，成为粮食产量较高的区间。三个年份县域农业劳动力比重的均值不断下降且变异系数分别为13.20%、18.36%和29.08%。而粮食产量的均值不断提升且标准偏差也不断提高。县域粮食产量与农业劳动力比重的耦合关系不断离散。已有的研究成果表明中国省域粮食生产的集中化水平进入新世纪以来不断升高，从侧面说明，中国粮食生产与农业劳动力比重耦合的空间分离趋势不断加强。

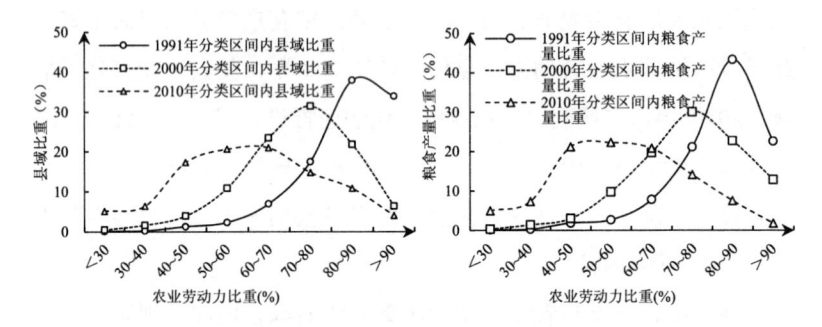

图3-7 农业劳动力比重分类汇总状况下的县域数量与县域粮食产量分布

3. 粮食产量与农业劳动力比重变化耦合特征

（1）1991~2000年农业劳动力转移效应系数空间特征：在此期间，全国共有1 829个县域（图3-8）农业劳动力比重在减少（$ALPR<0$），其中粮食产量增加的（$ALPR<0$ 且 $ALTEC<0$）县占县域总数的比重为65.2%（表3-1）。这些县域中，粮食产量增速大于农业劳动力比重降速的（$ALPR<0$ 且 $ALTEC<-1$）县占县域总数的比重为

49.65%，成为农业劳动力转移效应的主要类型，主要分布在黄淮海平原、云贵高原和内蒙古高原中西部；农业劳动力比重减少同时粮食产量减少（$ALPR<0$ 且 $ALTEC \geqslant 0$）的县占县域总数的比重为 25.98%，主要分布在长江三角洲地区、珠江三角洲地区、浙江大部和山东沿海地区。这些地区乡镇企业发展迅速，农业劳动力率先实现非农转移。农业劳动力转移效应对粮食生产带来了"反向"效应。此外，在此期间全国还有 177 个县农业劳动力比重在增加（$ALPR>0$），其中粮食产量也在增加的县有 115 个，而粮食产量减少的县（$ALPR>0$ 且 $ALTEC<0$）有 59 个。这两个类型的县域主要分布于新疆和黑龙江北部地区，在全国其他个别省份（如四川和青海）也有零星分布。

（2）2000~2010 年农业劳动力转移效应系数空间特征：在此期间，全国共有 1 886 个县域农业劳动力比重在减少，其中粮食产量增加的县占县域总数的比重为 62.87%，比上期下降 2.33 个百分点。粮食产量增速大于农业劳动力比重降速的县占县域总数的比重为 44.57%。农业劳动力转移对粮食增产的"正向"效应明显，主要分布在黄淮海平原、东北三省、内蒙古大部和河套地区。粮食产量减少的县域则占 31.16%。这些县域主要分布在东南沿海省份，并形成一条连绵带。这一地区是中国社会经济发展的前沿地带。农业劳动力转移对粮食增产的"反向"效应明显。此外，在此期间全国还有 120 个县农业劳动力比重在增加，其中粮食产量也在增加的县有 75 个，而粮食产量减少的县有 45 个。这些地区主要集中在北方农牧交错地带。

（3）1991~2000 年农业劳动力转移效应系数空间特征：在此期间，全国共有 1 961 个县域农业劳动力比重在减少，其中粮食产量增加的县占县域总数的 72.38%。这些县域当中，粮食产量增速大于农业劳动力比重降速的县占县域总数的比重为 52.24%，超过县域总数的一半，说明农业劳动力转移过程中，对于多数县域粮食生产起到了"正向"作用。此类地区在全国的分布较为广泛。黄淮海平原、东北平原、黄土高原、云贵高原均较为典型。粮食产量减少的县占县域总数的比重为 25.38%，主要分布在东南沿海省份。此外，全国还有 45 个县农业劳动力比重在增加，其中粮食产量也在增加的县有45 个。这个类型的县域零散分布于西部几个省份，并没有形成集聚区。

表 3-1 1991~2010 年县域农业劳动力转移效应系数分类统计汇总

	ALTEC 值	1991~2000 年(%)	2000~2010 年(%)	1991~2010 年(%)
ALPR<0	ALTEC≥1	14.66（294）	18.05（362）	10.72（215）
	0≤ALTEC<1	11.32（227）	13.11（263）	14.66（294）
	-1≤ALTEC<0	15.55（312）	18.30（367）	20.14（404）
	ALTEC<-1	49.65（996）	44.57（894）	52.24（1048）
ALPR>0	ALTEC≥1	5.53（111）	3.49（70）	1.94（39）
	0≤ALTEC<1	0.35（7）	0.25（5）	0.25（6）
	-1≤ALTEC<0	0.40（8）	0.10（2）	0.00（0）
	ALTEC<-1	2.54（51）	2.14（43）	0.00（0）

注：括号内的数字为此种耦合类型县域的数量。

1991~2010 年粮食产量和农业劳动力比重变化的耦合关系以"正向"作用为主，但作用程度不断减弱，空间格局也存在较大差异。20 世纪 90 年代以后，全国 90%以上的县域农业劳动力比重在下降，县域农业劳动力转移效应系数的均值由 1991~2000 年间的-2.93上升到 2000~2010 年间的-1.78，即农业劳动力转移带动粮食增产作

第三章 粮食生产要素转型 105

(a) 1990~2000年
(b) 2000~2010年
(c) 1991~2010年
(d) 1990~2000年
(e) 2000~2010年
(f) 1991~2010年

农业劳动力转移效应系数: <-1, [-1, 0), [0, 1), ≥1; ALNR > 0, ALNR < 0, 无数据

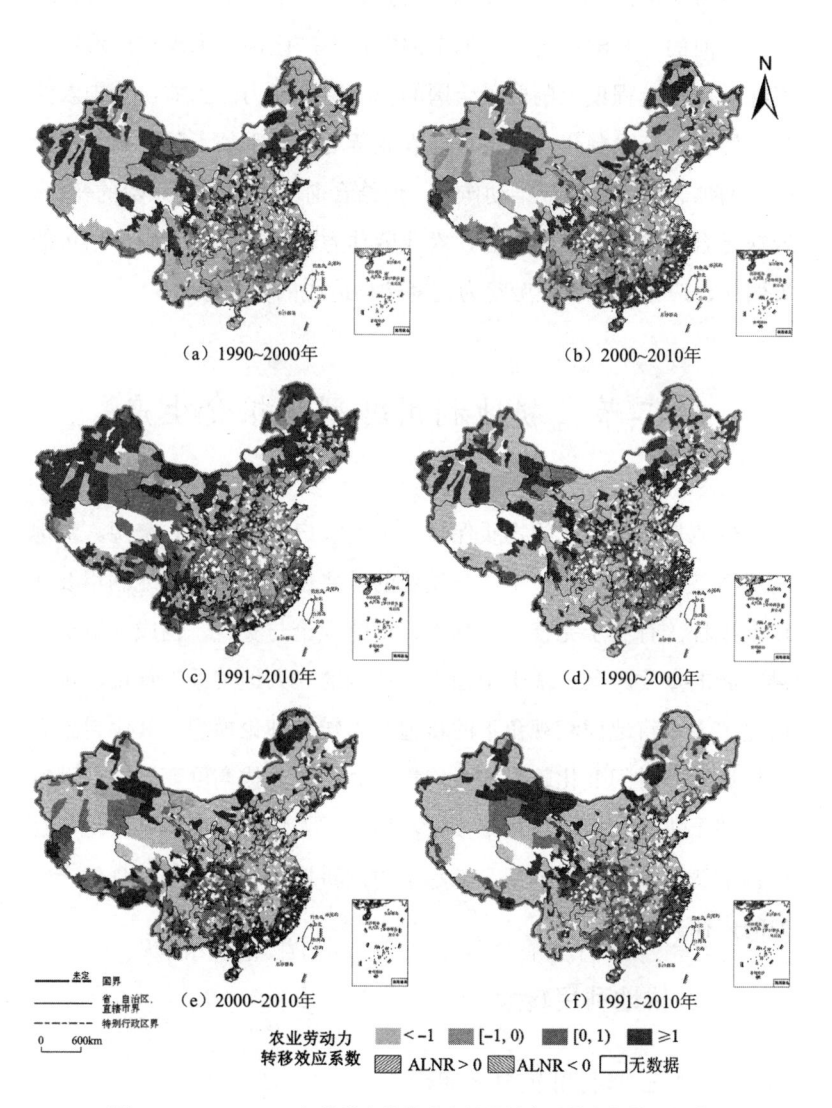

图 3-8 1990~2010年县域农业劳动力转移效应系数空间格局演变

用在不断下降。同时，在东南沿海地区集中出现了"非粮化"现象。大江大河的三角洲地区，由原来的粮食主产区演变为现在的城镇化连绵区，一定程度上削弱了全国的粮食生产能力。当前，全国农业劳动转移效应系数仍为负值，即农业劳动力比重的下降，仍对粮食产量增加起到"正向"推动作用，但结合前文粮劳弹性系数的变化，若缺乏合理的政策措施引导，农业劳动力转移效应的正向作用可能被弱化，应该防止农业劳动力过度转移造成的负面影响。

第二节 耕地利用转型与粮食生产

耕地是粮食生产的物质保障，也是农户生计的核心来源。耕地利用转型成为揭示乡村生产与发展的重要窗口。探讨耕地利用及其转型过程，有利于完善土地利用转型的理论与实践，也成为解析乡村发展的重要工具。基于中国人多地少的"人地关系"特征，本节构建了人均耕地面积视角下的耕地利用转型理论模型，其中包括人均耕地面积时间变化趋势和人均耕地面积随海拔高度变化的转型特征。基于耕地利用转型理论模型，构建了人均耕地面积与人均粮食占有量变化耦合分析框架，揭示了中国耕地利用转型与粮食生产转型的内在关系。

一、耕地利用转型

（一）土地利用转型研究进展

土地利用转型研究的关键环节是揭示社会经济发展转型过程中

土地利用形态的变化趋势，进一步剖析土地利用转型过程中不同土地利用形态之间格局演变。土地利用转型包含显性形态和隐性形态的转型（戈大专等，2018；Long et al.，2018）。二者都受到社会经济发展转型的影响。同时，通过土地资源管理制度的优化可以调控土地利用转型的进程和趋势，进而协调土地利用形态之间的冲突，维持社会经济系统和生态环境系统的良性发展（DeFries et al.，2010）。土地利用转型研究可为优化调控社会经济发展过程中出现的"人地关系"紧张格局提供理论及实践指导。因此，深入研究土地利用转型过程及其与粮食生产转型的互馈关系具有重要现实意义（Grainger，1995；Long et al.，2018）。

土地利用转型首先源于林地转型的研究，随后进一步扩展到其他土地利用形态。格兰杰和马瑟等通过研究不同国家森林面积的趋势性变化（Mather et al.，1998；Barbier et al.，2010），提出了林地转型的理论构想。此后，众多学者针对林地转型的区域差异、成因和影响展开深入的研究。研究表明，基于"经济增加路径"和"森林稀缺路径"的逻辑框架（Mather et al.，1999；Barbier et al.，2017），构建了林地转型的理论模型。此外，基于以上逻辑框架，林地转型对生态环境及粮食安全的影响（Morton et al.，2006）、林地转型过程中农户的参与方式（Mather，1996）及其对社会经济发展转型的反馈作用，也产生了众多研究成果（李秀彬等，2011）。

当前，针对林地转型的理论及实证研究较多，而耕地利用转型研究较少。耕地利用转型与林地转型的核心区别在于人类的参与程度更高。耕地与人类生产生活的关系较之林地更为密切（Alexander et al.，2015）。国内外学者通过对耕地数量的变化趋势（Bren d'Amour et al.，2017）、耕地非农化过程（Chen et al.，2014）和耕地与农村宅基地变化的耦合关系进行了较深入的研究。快速城镇化背景下，针对中国耕地数量与经济发展之间的耦合关系（He et al., 2013）、边际耕地撂荒现象（Zhang et al., 2016）、耕地数量变化与粮食安全之间的关系（Li et al., 2017）等开展了研究。虽然，有学者提到了林地转型过程中耕地面积变化及耕地利用方式的变化，但针对耕地利用转型的理论及实证研究仍较为欠缺。可以看出，当前针对耕地总量变化及其资源环境效应研究较多，而针对中国人多地少背景下，人均耕地面积的变化及其对粮食生产的影响研究较少。

耕地利用转型及其对粮食生产的影响需要更深入的研究。农业劳动力是推动林地转型的重要原因，构成了林地转型的"经济增长路径"（Barbier et al., 2017）。同时，人口城乡居住特征的变化导致森林产品需求多样化也是"森林稀缺路径"林地转型的重要因素。马瑟进一步研究了林地转型对农业生产的影响，概括总结了林地转型与农业生产转型之间的内在关系，表明林地转型对农业产业结构的调整及农户的应对策略产生深刻的影响（Mather et al., 1998）。因此，与林地转型相比，耕地利用转型对农业生产的影响更为直接（van Vliet et al., 2017），且更应该强调人类活动的影响（Liu et al., 2016）。人口数量是表征人类活动的重要指标。人均耕地面积的变化是耕地利用转型研究的核心内容之一，既可反映出耕地面积的变化趋势，也可衡量社会经济发展过程中人口的流动趋势，进而可以揭示区域人地关系的演化过程。通过分析城镇化进程中人均耕地面积变化对粮食生产的影响机制与模式，可为粮食生产转型提供理论支撑（Seto et al., 2016）。

因此，以林地转型理论为基础，构建了中国人均耕地面积视角下的耕地利用转型理论模型（Ge et al., 2018）。通过人均耕地面积与人均粮食占有量变化的时空耦合关系,揭示城乡转型背景下耕地利用转型对粮食生产转型的影响机制和模式。基于耕地利用转型及其对粮食生产的影响,为合理优化中国粮食生产转型提供理论支撑。

(二)耕地利用时间转型模型

城镇化进程中,中国乡村人均耕地面积变化的理论假设,符合"U"形转折趋势。为克服传统人均耕地面积基于行政单元的统计误差,构建了基于人口和耕地微观空间分布的人均耕地利用转型理论模型。人均耕地资源数量受到耕地资源和乡村地区人口数量及其分布的双重影响。农业社会环境下,人口转型初期,较高的出生率导致乡村地区人口数量持续增加(Hussain,2002),城乡人口迁移趋势尚未呈现。同时,乡村人口的分布与耕地资源的禀赋密切相关。耕地资源较多的地区人口数量也较多(Ge et al.,2017),土地垦殖率也较高,而可供持续开垦的耕地资源有限。乡村人口数量的增加,导致农村居民点用地需求迅速升高,乡村地区耕地被建设占用的比率升高(Long et al.,2012;Liu et al.,2014),耕地面积不断衰减。因此,这一阶段单位面积上人口数量的增加,耕地面积的下降,促使人均耕地面积不断下降(图3-9中的T之前属于这一阶段)。

城镇化进程中,人口的城乡迁移导致乡村人均耕地面积由下降转变为上升。城乡二元体制模式下,人口城乡转移导致人口的城乡空间分布模式发生了根本性变化。人口转型过程中,人口出生率首先实现下降,人口净增长速率也随之下降(Kirk,1996;Hussain,2002)。此外,农业剩余劳动力转移过程中,人口逐渐向城镇集聚。乡村地区人口密度逐渐下降(Cai,2010;Liu et al.,2016)。同时,人口居住空间逐渐向城镇集聚,农村建房需求下降,耕地被村庄建设占用的比率下降（Long et al.，2012；Deng et al.，2015）。城镇化进程不断推进，城乡建设占用耕地的规模和耕地减少的速率由快速增加到逐渐趋缓，并最终稳定在一个均衡的水平上（蔡运龙等，2009）。此外，城镇建设占用耕地的现象主要分布于城镇周边地区，且耕地被占用后，原有居民实现了城镇化，逐渐退出了农业生产。乡村地区人口密度的下降，耕地被占用速率的减少，多种因素共同促成了乡村人均耕地面积由下降扭转为上升（图3-9中T之后）。因此，人均耕地面积的趋势性转折构成了耕地利用时间转型的"U"形模式。同时也应该看到，这种趋势性的转折将在一段时期内实现，且转型进度因地而异。

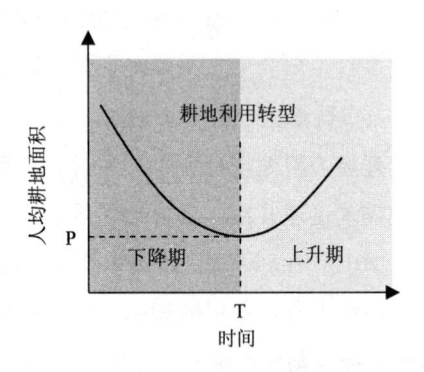

图3-9　耕地利用时间转型理论模型

（三）耕地利用空间转型模型

人均耕地面积在立体空间上随着海拔高度的升高变化趋势明显。相对完整的地貌单元里，随着海拔高度的升高，人均耕地面积变化曲线呈现抛物线特征，即人均耕地面积先逐步提升后快速下降

（图 3–10）。这一现象是人地相互作用下产生的结果。水土条件和耕作条件较好的耕地往往被优先开发，由于人口扩张或战乱等原因，人口会向高海拔地区迁移。这部分人长期定居于此，是因为这些地区能够提供人类所需的食物。显然这些地区水热条件较差且人口密度低，需要更多的耕地资源用以保障粮食供给，因此，随着海拔高度的升高人均耕地资源逐渐提高。但是，达到一定海拔高度后，耕地耕作条件受限，开发难度加大，可供开发的耕地资源迅速衰减，人均耕地资源快速减少。

城镇化进程中，海拔较高地区的边际土地由于边际效益低逐渐退出农业生产，人均耕地面积分布的上限不断下降（李升发等，2018）。社会经济转型过程中，人口转型过程快于耕地利用转型过程。人口逐渐向低海拔地区集聚（图 3–10），耕地和人口分布的海拔上限均在下降。人口由高海拔山区向低海拔城镇地区聚集，低海拔地区也是耕地资源被城镇发展占用比例较高的地区，因此导致耕地面积减少明显。这类地区人均耕地面积将下降（图 3–10 海拔小于 E_0 的区域）。同时，土地管理制度和社会保障制度不完备的情况下，M 点以后海拔高于 E_0 的区域，耕作条件较好的耕地仍然保留，而这些地区人口已大规模向低海拔城镇地区集聚，从而导致海拔 $E_0 \sim E_1$ 区域人均耕地面积增加（图 3–10 中 N_1 大于 N_0）。由于边际收益递减效应（Wang et al., 2016），人均耕地面积达到最高位后的 P_2 以后迅速下降。随着城镇化进程的推进，不同城镇化阶段人均耕地面积随海拔高度变化的分布曲线由 T_a 演化为 T_b；人均耕地面积随海拔高度变化的转折点由 E_2 下降到 E_1。人均耕地资源随着海拔高度的变化，反映出区域内人地关系的演化。

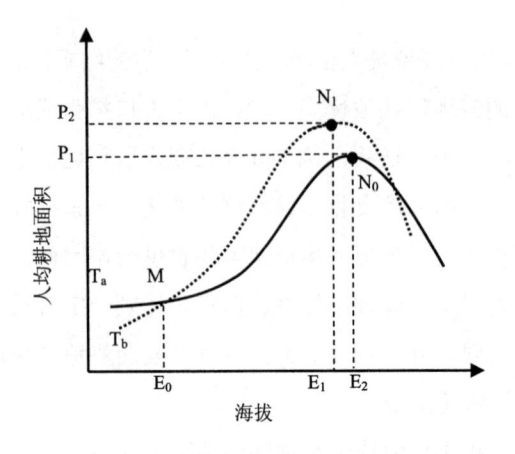

图 3-10 耕地利用空间转型理论模型

二、耕地利用转型与粮食生产转型耦合衔接

（一）耦合路径

耕地利用转型受到农业劳动力变化的影响，同时也带来了粮食生产方式的转型。人口与社会经济发展转型共同推动了人均耕地面积由快速下降到逐步回升的转折变化。耕地利用转型过程中，农业剩余劳动力的转移改变了传统"小农"生产方式。农户兼业化比例不断提升，粮食生产的省工性投入不断增加（Oseni，2009）。以技术变化为特征的农业生产"绿色革命"（Foley et al., 2005；Koohafkan et al., 2012），促使农户在粮食生产过程中不断提升单位面积上资本的投入。因此，耕地利用转型使得粮食生产的专业化和规模化成为可能。耕地的空间转型推动粮食生产空间分布格局逐步优化。海拔较高地区，耕地耕作条件较差，边际收益低，率先退出粮食生产，逐渐变更土地利用方式（如耕地转变为林地）。粮食生产活动逐渐向

海拔较低、水土条件较好的地区集中。耕地的时空转型，推动了粮食生产时空格局及其生产方式的转化（李裕瑞等，2009）。

耕地利用转型为粮食生产转型的调控提供优化路径。耕地利用转型过程中，人均耕地面积由快速下降到逐渐稳定，后期再逐渐回升。人均耕地面积趋势性变化时期，正是粮食生产方式调整的窗口期。有效识别耕地利用转型的关键节点，对于推动粮食生产规模化，逐步提高人均可耕种面积，改变"小农"生产方式具有重要意义。耕地利用转型窗口期，合理的土地管理政策调控可以加快耕地利用转型的进程，相反如果错过这一窗口期，耕地利用转型的进程可能会被推迟或效果将被削弱。这一阶段，土地管理制度、户籍管理制度、社会保障制度等与粮食生产转型密切相关的制度与政策的设计（韩俊，1999；Long et al.，2018）关乎粮食生产转型的效果与进度。此外，针对城镇连绵区人均耕地持续衰退的耕地保护战略设计（Liu et al.，2015）、边际耕地合理退出战略谋划和耕地过度使用区休耕轮作制度的设计（Smith，2013），均可通过优化耕地利用转型的进程得到合理优化。

（二）耦合模型构建

1. 人均耕地面积—人均粮食变化耦合关系模型

为探讨耕地利用转型与粮食生产转型的关系，构建了 *PFGC* 系数，用以揭示人均耕地面积与人均粮食占有量变化之间的耦合关系。*PFGC* 系数的计算公式如下：

$$PFGC_x = \frac{\left(\dfrac{\overline{PCFA_{x,\,t2}} - \overline{PCFA_{x,\,t1}}}{\overline{PCFA_{x,\,t1}}}\right)}{\left(\dfrac{\overline{PCGP_{x,\,t2}} - \overline{PCGP_{x,\,t1}}}{\overline{PCGP_{x,\,t1}}}\right)} \quad (\text{式 3-3})$$

$$PCGP_x = \frac{GP_x}{POP_x} \quad (\text{式 3-4})$$

式中，$PFGC_x$ 表示 x 县人口—耕地—粮食产量之间的耦合关系模式；$\overline{PCFA_{x,t1}}$ 和 $\overline{PCFA_{x,t2}}$ 分别表示 x 县基期和末期栅格尺度人均耕地面积的平均值；$PCGP_{x,t1}$ 和 $PCGP_{x,t2}$ 分别表示 x 县基期和末期人均粮食占有量；GP_x 和 POP_x 分别代表 x 县的粮食产量和人口数量。

理论上存在四种 $PFGC$ 耦合关系模式，即 $PFGC>0$ 且 $PCFA>0$，说明 $PCFA$ 和 $PCGP$ 变化趋势相同，同时人均粮食占有量与人均耕地面积同时增长。此种类型所处的区域若发生了前文提到的耕地利用转型，则粮食生产"现代型"转型趋势明显；若尚未发生耕地利用转型则属于"开拓型"粮食生产模式，即依靠开辟更多的耕地来实现粮食增产；若 $PFGC>0$ 且 $PCFA<0$，说明人均耕地面积与人均粮食均在下降，且区域粮食生产保障能力衰退。此外，若 $PFGC<0$ 且 $PCFA>0$ 说明人均耕地面积虽然增加，但人均粮食占有量却在减少，粮食生产衰退趋势也渐趋明显。我们把以上两种耦合模式定义为粮食生产的"衰退型"转型模式；若 $PFGC<0$ 且 $PCFA<0$，人均耕地面积虽然减少，但人均粮食占有量在增加。粮食生产的"集约型"转型明显。

2. 人均耕地面积计算

全国 1 千米栅格分辨率人均耕地面积的计算流程主要包括数据的计算与校对。因获得的全国 100 米栅格人口密度数据无西藏自治区和台湾省，因此所有数据计算过程除特殊说明外，均不包含西藏和台湾。但研究范围涉及了全国 99%以上的耕地面积、人口数量和粮食产量，可以反映出全国的基本情况。为保证栅格数据的质量，首先对耕地分布数据和人口密度分别进行人工目视检验和分区统计检验，数据精度均达到 90%以上，可以满足研究需求。为消除两种数据在空间上的几何误差，利用 ArcGIS 空间聚合工具，分别生成全国 1 千米分辨率耕地覆盖数据和人口密度数据，并利用栅格计算工具获得 1 千米分辨率的人均耕地面积数据。此外，并对人均耕地面积进行 3 倍标准差检验，如果数据无法通过检验，将利用 3×3 低通滤波工具进行平滑处理。

人均耕地面积（公顷/人）（PCFA）代表每个栅格像元内承载的人口数量和耕地面积的比值（图 3-13），计算公式如下：

$$PCFA=\frac{Farmland}{Popdensity} \quad (式\ 3-5)$$

其中 $Farmland$ 表示每个像元上耕地面积；$Popdensity$ 表示相应单元内的人口数量；$PCFT$（Per capita farmland transition）代表人均耕地面积的转型。计算公式为 $PCFT = PCFA_{t2} - PCFA_{t1}$（$PCFA_{t1}$ 和 $PCFA_{t2}$ 分别代表栅格像元基期和末期人均耕地面积）。

三、人均耕地面积变化与粮食生产转型

为深入研究中国不同区域耕地利用转型的格局特征，根据中国综合农业区划方案把中国细分为 11 个亚区，分别为东北区、黄淮海区、长三角区、长江中下游区、珠三角区、华南区、西南区、黄土高原区、内蒙区、甘新区和青藏区（图 3-11）。其中，为突出经济活动密集区人均耕地面积的变化趋势，将长三角区和珠三角区由原区

划方案的二级区单独析出。

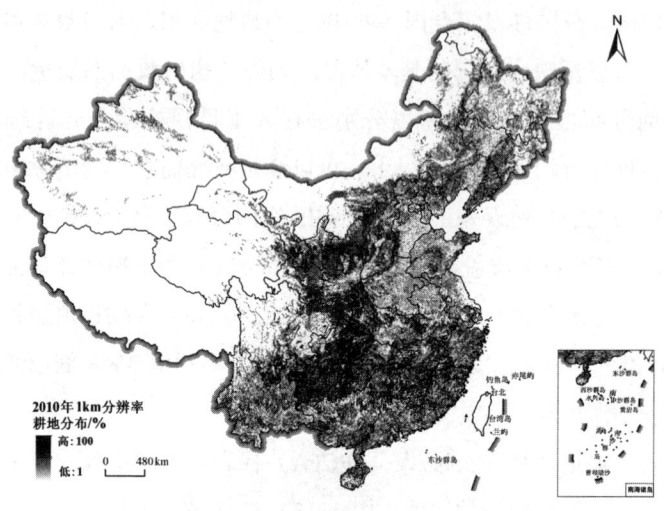

图 3-11　耕地利用转型研究区划分

注：台湾省、西藏自治区数据暂缺。

（一）中国人均耕地面积转型特征

1. 人均耕地面积的时空格局

中国人均耕地面积东部少、西部多，在胡焕庸线沿线地区形成高值区。胡焕庸线作为中国地形及人口分布宏观的分界线，构成了中国人均耕地面积区域差异的重要地理界线。胡焕庸线西北部人均耕地面积是东南部人均耕地面积的 4 倍左右（图 3-12）。胡焕庸线东南部人均耕地面积小于 0.3 公顷的区域占此区域耕地覆盖区的 65%以上，而西北部仅占 24%左右。中国东部地区人口分布集中；宜耕地区开发历史悠久；耕地资源与人口分布的空间叠加作用明显；耕

第三章 粮食生产要素转型 117

(a) 1990年 (b) 2000年
(c) 2010年 (d) 1990~2000年
(e) 2000~2010年 (f) 1990~2010年

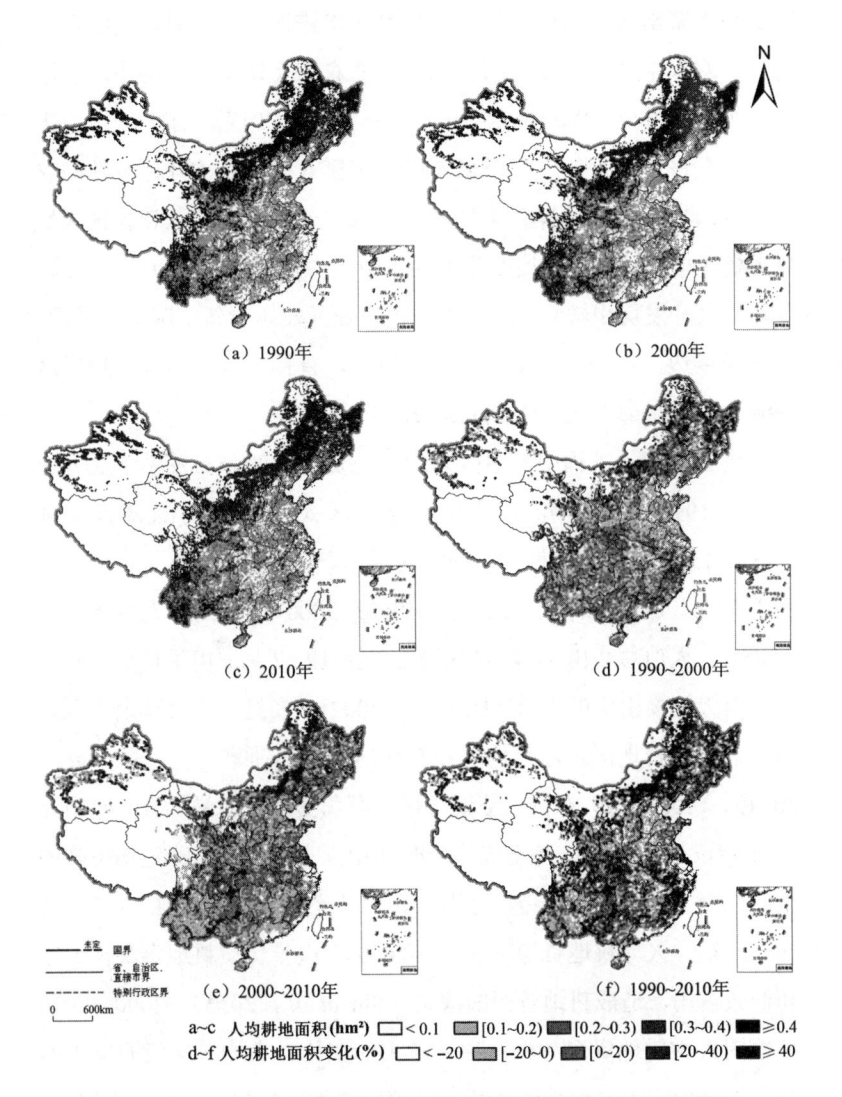

a~c 人均耕地面积(hm²) □<0.1 ▨[0.1~0.2) ▨[0.2~0.3) ▨[0.3~0.4) ■≥0.4
d~f 人均耕地面积变化(%) □<-20 ▨[-20~0) ▨[0~20) ▨[20~40) ■≥40

图 3-12 1990~2010 年人均耕地面积和人均耕地面积转型时空格局

注：台湾省、西藏自治区数据暂缺。

地资源丰富地区人口数量越多，导致人均耕地资源有限。自给自足的"小农"生产方式和"精耕细作"的农业文化都与人均耕地资源的分布密不可分（Wu et al., 1994; Ge et al., 2017）。东北地区由于历史开发进程较短，近代以来人口大规模入关以后才开始有效的农业开发，且耕地资源储量巨大（Liu et al., 2010），导致该地区人均耕地资源丰富。胡焕庸线西北部处于中国内陆地区，人口分布稀疏，宜耕地区开发历史较短。新疆大规模农业开发始于新中国成立以后。"移民垦边"过程中新增大量耕地资源，直接导致该地区人均耕地资源远大于东部地区（He et al., 2005）。

快速城镇化进程中，中国人均耕地资源空间分布发生了显著的变化。1990~2000年中国大部分地区人均耕地资源普遍下降（图3-13），与这一时期人口的快速增加、农村宅基地大量占用耕地密不可分（Long et al., 2012）。1990~2000年中国总人口增长了10.85%。人口总数由11.43亿快速上升到12.67亿。由于计划生育实施以前大规模出生的人口（Hussain, 2002），在这一阶段逐渐进入适婚年龄，农村地区占用耕地建设新房的需求迅速攀升（Liu et al., 2014）。研究表明，农村宅基地与耕地面积变化之间的耦合关系明显（Long et al., 2012），是造成这一时期中国人均耕地资源整体下降的重要原因。平原农区该趋势更为明显，以黄淮海地区为例（表3-2），这一时期，人均耕地资源下降了18.63%。大量优质耕地资源被无序和低效占用，造成耕地资源的浪费（Shi et al., 2013）。2000~2010年中国人均耕地资源分布发生了较大的变化。人均耕地资源减少的核心地区由广大乡村地区逐渐向城镇周边地区集中。城镇化进程中，人口大量流出地区人均耕地数量快速提升，如西南区这一时期人均耕地面积上升了11.51%。平原农区农民兼业化趋势明显，农业剩余劳动力逐渐转移（Cai，2010）。农村宅基地需求开始下降，人均耕地面积由快速下降到逐渐回升。而城镇化快速发展地区，城镇建设占用耕地的比率快速提升，导致人均耕地资源快速衰减（Huang et al.，2017）。珠江三角洲地区这一时期人均耕地面积减少了 14.38%，粮食生产能力迅速下降。

表 3-2　1990～2010 年分区人口比重、耕地面积比重、粮食产量比重和人均耕地面积统计汇总

年份	人口比重（%）			耕地比重（%）			粮食产量比重（%）			人均耕地面积（公顷）		
	1990	2000	2010	1990	2000	2010	1990	2000	2010	1990	2000	2010
胡焕庸线东南部	94.21	93.97	93.79	87.62	87.18	86.63	95.18	94.43	93.06	0.34	0.33	0.36
胡焕庸线西北部	5.79	6.03	6.21	12.38	12.82	13.37	4.82	5.57	6.94	1.38	1.43	1.44
东北区	10.23	9.79	9.57	16.31	17.67	17.88	15.07	15.49	21.02	0.81	0.89	0.94
黄淮海区	25.19	25.04	24.99	17.29	16.76	16.61	21.88	22.86	23.44	0.16	0.13	0.13
长三角区	9.78	9.83	10.85	5.88	5.60	5.36	9.32	9.48	8.92	0.18	0.16	0.16
长江中下游区	21.00	20.07	19.35	14.16	13.83	13.71	14.46	12.64	10.24	0.16	0.15	0.15
珠三角区	5.15	6.77	7.85	2.01	1.88	1.73	3.17	3.14	1.81	0.13	0.11	0.10
华南区	5.08	4.99	5.09	4.58	4.48	4.47	4.00	3.90	2.70	0.34	0.32	0.34
西南区	19.26	18.59	17.10	17.35	17.05	16.99	18.77	18.37	15.71	0.24	0.24	0.26
黄土高原区	7.82	7.89	7.74	8.72	8.61	8.49	4.03	4.02	4.74	0.42	0.40	0.41
内蒙区	3.80	3.69	3.68	8.32	8.63	8.63	1.95	1.98	2.54	1.14	1.20	1.34
甘新区	2.51	2.73	2.90	4.83	4.95	5.57	4.44	4.86	5.98	1.61	1.53	1.58
青藏区	0.41	0.40	0.43	0.54	0.55	0.56	2.69	3.03	2.69	1.78	1.79	1.73

2. 城镇化进程中人均耕地面积的时间变化

城镇化进程中，中国人均耕地面积随时间的变化趋势基本符合前文构建的耕地利用时间转型过程模型，即人均耕地面积先下降后再缓慢回升。1990～2000 年中国 50.15%耕地覆盖区人均耕地面积在减少，而 2000～2010 年全国 53.26%的耕地覆盖区人均耕地面积在增长。以胡焕庸线为界，1990～2000 年，胡焕庸线东南部 50.33%的区域人均耕地面积在减少，而胡焕庸线西北地区 49.1%的耕地覆盖区人均耕地面积在增加（图 3-13）。2000～2010 年胡焕庸线东南部 52.73%

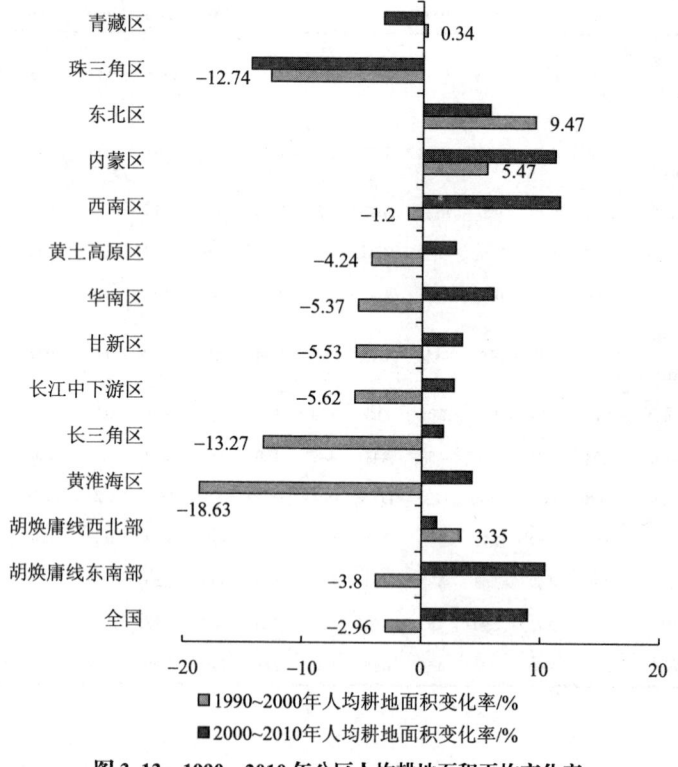

分区	1990~2000年人均耕地面积变化率/%	2000~2010年人均耕地面积变化率/%
青藏区		0.34
珠三角区	−12.74	
东北区		9.47
内蒙区		5.47
西南区	−1.2	
黄土高原区	−4.24	
华南区	−5.37	
甘新区	−5.53	
长江中下游区	−5.62	
长三角区	−13.27	
黄淮海区	−18.63	
胡焕庸线西北部		3.35
胡焕庸线东南部	−3.8	
全国	−2.96	

图 3-13　1990～2010 年分区人均耕地面积平均变化率

的耕地覆盖区人均耕地面积在增加，胡焕庸线西北部56.07%的耕地覆盖区人均耕地面积在增加。从全国宏观区域可以判断，在2000年左右，中国人均耕地的变化趋势发生了转型。为进一步验证各区域人均耕地利用转型的区域特征，分别汇总统计了11个分区1990~2000年和2000~2010年分时段人均耕地面积平均变化率，除内蒙区、东北区、珠三角区和青藏区人均耕地面积变化的整体趋势不符合理论构想外，其他7个区域人均耕地面积的转型趋势符合理论构想（图3-13），即1990~2000年人均耕地面积处于减少趋势，而在2000~2010年间人均耕地面积的变化趋势发生了趋势性转折，由渐进减少到不断增加。这些区域耕地面积占全国的比重达71%以上，基本上可以验证中国耕地利用转型的理论构想。此外，东北区和内蒙区人均耕地面积平均变化率不符合理论构想，与这两个区域大量新开垦的耕地资源有关（He *et al.*，2005；Liu *et al.*，2010），而珠三角区人均耕地面积的持续衰减，与该地区快速城镇化进程中人口快速集聚和耕地资源占用密切相关，成为深入分析中国耕地利用转型的特殊案例区。

3. 人均耕地面积的空间转型特征

中国人均耕地面积随着海拔高度的提升逐步增加，在海拔1 000米左右达到峰值，之后逐步下降。利用全国海拔高度分区进行统计分析，发现2 500米区域以上主要位于青藏高原区（图3-14）。该区域与其他地区人口数量和耕地资源的分布格局差异较大，因此，统计分析了中国海拔2 500米以下地区的人均耕地面积与海拔高度变化之间的关系。结果表明，中国人均耕地面积在1 000米以下地区逐步增加。这些地区主要集中在中国三大地形阶梯第一阶梯内，多数位于胡焕庸线东南部，受东南和西南季风影响较为明显（Wu *et al.*，

1994），基本符合随着海拔升高人均耕地面积不断增加的理论构想。这部分耕地占中国全部耕地的80%左右。

海拔1 000米以上地区，随着海拔高度的升高，人均耕地面积不断衰减。从前文理论分析可以得出，海拔高度超过一定限度后，宜耕地区迅速衰减，人类活动的强度不断减弱，人均耕地面积不断减少，直至难以进行农业开发。通过多项式拟合发现，2010年人均耕地面积的拟合曲线在海拔200米以上区域均高于1990年的人均耕地面积拟合曲线（图3-14）。图3-14（b）分析了不同海拔高度1990~2010年人均耕地面积的变化率。海拔200米以下地区人均耕地面积不断衰减，海拔高于200米人均耕地面积不断增加，但是增长曲线在海拔500米左右达到高峰，超过500米以后人均耕地面积增长的幅度逐渐减小。通过分析人均耕地面积随着海拔高度变化的曲线及人均耕地面积增加曲线可以发现，1 000米和500米是两个重要分界

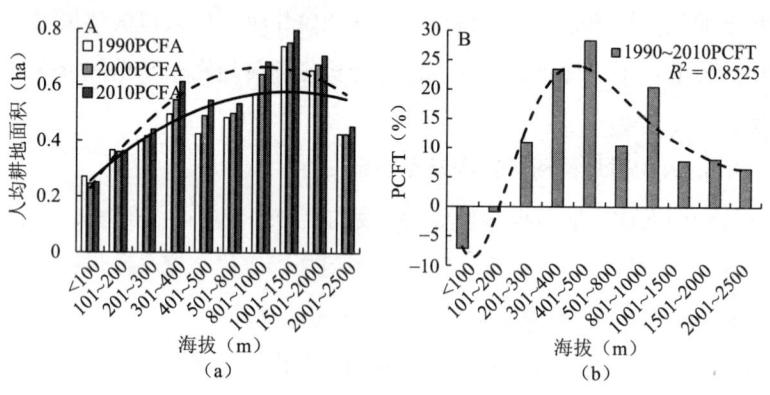

图3-14 中国人均耕地面积空间变化趋势

注：A中实曲线和虚曲线分别代表1990和2010年人均耕地二阶多项式拟合曲线，其中 R^2 分别为0.75和0.64；B中曲线代表1990~2010年人均耕地变化率的六阶多项式拟合曲线，R^2 为0.85。

线，分别是人均耕地面积变化趋势和人均耕地面积增长率的拐点。人均耕地面积随着海拔高度的变化趋势，基本验证了前义构建的人均耕地利用空间转型模型。以上分析表明，城镇化进程中，人均耕地面积在不同海拔高度转型趋势明显，且呈现显著的空间差异。

（二）人均耕地面积与人均粮食占有量变化耦合格局

耕地利用转型背景下，中国人均耕地面积与人均粮食占有量变化的耦合关系区域差异显著，耕地利用转型与粮食生产转型耦合关系不断演化。1990~2000年，$PFGC>0$且$PCFA>0$的区域主要分布在东北的大兴安岭、西北的新疆和西南片区的部分地区。耕地利用转型发生之前，这些地区人均耕地资源和人均粮食占有量的增加主要源于开垦新的耕地，属于"拓展型"（Gu *et al.*，2017）。当$PFGC>0$且$PCFA<0$，"集约型"耦合关系主要分布在黄淮海地区及长三角区北部（Liu *et al.*，2015）和松嫩平原地区。这些地区人均粮食占有量的升高，主要依靠增加单位耕地面积的投入，实现粮食增产（Wang *et al.*，2017；Ge *et al.*，2017）。

$PFGC<0$且$PCFA<0$，"衰退型"耦合关系主要分布在华南区、珠三角区和胶东半岛。由于这些地区率先开始社会经济转型，粮食生产地位不断下降。2000~2010年，耕地利用转型背景下，$PFGC>0$且$PCFA<0$，"现代型"耦合关系主要分布在黄淮海区和东北等粮食主产区。"集约型"耦合关系主要分布在西北地区（图3-15）。"衰退型"耦合关系大面积分布在长江以南各区，南方地区粮食生产地位迅速衰落（Li *et al.*，2017）。中国传统农区中的黄淮海区、两湖平原和东北平原逐步由"集约型"向"现代型"转变。人均粮食占有量不断升高，粮食生产转型趋势明显。

(a) 1990~2000年　　　　　　(b) 2000~2010年

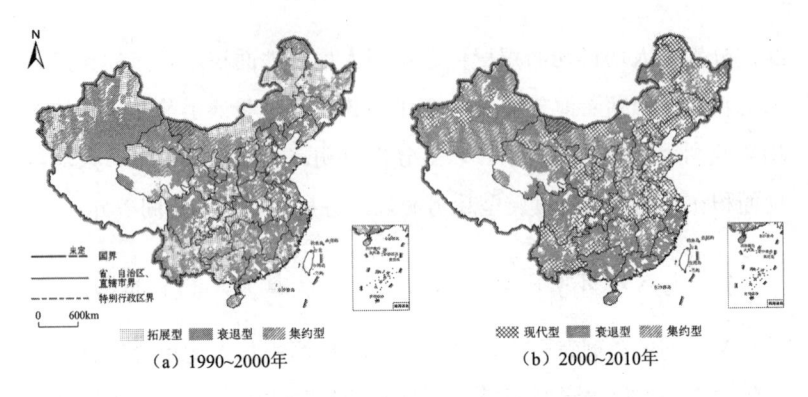

图 3-15　人均耕地面积变化与人均粮食占有量耦合关系演变

注：台湾省、西藏自治区数据暂缺。

（三）耕地利用转型与粮食生产转型耦合关系优化

耕地利用转型过程决定了中国粮食生产转型的合理化路径。通过解析 PFGC 耦合关系的时空演化过程，剖析了耕地利用转型过程中县域人均耕地面积与人均粮食占有量变化的耦合关系。我们发现，人均粮食占有量的变化与人均耕地面积变化耦合关系，呈现出鲜明的区域和时间特征。粮食生产转型与耕地利用转型密切相关，可以通过优化耕地利用转型过程，进而调控中国粮食生产的转型进程。提出的人均耕地利用转型理论模式，以及上文提到的耕地利用转型优化调控路径，为保障中国粮食生产转型提供有益参考。耕地利用转型时间的预测和判断，为中国土地管理制度，尤其是耕地管理政策的优化提供理论支撑，进而为粮食生产政策调整提供科学的预判。耕地利用转型和粮食生产转型的趋势与进程，与社会经济转型过程中人口转型密不可分（Chen *et al.*, 2014）。科学把握人口转型过程中耕地利用转型的合理进度，进而保障中国粮食安全。

耕地利用转型理论模型对于确定中国粮食生产的合理规模提供了科学依据。中国粮食生产转型过程中，合理的农户生产规模是稳定中国粮食生产体系，确保粮食安全，保持社会稳定转型的核心内容。众多学者从不同视角研究了中国最优农户生产规模。政府部门也在不断推动"新型农业经营主体"和鼓励"土地流转"等应对耕地利用转型的粮食生产政策（Wang et al.，2017）。当前，关于中国农户的合理生产规模，还存在较大争议（Ge et al.，2017），如何科学地确定中国粮食生产组织体系是把握中国粮食生产转型的核心内容。

耕地利用转型与粮食生产转型的理论和实证研究表明，耕地利用转型区域差异明显，二者耦合特征时空演化规律是调控中国粮食生产转型的科学依据，为中国粮食生产合理规模的确定提供重要参考。粮食生产合理规模的确定与耕地利用转型进程密切相关，二者协同演进有利于保障粮食生产转型有序推进。过快的推进耕地资源向少部分人集中，将导致失地农民增加，可能引发严峻的社会经济问题（Hussain，2002；Cai，2010）。如耕地的流转进程滞后于耕地利用转型进程，将降低农业生产效率，造成耕地资源的浪费。因此，中国粮食生产转型关系到中国粮食安全，也与社会经济转型密切相关，科学把握耕地利用转型趋势及其时间节点，为指导粮食生产转型提供科学依据。

参考文献

Alexander, P., M. D. A. Rounsevell and C. Dislich, et al. 2015. Drivers for global agricultural land use change: The nexus of diet, population, yield and bioenergy. *Global Environmental Change*, Vol. 35.

Barbier, E. B., J. C. Burgess and A. Grainger, 2010. The forest transition: Towards a more comprehensive theoretical framework. *Land Use Policy*, Vol. 27, No. 1.

Barbier, E. B., P. Delacote and J. Wolfersberger, 2017. The economic analysis of the forest transition: A review. *Journal of Forest Economics*, Vol. 27.

Beyene, A. D., 2008. Determinants of off-farm participation decision of farm households in Ethiopia. *Agrekon*, Vol. 47, No. 1.

Bren d'Amour, C., F. Reitsma, G. Baiocchi, et al. 2017. Future urban land expansion and implications for global croplands. *Proceedings of the National Academy of Sciences of the United States of America*, Vol. 114.

Cai, F., 2010. Demographic transition, demographic dividend, and Lewis turning point in China. *China Economic Journal*, Vol. 3, No. 2.

Chan, K. W., 2010. A China paradox: Migrant labor shortage amidst rural labor supply abundance. *Eurasian Geography and Economics*, Vol. 51, No. 4.

Chen, R., C. Ye and Y. Cai, et al. 2014. The impact of rural out-migration on land use transition in China: Past, present and trend. *Land Use Policy*, Vol. 40.

Chen, Y., X. Li, Y. Tian, et al. 2009. Structural change of agricultural land use intensity and its regional disparity in China. *Journal of Geographical Sciences*, Vol. 19, No. 5.

DeFries, R. S., T. Rudel, M. Uriarte, et al. 2010. Deforestation driven by urban population growth and agricultural trade in the twenty-first century. *Nature Geoscience*, Vol. 3, No. 3.

Deng, H., J. Huang, Z. Xu, et al. 2010. Policy support and emerging farmer professional cooperatives in rural China. *China Economic Review*, Vol. 21, No. 4.

Foley, J. A., R. DeFries, G. P. Asner, et al. 2005. Global consequences of land use. *Science*, Vol. 309, No. 5734.

Ge, D., H. Long, L. Ma, et al. 2017. Analysis framework of China's grain production system: A spatial resilience perspective. *Sustainability*, Vol. 9, No. 12.

Ge, D., H. Long, Y. Zhang, et al. 2018. Analysis of the coupled relationship between grain yields and agricultural labor changes in China. *Journal of Geographical Sciences*, Vol. 28, No. 1.

Grainger A., 1995. National land use morphology. *Area*, Vol. 80, No. 3.

He, C., Z. Huang and R. Wang, 2013. Land use change and economic growth in urban China: A structural equation analysis. *Urban Studies*, Vol. 51, No. 13.

He, C., J. Li and Y. Wang, 2005. Understanding cultivated land dynamics and its driving forces in northern China during 1983–2001. *Journal of Geographical Sciences*, Vol. 15, No. 4.

Huang, J. and G. Yang, 2017. Understanding recent challenges and new food policy in China. *Global Food Security*, Vol. 12.

Hussain, A., 2002. Demographic transition in China and its implications. *World Development*, Vol. 30, No. 10.

Kirk, D., 1996. Demographic transition theory. *Population studies*, Vol. 50, No. 3.

Koohafkan, P., M. A. Altieri and E. H. Gimenez, 2012. Green Agriculture: Foundations for biodiverse, resilient and productive agricultural systems. *International Journal of Agricultural Sustainability*, Vol. 10, No. 1.

Lewis, W. A., 1954. Economic development with unlimited supplies of labour. *The manchester school*, Vol. 22, No. 2.

Li, H., L. Li, B. Wu, et al. 2012. The end of cheap Chinese labor. *Journal of Economic Perspectives*, Vol. 26, No. 4.

Li, T., H. Long, Y. Zhang, et al. 2017. Analysis of the spatial mismatch of grain production and farmland resources in China based on the potential crop rotation system. *Land Use Policy*, Vol. 60.

Lin, J. Y., 1992. Rural reforms and agricultural growth in China. *The American economic review*, Vol. 82, No. 1.

Liu, J., Z. Zhang, X. Xu, et al. 2010. Spatial patterns and driving forces of land use change in China during the early 21st century. *Journal of Geographical Sciences*, Vol. 20, No. 4.

Liu, Y., R. Yang, H. Long, et al. 2014. Implications of land-use change in rural China: A case study of Yucheng, Shandong province. *Land Use Policy*, Vol. 40.

Liu, G., L. Zhang, Q. Zhang, et al. 2015. The response of grain production to changes in quantity and quality of cropland in Yangtze River Delta, China. *Journal of the Science of Food and Agriculture*, Vol. 95, No. 3.

Liu, G., H. Wang, Y. Cheng, et al. 2016. The impact of rural out-migration on arable land use intensity: Evidence from mountain areas in Guangdong, China. *Land Use Policy*, Vol. 59.

Long, H. and J. Zou, 2010. Grain production driven by variations in farmland use in China: An analysis of security patterns. *Journal of Resources and Ecology*, Vol. 1, No. 1.

Long, H., Y. Li, Y. Liu, et al. 2012. Accelerated restructuring in rural China fueled by 'increasing vs. decreasing balance' land-use policy for dealing with hollowed villages. *Land Use Policy*, Vol. 29, No. 1.

Long, H., S. Tu, D. Ge, *et al.* 2016. The allocation and management of critical resources in rural China under restructuring: Problems and prospects. *Journal of Rural Studies*, Vol. 47.

Long, H. and Y. Qu 2018. Land use transitions and land management: A mutual feedback perspective. *Land Use Policy*, Vol. 47.

Mather, A. S., 1996. The inter-relationship of afforestation and agriculture in Scotland. *Scottish Geographical Magazine*, Vol. 112, No. 2.

Mather, A .S., J. Fairbairn and C. L. Needle 1999. The course and drivers of the forest transition: The case of France. *Journal of Rural Studies*, Vol. 15, No. 1.

Mather, A. S., C. L. Needle and J. R. Coull, 1998. From resource crisis to sustainability: The forest transition in Denmark. *International Journal of Sustainable Development & World Ecology*, Vol. 5, No. 3.

Morton, D. C., R. S. DeFries, Y. E. Shimabukuro, *et al.* 2006. Cropland expansion changes deforestation dynamics in the southern Brazilian Amazon. *Proceedings of the National Academy of Sciences of the United States of America*, Vol. 103, No. 39.

Oseni, G. and P. Winters, 2009. Rural nonfarm activities and agricultural crop production in Nigeria. *Agricultural Economics*, Vol. 40, No. 2.

Ranis, G. and J. C. Fei, 1961. A theory of economic development. *The American economic review*, Vol. 51, No. 4.

Rozelle, S., L. Guo, M. Shen, *et al.* 1999a. Leaving China's farms: Survey results of new paths and remaining hurdles to rural migration. *The China Quarterly*, Vol. 158.

Rozelle, S., J. E. Taylor and A. deBrauw, 1999b. Migration, remittances, and agricultural productivity in China. *American Economic Review*, Vol. 89, No. 2.

Smith, P., 2013. Delivering food security without increasing pressure on land. *Global Food Security*, Vol. 2, No. 1.

Taylor, J. E. and A. Lopez-Feldman 2010. Does migration make rural households more productive? evidence from Mexico. *Journal of Development Studies*, Vol. 46, No. 1.

van Vliet, J., D. A. Eitelberg and P. H. Verburg, 2017. A global analysis of land take in cropland areas and production displacement from urbanization. *Global Environmental Change*, Vol. 43.

Wang, C., Y. Zhang, Y. Yang, *et al.* 2016. Assessment of sustainable livelihoods of different farmers in hilly red soil erosion areas of southern China. *Ecological*

Indicators, Vol. 64.

Wu, Q., X. Zhang, Y. Xu, *et al*. 2016. Dualities of semi-urbanization villages in social-spatial transition: A case study of Zhoucun village in suburban Nanjing, China. *Journal of Rural Studies*, Vol. 47.

Zhang, X., J. Yang and S. Wang. 2011. China has reached the Lewis turning point. *China Economic Review*, Vol. 22, No. 4.

Zhang, Y., X. Li, W. Song, *et al*. 2016. Land abandonment under rural restructuring in China explained from a cost-benefit perspective. *Journal of Rural Studies*, Vol. 47.

蔡运龙、汪涌、李玉平:"中国耕地供需变化规律研究",《中国土地科学》,2009年第3期。

戈大专、龙花楼、杨忍:"中国耕地利用转型格局及驱动因素研究——基于人均耕地面积视角",《资源科学》,2018年第2期。

韩俊:"中国农村土地制度建设三题",《管理世界》,1999年第3期。

李秀彬、赵宇鸾:"森林转型、农地边际化与生态恢复",《中国人口·资源与环境》,2011年第10期。

李升发、李秀彬:"中国山区耕地利用边际化表现及其机理",《地理学报》,2018年第3期。

李裕瑞、刘彦随、龙花楼:"黄淮海典型地区村域转型发展的特征与机理",《地理学报》,2012年第6期。

吴玉鸣:"中国区域农业生产要素的投入产出弹性测算——基于空间计量经济模型的实证",《中国农村经济》,2010年第6期。

第四章　粮食生产结构转型

有效识别粮食生产内部结构转型的时空过程，分析人地关系转型背景下粮食生产关键要素的结构变化及其相互作用给粮食生产带来的影响，对于深入剖析粮食生产转型具有重要意义。本章将以黄淮海地区为例，利用探索性数据分析方法，研究粮食生产内部结构变化，通过构建土地利用结构变化评价体系，探讨黄淮海地区土地利用结构变化给粮食生产带来的影响，并以人均建设用地和人均耕地面积相互作用刻画黄淮海地区人地关系的转型过程，进而深入分析人地关系演变驱动粮食生产转型的内在机制。

第一节　黄淮海地区粮食生产内部结构转型

一、黄淮海地区概况

黄淮海地区占中国国土面积的 4.3%，含 358 个县级行政单元。该地区包含了京津冀城市群、山东半岛城市群及中原城市群大部分（图 4-1），是中国城镇化快速发展地区，也是中国人口密度最高的地区之一。该区域开发历史悠久，人类活动强度高，后备土地资源十分有限。1990~2015 年间，黄淮海地区总人口由 2.5 亿人上升至 3.28 亿人，其中城镇人口由 0.5 亿人上升到 1.57 亿人，城镇化率提升了 27.9 个百分点。人口密度由 1990 年的 830 人/平方千米增加到 2015 年 1 009 人/平方千米。黄淮海地区作为中国耕地面积广、人口密度大和城镇化快速发展的地区特征日渐明显。同时，该地区又是中国城乡快速转型发展地区。耕地、建设用地等与粮食生产和农民生活密切相关的土地利用形态快速转型。

城乡人口比例快速转型过程中，黄淮海地区乡村发展及农业生产体系发生了深刻的变化。乡村人口数量由 1990 年的 2 亿人下降到 2015 年的 1.71 亿人；乡村劳动力数量由 0.77 亿人，减少到 2015 年的 0.56 亿人，其中乡村劳动力非农就业比重由 23%上升到 60%左右。在人口城乡分布结构及其就业结构的双重变化诱导下的人口结构转型，与土地利用方式内部转型在空间上耦合，导致人均建设用地面积及人均耕地面积变化明显，改变了黄淮海地区人地关系格局。

黄淮海地区人口密度大，城镇化发展速度快，又是中国传统粮食主产区。城镇发展对耕地保护的压力日益加大。城市发展向土地要空间，而农业发展需要耕地作为资源保障。城镇化背景下，耕地保护与生态环境的承载压力不断凸显。如何评价和预测该区域人地关系的转型，既关系到城乡转型发展的大格局，也关系到粮食安全是否可以得到保障。深入研究以黄淮海地区为代表的传统农区人地关系结构演变，对协调区域城乡发展战略，优化乡村发展路径，保障粮食供给安全具有重要意义。

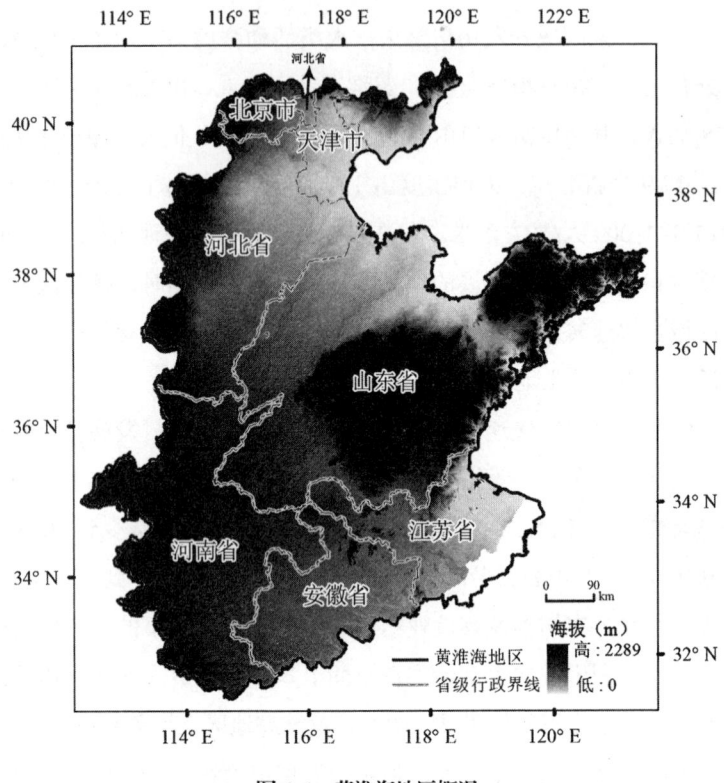

图 4-1 黄淮海地区概况

二、黄淮海地区粮食生产结构转型过程

(一)粮食总产量

1990~2015 年黄淮海地区作为中国粮食主产区的地位不断加强,日益成为中国重要的粮食生产基地。该区域粮食总产量由 1990 年的 1.06 亿吨增长到 2015 年 1.64 亿吨,增长了 53.43%。同一时期,占全国粮食总产的比重由 23.65%上升到 26.88%。产粮大县的数量显

著增加。年粮食总产量超过 60 万吨的县域数量由 1990 年的 20 个，增加到 2015 年的 105 个。河南、安徽、江苏和山东西南及西北部粮食生产增长趋势十分显著（图 4-2），并在以上地区不断集聚，形成中国重要的粮食生产核心区。

为有效描述黄淮海地区粮食生产格局状态，利用局部自相关系数来识别不同类型县域的空间集聚状态。首先利用 ArcGIS 提供的 Anselin Local Moran I 工具，在 FIXED_DISTANCE_BAND 空间关系模式下计算了黄淮海地区不同年份县域粮食总产量的局部空间自相关系数（下同）。然后在 5%置信区间下对不同局部空间自相关系数进行了聚类分析，识别了"高—高"型、"高—低"型、"低—低"型和"低—高"型（下同）。1990～2015 年黄淮海地区县域粮食总产量的"低—低"型集聚区逐渐由河北地区向京津地区及其周边地区集聚。此外，2015 年首次在胶东半岛地区出现该类型区。"高—高"型集聚区由 1990 年的山东和江苏地区向"豫皖苏"地区转移（图 4-2）。此外，"高—低"型在北京市和石家庄市周边地区有零星分布，"低—高"型集聚并不显著。整体上，1990～2015 年黄淮海地区粮食生产不同类型县域的集聚特征越来越明显，粮食生产优势区和劣势区日趋稳定。

1990～2015 年黄淮海地区粮食增产区与减产区差异明显。1990～2000 年粮食增产区主要在河北和安徽地区，而 2000～2015 年增产区主要集聚于豫、鲁、冀和皖四省交界地区。增产区的分布范围与这些地区粮食生产水土条件的改善密切相关，如河北的海河流域灌溉比率显著提升。粮食减产区主要分布于京津地区和山东半岛，2010～2015 年鲁中山地粮食产量减产趋势明显（图 4-2）。粮食减产区与这类地区产业结构调整密切相关，是社会经济发展过程中产业结构优化的表现。而鲁中山地地区呈现出的减产趋势是农业生产边际效应的直观反映。这类地区粮食生产条件相对周边的平原地区较差。

(a) 1990~2000年　(b) 2000~2010年　(c) 2010~2015年　(d) 1990~2015年

粮食总产量变化（%）　□ <0　□ [0, 40)　■ [40, 80)　■ ≥80

(e) 1990~2000年　(f) 2000~2010年　(g) 2010~2015年　(h) 1990~2015年

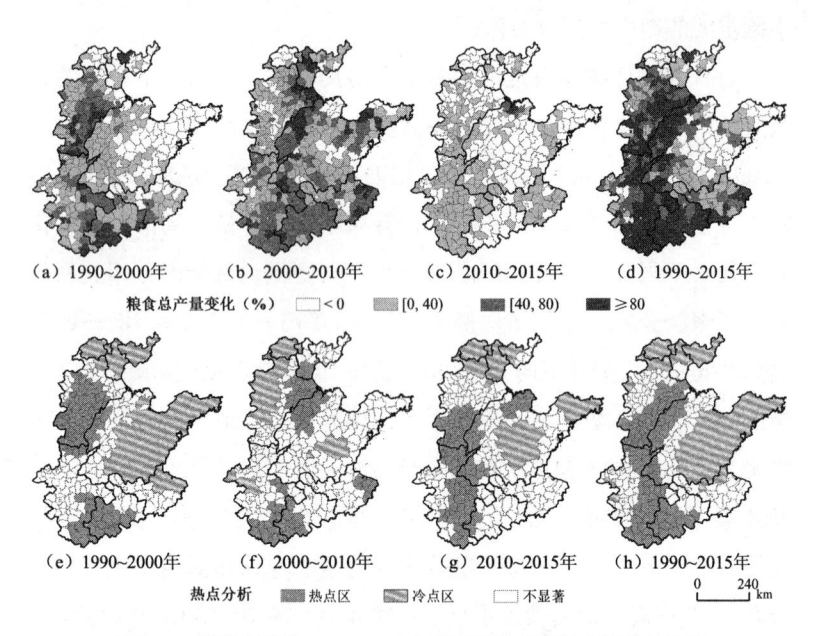

热点分析　■ 热点区　▨ 冷点区　□ 不显著　0 240 km

图 4-2　黄淮海地区 1990~2015 年县域粮食总产量变化时空格局

（二）人均粮食占有量

长期以来，中国"人多地少"的基本国情决定了粮食安全及稳定的供给，一直以来是中国粮食生产最为迫切的需求。人均粮食占有量是评价区域粮食供给功能及供需平衡的重要指标（李亚婷等，2014）。黄淮海地区作为中国典型农区，人口密度大，研究该区域人均粮食占有量对于揭示区域粮食生产内部结构的演变具有重要意义。

根据 2008 年编制的《国家粮食安全中长期规划纲要(2008～2020年)》及众多学者的研究（李亚婷等，2014），将人均粮食占有量大于 500 千克的县界定为主要余粮县，而低于 300 千克界定为主要缺粮县。1990～2015 年，黄淮海地区人均粮食占有量呈现出由快速提升到逐步稳定的变化趋势。其中 2000 年以前，该区域人均粮食占有量提升十分显著。人均粮食占有量县域均值由 1990 年的 450 千克上升到 2010 年的 670 千克。2010～2015 年人均粮食占有量较为稳定，变化幅度不明显。据此可知，黄淮海地区粮食供给能力显著提升。余粮县数量由 1990 年的 138 个增加到 2015 年的 232 个（图 4-3），而缺粮县则由 56 个转变为 61 个。余粮县的集聚区域由原来的京津和山东半岛地区逐渐演变为河北南部、山东西北部和安徽北部地区。而缺粮县的分布区发生了根本性变化。缺粮的原因由资源限制型粮食短缺（即本地粮食生产能力有限且人口众多，导致的资源限制性短缺）转变为后期的产业更替型（即粮食生产条件较好而产业结构调整后逐渐退出粮食生产，导致粮食生产性短缺）。1990 年主要缺粮县分布于安徽及河南交界地区。而城镇化发展过程中，京津地区由原来的余粮区转变为缺粮区，河南及安徽则已由原来的缺粮区变为现在的余粮区。

城镇化进程中，人均粮食占有量的变化是乡村地区人地关系转型和产业结构演变的重要指征。1990～2000 年黄淮海地区人均粮食占有量增长的热点区主要集中于河北和安徽，而人均粮食占有量减少的冷点区则显著集聚于京津地区、山东半岛及鲁东南地区。2000 年以后，黄淮海南部地区人均粮食占有量普遍提升；河北东部的沧州市和鲁西北也存在人均粮食占有量增加的热点地区；京津地区及河北中西部地区逐渐成为人均粮食占有量减少的冷点区。1990~2015年,京津地区和山东半岛地区人均粮食占有量呈现出减退趋势,而广大农区人均粮食占有量显著提升。

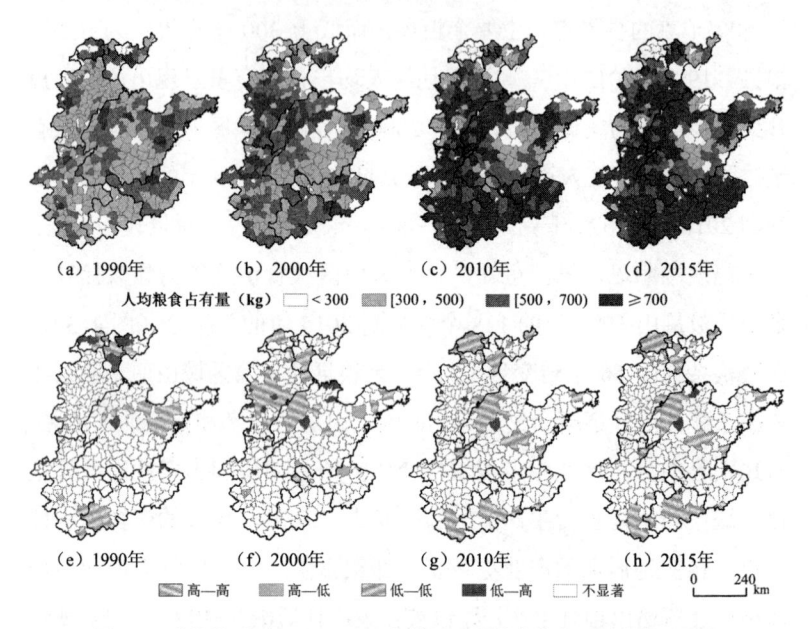

图4-3 黄淮海地区1990~2015年县域人均粮食占有量时空格局演化

(三)粮食耕地生产效率

中国农业生产方式变化过程中,首先起步于不断提高耕地生产率的精耕细作型农业生产方式,逐渐转移到不断提高劳动生产率的现代农业生产方式(朱纪广等,2013;刘守英等,2017)。以单位粮食作物播种面积上产出的粮食数量用以评价粮食耕地生产率,计算公式如下:

$$PFGP_i = \frac{GP_i}{SAG_i} \qquad (式 4-1)$$

式中 $PFGP_i$ 代表 i 县的粮食耕地生产率，GP_i 和 SAG_i 分别代表该县的粮食总产量和粮食作物播种面积。

黄淮海地区粮食耕地生产率在全国层面上处于较高水平，且不断提升。据高帆（2015）研究表明，1990~2010 年，中国粮食耕地生产率由 2 802 千克/公顷上升到 5 520 千克/公顷，2010 年的世界排名是 16 位（世界平均水平为 3 564 千克/公顷）。同一时期，黄淮海地区粮食耕地生产率由 4 276 千克/公顷上升到 6 285 千克/公顷。整体上可以看出，黄淮海地区作为中国传统农区农业生产基础和技术积累较高，粮食耕地生产率要高于全国平均水平。该地区人口众多，人均耕地面积十分有限，传统精耕细作型农业生产文化影响深远，依靠不断增加耕地投入，提高粮食单产水平成为该地区农业生产的显著特征。

城镇化进程中依靠增加耕地投入，不断提升耕地生产率的粮食增产模式日益面临瓶颈。1990 年黄淮海地区粮食耕地生产率的高值区主要集中于山东半岛和北京周边县区，而低值区则主要集中于安徽和河南交界地区。河北也是粮食耕地生产率的低值集聚区。城镇化加速推进过程中，粮食耕地生产率的地域差异在不断缩小。对粮食耕地生产率的局部自相关聚类分析可知，2000 年以后各种聚类类型均在减少（图 4-4），地域差异在缩小。粮食耕地生产率不断增长背后是粮食耕地生产率已接近土地生产力的极限水平。精耕细作型传统粮食生产模式面临转型危机与挑战。2015 年黄淮海地区粮食耕地生产率的均值为 6 267 千克/公顷，较 2010 年已开始有所下降，充分说明依靠持续提高粮食耕地生产率提升粮食产量的难度不断加大。城镇化进程中,以黄淮海地区为代表的传统农区粮食耕地生产率的演化趋势,为粮食生产转型确立了方向。

(a) 1990年　(b) 2000年　(c) 2010年　(d) 2015年

粮食耕地生产率(t/hm²)　□ <3　■ [3, 5)　■ [5, 7)　■ ≥7

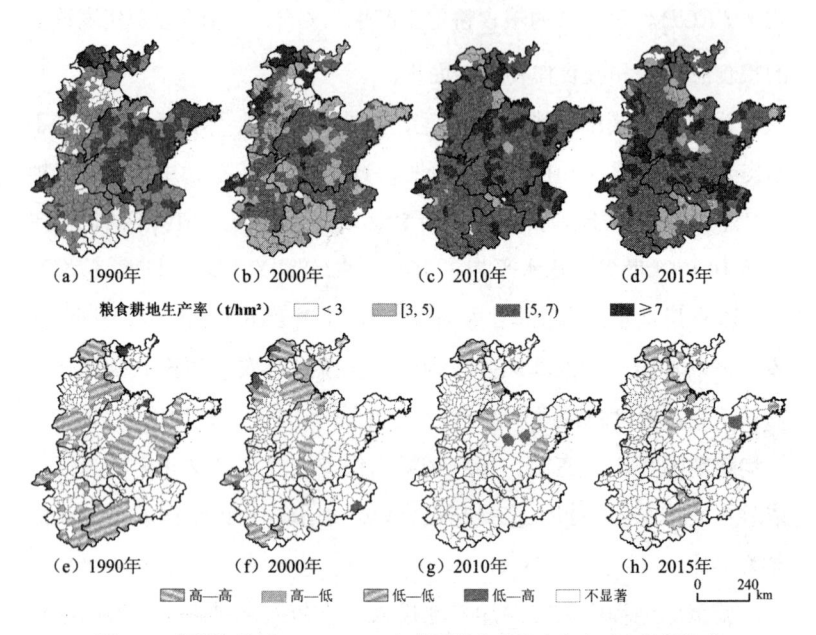

(e) 1990年　(f) 2000年　(g) 2010年　(h) 2015年

■ 高—高　■ 高—低　■ 低—低　■ 低—高　□ 不显著

图4-4　黄淮海地区1990~2015年县域粮食耕地生产率时空格局演化

1990~2015年黄淮海地区粮食耕地生产率增长趋势逐渐放缓,且区域差异显著。1990~2000年黄淮海地区县域粮食耕地生产率提升超过40%的县域数量为93个,而2000~2010年下降为83个,到了2010~2015年则仅有12个。粮食耕地生产率增长幅度逐渐趋缓,且后期在山东半岛、京津周边地区和安徽已经出现了衰减趋势。1990~2000年粮食耕地生产率增长的热点区主要在河南和安徽的交界地区,而冷点区主要在山东半岛地区。2000年以后,热点区和冷点区集聚的数量在显著减少,这与粮食耕地生产率的内部差异减少有较大相关性。

(四) 粮食劳动生产效率

中国人口众多，长期以来农村剩余劳动力数量巨大，农业劳动生产率严重滞后于粮食耕地生产率，成为中国粮食生产的显著特征。深入分析黄淮海地区劳动生产率演变过程可为剖析粮食生产的内部结构演化提供重要参考。

将劳动生产率定义为单位农业劳动力生产的粮食数量，计算公式如下：

$$PPGP_i = \frac{GP_i}{ALPOP_i} \qquad (式4-2)$$

式中 $PPGP_i$ 代表 i 县的粮食劳动生产率，GP_i 和 $ALPOP_i$ 分别代表该县的粮食总产量和农业劳动力数量[①]。

城镇化进程中，黄淮海地区粮食劳动生产率的分布格局发生了显著变化，区域差异在显著增加。2000 年以后，黄淮海地区的粮食劳动生产率的分布状态发生了显著的演变。在这之前，黄淮海地区县域粮食劳动生产率普遍较低，1990 年为 1 466 千克/人；到了 2000 年变化为 1 787 千克/人，仅增加了 21.83%；到了 2010 年这个数据已经迅速攀升到了 2 919 千克/人，这一阶段增长了 63.37%。可以明显地看出，2000 年以后，该地区粮食劳动生产率有了显著的提升。2015 年粮食劳动生产率的高值区主要集聚于河北、山东西北部和江

---

① 因中国分县统计数据中没有专门针对粮食生产部门的劳动力数量的统计，因此本章利用农业劳动力数量用以替代。黄淮海地区作为中国传统农区，这个数据具有较强的说服力和可信度。

苏北部，而低值区主要分布于鲁中山地和京津地区。虽然二者均为低值集聚区，然而产生的原因差异较大。京津地区主要是由于实际从事粮食生产的农业劳动力数量少。现有统计数据中农业劳动力数量及其计算方式高估了农业劳动力数量，导致结果中呈现出粮食劳动生产率较低的格局。而鲁中山地的低值集聚主要是受制于粮食生产的自然经济条件。

1990~2000年黄淮海地区粮食劳动生产率增长的热点区主要分布在河北地区，而低值区集聚于山东和河南地区。粮食劳动生产率提升区主要原因为该地区粮食生产自然条件的改善，尤其是盐碱地等中低产田的改造（吴凯等，1997），释放出大量的生产潜力。而粮食劳动生产率减少区与农业产业结构调整（如京津地区和山东半岛部分地区）和农业劳动力数量增加有关。2000~2010年黄淮海地区粮食劳动生产率显著提升，增长率超过40%的县域数量达220个。粮食劳动生产率增长的热点地区主要集中于河南、安徽、江苏及山东省西北和西南地区。这些地区粮食劳动生产率的显著提升与城镇化进程中农业劳动力非农就业及其城乡迁移密切相关。

城镇化进程中粮食劳动生产率的变化是农业劳动力转型的直接反映。其进一步影响了粮食生产模式由精耕细作模式驱动下不断提升耕地生产率为特征的"传统型"向不断增加资本和机械投入以节省劳动力投入为特征的"集约型"转变。城镇化进程中，粮食耕地生产率提升的边际递减效应不断显现。粮食生产的低收益效应不断凸显。粮食生产对劳动力的吸引力不断下降。劳动力城乡迁移趋势不断增强。农户的收入结构多元化，就业结构兼业化趋势不断增加。农户逐渐倾向于减少劳动力投入，增加省工性投入（如机械和资本等），进而提升区域粮食劳动生产率。随着青壮年劳动力逐渐流出农村从事非农业生产活动，老人及妇女成为粮食生产的核心劳动力。粮食生产的劳动力基础不断弱化，弃耕及撂荒现象逐渐出现。粮食生产的潜在危机不断增加。2010~2015年黄淮海地区有129个县粮食劳动生产率处于下降趋势，而2000~2010年则仅有45个。该阶段呈现出的这一新现象值得深入研究。虽然黄淮海地区粮食总量在不断增加，粮食供给能力显著增强，而高投入模式下维持的耕地生产率和相对脆弱及不稳定的劳动生产率已经成为该地区粮食生产面临的重要危机与挑战。

（五）粮食生产复种指数

复种指数变化是区域耕地集约利用的重要指标。提高区域粮食生产能力的有效方式主要有两种，一种是通过集约化路径不断提高单位面积上的粮食生产能力，而另一种则是不断开垦新的耕地以实现规模扩大。在中国自然环境下，以作物轮作为特征的一年多熟物候特点，为提高复种指数创造了条件。所谓的复种指数即在单位耕地面积上的年内轮作次数。以复种指数的变化考察区域耕地集约利用的变化趋势及其空间差异，计算公式如下：

$$MCI_i = \frac{CSA_i}{FLA_i} \quad \text{（式4-3）}$$

式中 MCI_i 代表 i 县的复种指数，CSA_i 和 FLA_i 分别代表该县的农作物播种面积和耕地面积。

1990~2015年黄淮海地区复种指数经历了快速提升到逐渐趋稳的转变过程。2010年前黄淮海地区县域复种指数整体上快速提升，由1990年的1.13增加到2010年的1.34。而2010年后，复种指数增长趋势减缓，2015年全区的均值则下降到了1.32。复种指数的空间分布特征整体上呈现出"南部高，北部低"的空间格局（图 4-5）。这既与南北自然环境的差异有关，也与粮食生产转型的过程密切相关。南部地区处于亚热带向暖温带的过渡地带，积温条件好，可以满足作物一年两熟或两年三熟的需求。而越往北积温越少，生产条件越差。除南北方的积温差异外，社会经济转型也带来了复种指数的变化。京津地区社会经济转型进程较快，复种指数相对较低是农业经济结构调整的结果。农业生产地位在这些地区逐渐降低，从而带来复种指数下降，导致耕地集约利用程度下降。

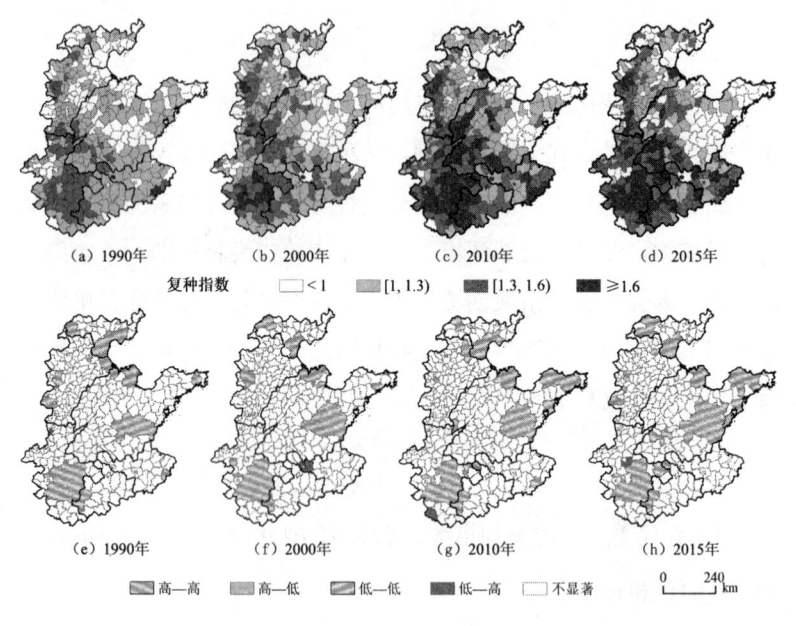

(a) 1990年　(b) 2000年　(c) 2010年　(d) 2015年

复种指数　■<1　■[1, 1.3]　■[1.3, 1.6]　■≥1.6

(e) 1990年　(f) 2000年　(g) 2010年　(h) 2015年

■高—高　■高—低　■低—低　■低—高　□不显著

图 4-5　黄淮海地区 1990~2015 年县域复种指数时空格局演化

1990~2015 年黄淮海地区复种指数逐渐在河南东部和山东西南部形成高值集聚区，而京津地区、鲁中山地、黄河三角洲和胶东半岛地区成为低值集聚区。复种指数的空间集聚特征是区域自然生产条件和社会经济转型的综合反映。鲁中山地和黄河三角洲地区复种指数相对较低，主要受该地区自然条件的限制。耕地资源有限，集约利用程度较低。而京津地区和胶东半岛地区则不同，复种指数较低的主要驱动力来源于乡村生产方式的变化及其带来的农业生产地位的下降。

复种指数变化的时空格局可以集中反映不同区域在同一时期粮食生产过程中耕地利用集约程度。1990~2000年间，除山东半岛和京津地区外，其他地区复种指数普遍升高，尤其是河北地区增长迅速，并在河北南部地区形成热点区。鲁中山地和胶东半岛地区复种指数下降，则形成了复种指数下降的冷点区。考虑到2000年左右中国经历了一次明显的农业生产结构调整。农业生产条件较弱的地区，优先选择降低耕地利用强度，因此鲁中山地这一时期复种指数下降明显。2000~2010年间，复种指数增长区逐渐向鲁豫皖交界地区集聚，京津地区下降的县域则进一步增多。2010~2015年复种指数下降区域显著扩大。在城镇化进程中，农业生产的弱质性逐渐凸显，农业生产地位显著下降，耕地利用强度和集约利用程度有所降低。

（六）农作物播种结构

粮食作物播种比例是粮食生产转型的显著特征，是刻画粮食生产转型的重要指标。前文论述的复种指数变化从整体上可反映出农业生产过程中耕地利用集约程度的变化，而较难以区分耕地利用结构的变化。而粮食作物播种比例可较好地呈现出粮食生产转型内部结构性变化。以粮食作物播种比例定量分析粮食生产结构的变化特征，计算公式如下：

$$GCSR_i = \frac{GCSA_i}{CSA_i} \qquad (式4\text{-}4)$$

式中 $GCSR_i$ 代表 i 县的粮食作物播种比例，$GCSA_i$ 和 CSA_i 分别代表该县的粮食作物播种面积和农作物总播种面积。

黄淮海地区粮食生产能力虽在逐渐提升，然而粮食作物播种比例在持续下降。作物播种结构的变化是农户自我决策和国家政策相互作用下的综合结果。为了保障国家粮食安全，国家制定了最严格的耕地保护战略、国家粮食生产基地与粮食主产区保障机制和产粮大县激励机制。然而粮食作物较经济作物的产值和收益低。因此，农户会选择调整种植结构，优先选择种植经济作物。1990～2015 年黄淮海地区粮食作物播种比例由 1990 年的 75.49%下降到 2015 年的 69.92%。粮食作物播种比例较低的区域由 1990 年的冀鲁交界地区逐渐转移到山东和京津地区（图 4-6）。而粮食作物播种比例的高值区变化显著，山东由原来的高值区逐渐变化为低值区。豫鲁皖交界地区作为粮食生产的核心区，经历了先下降后提升的转折过程。2000 年该区域粮食作物的播种比例迅速下降，而后经历了稳步的上升。京津地区粮食作物播种比例持续下降。

粮食作物播种比例的变化趋势阶段差异明显，整体性下降过程中也呈现出区域特色。1990～2000 年全区除河北南部和山东西北部有所上升外，其他地区整体性下降，其中江苏和山东下降尤其明显。2000 年以后粮食作物播种比例下降的冷点区逐渐集聚于山东、河北和京津地区，而河南和安徽则有所回升。当前，针对农作物播种比例变化的区域差异，及其带来的后果将在下文的典型案例区深入剖析。

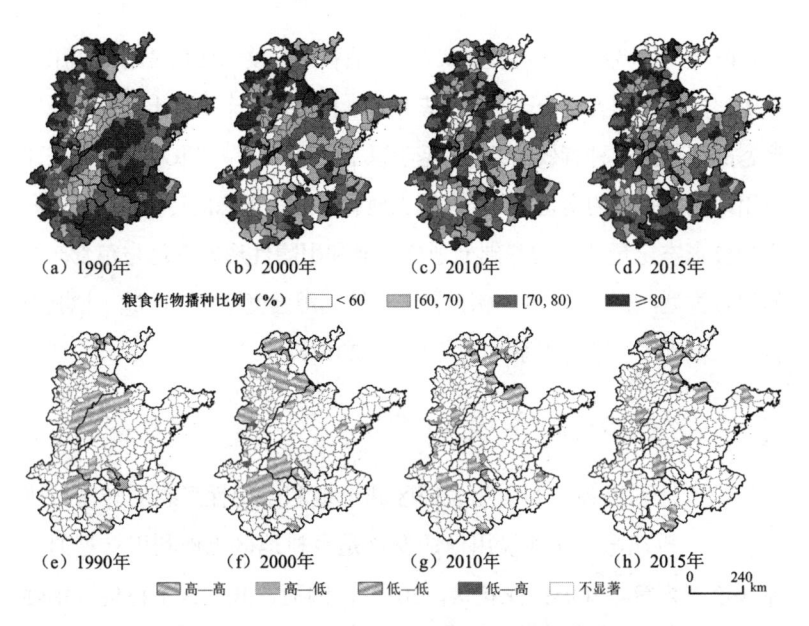

(a) 1990 年 (b) 2000 年 (c) 2010 年 (d) 2015 年

粮食作物播种比例（%） □ <60 ▨ [60, 70) ▨ [70, 80) ■ ≥80

(e) 1990 年 (f) 2000 年 (g) 2010 年 (h) 2015 年

▨ 高—高 ▨ 高—低 ▨ 低—低 ▨ 低—高 □ 不显著

图 4-6　黄淮海地区 1990～2015 年县域粮食作物播种比例时空格局演化

第二节　黄淮海地区土地利用结构变化与粮食生产转型

一、土地利用隐性形态测度

土地利用转型指在特定的社会经济变化过程中，区域土地利用由一种形态（含显性形态和隐性形态）转变为另一种形态的过程。其中土地利用隐性形态主要涉及土地质量、产权、经营方式、投入和产出等多重属性（龙花楼，2015）。土地利用强度是土地利用隐性形态的重要属性，既可反映出人类对土地的干预程度，又可呈现出特定时期内区域社会经济发展状态。土地利用强度的变化是土地利用形态变化的内在动力之一。因此,基于土地利用强度来研究土地利用隐性形态的变化是一种有效的尝试。基于以上分析,本节选取耕地和村庄建设用地利用强度的变化,表征区域土地利用隐性形态的转型,在土地利用隐性形态定量测度的基础上划分土地利用隐性形态变化与粮食产量的耦合类型,在实证研究中探讨基于土地利用强度变化的区域土地利用转型与粮食生产耦合关系(戈大专等,2017)。

(一)指标选取

以土地利用强度的变化表征区域土地利用隐性形态的转型。研究表明,耕地与村庄建设用地的变化是乡村地区土地利用转型的主体(李秀彬等,2008;龙花楼,2012),因而,共构建了耕地利用强度和村庄建设用地利用强度,用以定量刻画黄淮海地区与粮食生产密切相关的土地利用隐性形态转型。耕地利用强度(LUI_F)评价指标体系的选择以粮食生产相关的"投入"指标作为评价依据。黄淮海地区粮食生产中地均化肥投入(P_{fer})、灌溉系统(P_{iri})、复种指数(C_{ropi})和地均农业机械(P_{am})作为评价耕地利用强度的指标。而影响粮食生产的其他要素如自然环境和资本等要素,未纳入测度指标。村庄建设用地指乡村地区与农民生产和生活相关的建设用地。城镇化进程中,农业劳动力非农就业比例不断上升,村庄建设用地利用格局不断演化。村庄建设用地在粮食生产中的功能也发生了较大变化。村庄建设用地利用强度(LUI_R)的评价指标亦考虑到与粮食生产密切相关的指标,并以乡村人口密度(R_{popd})、农业劳动力比重(P_{arl})、村庄建设用地比例(P_{rc})和乡村人均建设用地(P_{ccl})作为评价指标。评价指标权重的确定参考了已有的研究成果，利用熵值法确定，考虑了数据样本客观性的同时兼顾专家判定。各评价指标的权重如表4-1。

表4-1 土地利用隐性形态评价指标体系

土地利用隐性形态	评价指标	权重	计算方式	功效性
耕地利用强度（LUI_F）	地均化肥使用量（P_{fer}）	0.2513	化肥使用折纯量/耕地面积	+
	有效灌溉比例（P_{iri}）	0.2498	有效灌溉面积/耕地面积	+
	复种指数（C_{ropi}）	0.2514	农作物播种面积/耕地面积	+
	地均农业机械使用（P_{am}）	0.2474	农业机械总动力/耕地面积	+
村庄建设用地利用强度（LUI_R）	乡村人口密度（R_{popd}）	0.2496	乡村人口/乡村建设用地面积	+
	农业劳动力比重（P_{arl}）	0.2508	农业劳动力/乡村从业人员数	+
	村庄建设用地比例（P_{rc}）	0.2496	村庄建设用地面积/建设用地总面积	+
	乡村人均建设用地（P_{ccl}）	0.2498	乡村建设用地面积/乡村人口	−

土地利用转型背景下，耕地利用强度的变化深刻影响着区域粮食生产转型。已有研究发现，粮食生产与耕地的投入强度密切相关。增加化肥投入具有明显的增产效应，但是随着化肥使用边际效益的

不断降低，产出与投入的比率不断下降，并最终达到平衡。研究表明，有效灌溉情况下单位面积粮食产量是雨养状态下的 2.5 倍。灌溉比例越高，粮食增产的能力越强，但是灌溉投入与水资源的有效供给和农业劳动力资源密切相关。粮食作物播种面积占耕地面积的比例反映出耕地的实际使用率。农户为了更多的收入会选择提高复种指数来增加粮食产量。农业现代化进程中，农业机械的使用程度代表了农业生产的集约化和专业化方向。

村庄作为乡村地区农业生产和农民生活的重要场所，村庄建设用地利用强度直接影响本地区粮食生产状态。乡村人口指乡村地区长期居住的人口。单位面积上的乡村人口数量表征区域乡村农业劳动力的供给情况。乡村人口密度越大，从事农业生产的潜在劳动力越多，村庄建设用地利用强度越大。农业劳动力比重表征乡村地区从事农业生产的劳动力数量占乡村从业人员的比例，反映出本地区农业劳动力在本地就业的比例及区域农业劳动力的转移情况。农业劳动力比重越大，反映村庄建设用地利用强度越大。村庄建设用地面积比例占总建设用地面积的比例可以刻画村庄建设用地的规模和利用强度。比例越大说明村庄建设用地的利用强度越大。乡村人均建设用地面积是乡村地区人地关系的重要指征，人均建设用地面积越大说明村庄外延扩张程度越高，占用耕地的面积越大，村庄建设用地利用强度越低，反之亦然。

（二）土地利用隐性形态测度方法

为消除评价指标体系源数据量纲对评价的影响，对源数据利用极值法进行归一化处理：功效为正的指标使用式 4-5，功效为负的指标使用式 4-6：

$$T_n^k = \frac{X_n^k - X_{min}}{X_{max} - X_{min}} \quad\quad （式4-5）$$

$$T_n^k = \frac{X_{max} - X_n^k}{X_{max} - X_{min}} \quad\quad （式4-6）$$

T_n^k 为第 n 个样本的 k 指标归一化后的数值，X_n^k 为第 n 个样本 k 指标的原始数据，X_{max} 和 X_{min} 分别代表第 k 个指标的最大值和最小值。

在数据标准化的基础上利用指标权重与归一化之后的数据相乘求和的方法定量评价土地利用隐性形态转型。耕地利用强度的计算依据式4–7，村庄建设用地利用强度计算依据式4–8：

$$LUI_{Fi} = \sum m_j \times T_{ij} \quad\quad （式4-7）$$

$$LUI_{Ri} = \sum n_p \times T_{ip} \quad\quad （式4-8）$$

m_j 和 n_p 分别为二者各评价指标的权重；T_{ij} 和 T_{ip} 为 i 县第 j 和第 p 个指标归一化后的数值。

（三）耕地利用强度—村庄建设用地利用强度—粮食产量耦合分类

利用耕地利用强度和村庄建设用地利用强度，结合县域粮食产量，基于 ArcGIS10.2 中自然间断点（Jenks）分类方法，分别把三个序列数据由低到高分为"低"（1）、"中"（2）和"高"（3）三组，再利用3×3矩阵交叉方法，构建"低—低—低"（111）……"高—高—高"（333）共27类耕地利用强度—村庄建设用地利用强度—粮食产量耦合（FRGC）类型（图4–7）。在研究过程中利用信息图谱的方式，实现在复杂耦合类型模式下的格局演化研究。

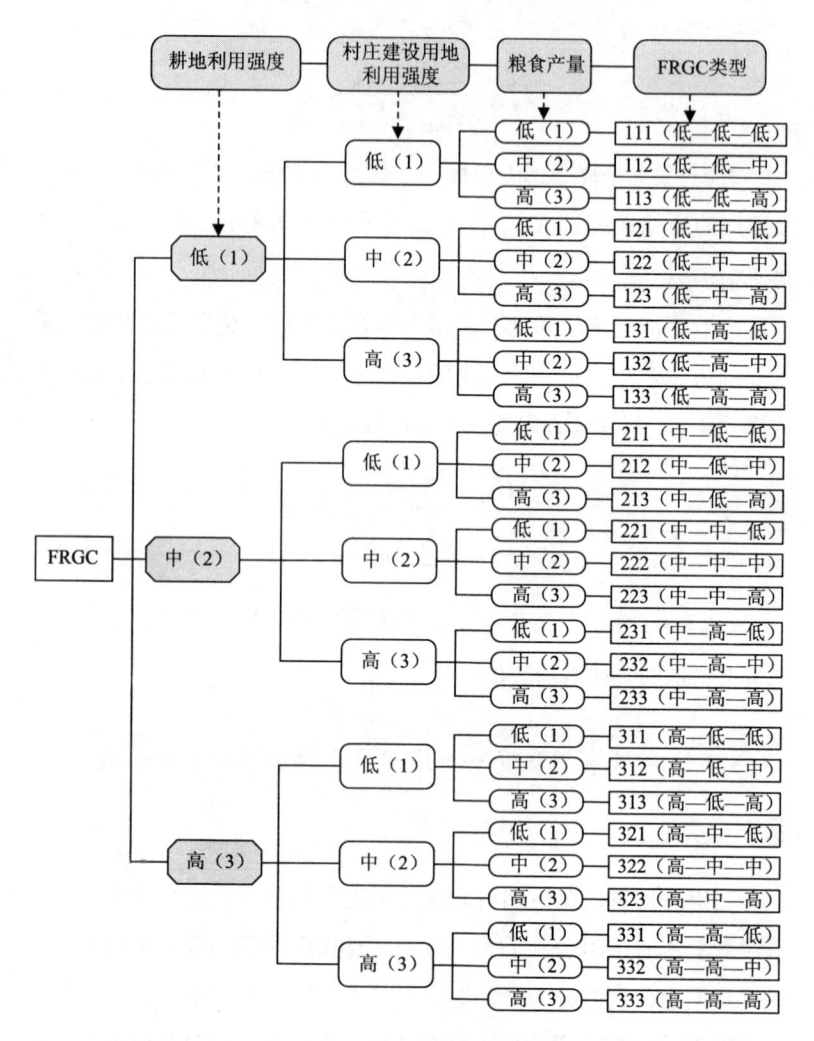

图 4-7 耕地利用强度—村庄建设用地利用强度—粮食产量耦合（FRGC）分类体系

二、土地利用强度与粮食产量变化

1990~2010 年，耕地利用强度持续增加，村庄建设用地利用强度加速下降，粮食产量波动上升。1990~2010 年 LUI_F 均值由 0.29 上升到 0.4，山麓平原区①耕地利用强度一直较高；黄淮平原区和低洼平原区增长较快，成为耕地高投入区；山东丘陵区耕地利用强度较低。期间，LUI_R 均值由 0.52 下降到 0.45，并呈现加速减少的趋势（图 4-8），1990~2000 年村庄建设用地利用强度呈现下降趋势。山东丘陵区保持较高水平，黄淮平原西部地区 LUI_R 大部在增加，而低洼平原区和苏北地区及山麓平原区村庄建设用地利用强度处于下降趋势。1990~2010 年黄淮海平原地区粮食产量由 1.06 亿吨上升到 1.65 亿吨。1990 年、2000 年和 2010 年粮食产量占全国总产量的比重分别为 24.4%、24%和 30.1%。在经历了 2000 年左右短暂的下降后，黄淮海地区粮食生产在全国的地位不断加强。黄淮平原区和低洼平原区是粮食增产的主要地区，而山麓平原区和山东丘陵区粮食产量在下降。

三、土地利用强度与粮食产量耦合类型

FRGC 特征明显，呈现稳中有变的时空格局。1990~2010 年 LUI_F 较低（111……133）的区域主要集中于山东丘陵区、低洼平原

---

① 为了突出土地转型结构转型的地理分区特性，依照全国综合农业区划方案的二级区，将黄淮海地区划分四个亚区，分别为黄淮海西部燕山太行山山麓平原区（以下简称山麓平原区）、东部冀鲁豫低洼平原区（以下简称低洼平原区）、南部黄淮平原区和中部山东丘陵区。

东部和黄淮平原南部地区。LUI_R 和粮食产量较低的区域主要集中在环渤海湾地区；山东丘陵区和山麓平原部分地区 LUI_R 和粮食产量较高。耦合类型中 LUI_F 居中（211……233）的区域主要分布在低洼平原北部和山东丘陵东部地区，并在黄淮平原地区离散分布；这些耦合类型中 LUI_R 和粮食产量较低的区域主要集中在低洼平原北部地区。LUI_R 和粮食产量较高的地区主要集中在黄淮平原区。黄淮海地区 FRGC 类型中 LUI_F 较高（311……333）的地区主要集中在山麓平原大部、低洼平原南部及苏北和豫北地区，并逐渐在冀鲁豫交界地区形成明显的集聚区，而山麓平原北部地区逐渐退出该耦合类型；FRGC 类型中 LUI_F、LUI_R 和粮食产量均较高的地区逐渐向冀鲁豫交界地区集聚，而苏北地区和山麓平原地区的县域逐渐减少。石家庄市附近地区耦合类型逐渐由 333 类型为主演化为 322 类型为主。

四、土地利用强度与粮食产量耦合关系

土地利用转型背景下，区域内不同地类土地利用强度相互影响，共同推动粮食生产结构的转型。转型初期，耕地和村庄建设用地利用强度均增加，推动粮食生产能力的提升。城镇化背景下，农业剩余劳动力析出，农业劳动力数量相应减少，就业结构和收入结构不断改善，农户农业生产资本投入能力增强，耕地利用强度提高。农民改善居住条件的需求增加，农村宅基地开始向外扩张，村庄建设用地的比例增加。这一阶段，农业生产收入比例仍占主要地位。农民的兼业情况主要呈现为季节性和短距离外出务工或本地非农就业为主。在乡村人口总体增长状态下，农业劳动力比重下降不明显，村庄建设用地利用强度增加。这一阶段耕地利用强度与村

庄建设用地利用强度普遍上升，粮食生产能力得到提升，粮食安全格局稳定。

转型中期，耕地利用强度继续增加，村庄建设用地利用强度开始下降，区域粮食安全保障能力下降。农业劳动力转型过程中，由于人口增加因素和经济因素导致的村庄建设用地面积呈现快速的外延扩张趋势，人均建设用地面积迅速提高。同时，由于大量人口外流，村庄宅基地出现废弃和空置现象，农村"空心化"问题突出。此外，部分农业劳动力实现资本原始积累，彻底脱离农业生产，农村宅基地需求下降。农业劳动力的兼业化比例升高，农业劳动力数量快速下降，农业劳动力比重下降，乡村人口密度也随之下降。在城镇化快速推进过程中，城镇建设用地和工矿用地需求增加，占用耕地和征用村庄建设用地的比例升高，村庄建设用地在建设用地中的比例不断下降。以上多种因素共同推动了村庄建设用地利用强度的下降。随着农户收入结构的改善，农户继续追加耕地投入的能力迅速提升，但是纯农户的比例不断衰减，并且农户的年龄结构趋于"老弱化"，大规模增加资本性投入需求下降，耕地投入主要以省工性投入为主，地均化肥使用量不断增加。农户耕地流转的趋势开始出现，比例不断提升。而耕作条件较好的平原农区随着农业机械化的大力推广，粮食作物播种面积不降反升（如研究时段内的黄淮平原区），灌溉比例也相应提升，而丘陵及耕地质量不高地区的耕地利用形态会出现弃耕或撂荒的现象，进而导致耕地利用强度区域格局差异明显。这一阶段耕地利用强度保持较高水平，粮食产量较稳定。但同时也应该看到粮食生产要素投入产出的效率不断下降，粮食生产成本不断增加，粮食生产所带来的资源环境问题不断凸显。耕地资源被建设占用的比例迅速升高，村庄建设用地利用强度不断下降，粮食生产的保障能力降低。

转型后期，耕地和村庄建设用地利用强度均下降；粮食生产高效化和集约化保障区域粮食安全。城镇化发展中后期，农业劳动力比重低；村庄建设用地整治需求旺盛；农村聚落社区化（周国华等，2020）；人口居住集中化开始大力推进；村庄建设用地的比例迅速下降，村庄建设用地实现优化重组；乡村人口密度不断降低；农业劳动力数量和比重不断下降；村庄建设用地利用强度下降。耕地利用方面由于乡村人口逐渐衰减，土地流转的比例不断增加，粮食生产的规模化和集约化不断加强；可持续的农业生产系统不断优化；耕地利用强度逐步下降，并趋于稳定。农村剩余劳动力转移基本完成，新型农业经营主体成为粮食生产的主力，粮食生产格局进入新的状态（图4-8）。

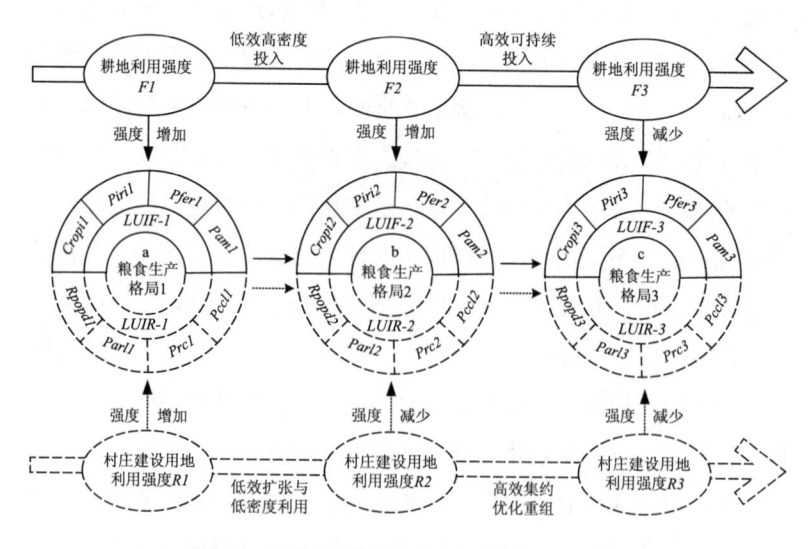

图4-8 土地利用强度与粮食生产转型耦合关系

第三节 黄淮海地区人地结构演变与粮食生产转型

黄淮海地区作为中国传统农区也是城镇化快速发展区，建设用地需求和耕地保护双重压力在这一地区不断显现。当前，针对建设用地和耕地利用转型单独研究较多，而结合建设用地和耕地利用转型的耦合研究较少。人口城乡迁移背景下，人均建设用地面积和人均耕地面积是建设用地和耕地利用转型的重要隐性形态，是对建设用地和耕地利用转型研究的拓展。人均建设用地面积和人均耕地面积变化的耦合关系研究，对于揭示黄淮海地区人地关系的结构性演化，及其对区域粮食生产转型的影响有重要意义（Ge et al., 2018; Long et al., 2018）。

因此，本部分主要开展以下几个方面的研究：(1) 基于 2000 年、2005 年、2010 年、2015 年栅格尺度建设用地、耕地、人口密度数据，计算各时期人均建设用地面积和人均耕地面积，在此基础上利用热点分析及缓冲区分析等分析工具总结二者时空耦合规律；(2) 以栅格尺度人均建设用地面积和人均耕地面积时间序列数据，计算二者栅格尺度的相关关系，揭示二者相关关系的空间格局；(3) 使用空间计量回归模型分别探测影响人均建设用地和人均耕地面积变化的影响因素，剖析二者耦合关系的内在机制；(4) 以人均建设用地和人均耕地面积变化耦合关系的结构演变，分析人地关系结构性演变对粮食生产转型的影响。

一、人均视角的人地结构演变分析

1千米栅格人均建设用地及人均耕地面积的计算流程如下：（1）基于四个时期矢量土地利用数据，分别提取建设用地及耕地图层，此后与1千米渔网数据进行相交，融合汇总每个渔网单元的建设用地及耕地面积；（2）以各个时期乡镇级人口密度数据为基础利用基函数插值方法获得1千米栅格的人口密度数据；（3）基于1千米栅格像元的建设用地面积、耕地面积和人口密度数据，分别计算1千米栅格人均建设用地面积和人均耕地面积；（4）对获得的数据进行三倍标准差检验，如果数据不能通过检验则利用3×3低通滤波器进行滤波处理。

（一）栅格相关分析

基于黄淮海地区2000年、2005年、2010年和2015年1千米栅格人均建设用地面积与人均耕地面积进行相关分析，探测二者时间序列在栅格尺度上的耦合关系。利用MATLAB计算工具实现二者在1千米栅格像元的相关分析计算，并进行P值检验。

相关分析的计算公式：

$$R_i = \frac{\sum_{t=1}^{n}(x_{it}-\bar{x}_t)(y_{it}-\bar{y}_t)}{\sqrt{\sum_{t=1}^{n}(x_{it}-\bar{x}_t)^2 \sum_{t=1}^{n}(y_{it}-\bar{y}_t)^2}} \quad （式4-9）$$

式中：R_i 为 x、y 两个变量在像元 i 的相关系数；x_{it} 为第 t 年像元 i 的人均建设用地面积，$\bar{x}_t$ 为第 t 年人均耕地面积平均值；y_{it} 为第 t 年像元 i 的人均耕地面积，$\bar{y}_t$ 为第 t 年人均耕地面积平均值。R_i 的取值范围为[-1，1]，相关系数值越接近 1（-1），说明数据正（负）相关程度越高。

(二)空间计量回归模型

1. 空间回归模型

为揭示影响人均建设用地和人均耕地面积变化的影响因素，可使用空间计量回归模型分析栅格尺度上二者耦合关系的影响因子，进一步揭示二者耦合关系的结构变化。使用的空间计量模型主要纳入了空间效应（空间相关和空间差异）(Anselin *et al.*, 1996)，包括空间滞后模型（Spatial Lag Model，SLM）与空间误差模型（Spatial Error Model，SEM）。SLM 模型用来评估人均建设用地面积变化和人均耕地面积变化受相邻栅格的影响程度，SLM 表达式为：

$$Y = \rho W y + X \beta + \varepsilon \quad (\text{式 4-10})$$

式中，Y 为人均建设用地面积变化或人均耕地面积变化；X 为自变量矩阵；β 为自变量回归系数；W 为空间权重矩阵（Contiguity Matrix）；Wy 为周边因变量的加权平均，视为空间滞后因变量；ρ 为空间自回归相关系数；ε 为随机误差项向量。

另一种空间计量回归模型为空间误差模型（SEM），通过扰动误差项之中的空间依赖关系来体现自变量的相互作用。SEM 的数学表达式为：

$$Y = X\beta + \varepsilon \quad (\text{式 4-11})$$
$$\varepsilon = \lambda W \varepsilon + \mu \quad (\text{式 4-12})$$

式中，ε 为随机误差项向量，λ 为 $n \times 1$ 的截面因变量向量的空间误差自相关系数，衡量相邻地区 Y 对本地区 Y 的影响方向和程度；μ

为正态分布的随机误差向量，$W\varepsilon$ 为空间滞后扰动项。

2. 空间回归模型自变量

基于文献梳理（Li et al., 2015），选取了与建设用地与耕地变化密切相关的自然因素、经济因素、交通因素及区位因素作为自变量（表 4-2）。自然因素主要考虑了地形的海拔高度及坡度；社会经济因素有城镇化率、农民人均纯收入、人均 GDP、人均第一产业增加值和人均第二产业增加值；区位因素有距省会驻地的距离、距地级市驻地的距离、距县城驻地的距离、距乡镇驻地的距离和距离河流

表 4-2 空间回归模型变量

列表	变量	描述	单位
因变量	PCONC/PFARMC	人均建设用地的变化率/人均耕地变化率	—
地形	Elevation	平均海拔	米
	Slope	平均坡度	度
位置	Dis2PC	距省会的最近距离	千米
	Dis2P	距地级市的最近距离	千米
	Dis2C	距县城的最近距离	千米
	Dis2T	距乡镇的最近距离	千米
	Dis2R	距最近河流的距离	千米
交通	Dis2HR	距最近高速和铁路的距离	千米
	Dis2NP	距最近国道和省道的距离	千米
	Dis2CV	距最近县道和乡道的距离	千米
社会经济	Urbanization	城镇化率	%
	PCNI	农民人均纯收入	元
	PGDP	人均国民生产总值	元
	PFAV	人均第一产业增加值	元
	PSAV	人均第二产业增加值	元

的距离；交通因素有距高速及铁路的距离、距国道及省道的距离、距县道及乡道的距离。其中地形数据由 30 米分辨率 DEM 计算得到，社会经济数据由分县统计数据转成 1 千米栅格数据，区位及交通数据分别由各项要素计算的欧氏距离确定。

（三）人均耕地面积和人均建设用地面积计算

本节研究过程中使用的土地利用数据来源于原国土资源部。该数据采用第二次全国土地利用调查分类体系，数据根据 2000 年、2005 年、2010 年、2015 年 Landsat TM 和 ETM 传感器经几何校正后合成的真彩色影像监督分类获得。其中建设用地包括城镇建设用地、农村居民点用地及其他建设用地，数据分辨率为 30×30 米。2000 年、2005 年、2010 年、2015 年乡镇级人口统计数据来源于哥伦比亚大学 CIESIN 研发的 GPWv4。此数据集包含了黄淮海地区 6 580 个乡镇级常住人口序列数据及人口密度采样数据。数据以 2000 年第五次和 2010 年第六次乡镇级人口普查数据为基础，依靠人口自然增长率和人口迁移趋势外推了 2005 年及 2015 年人口数据（Doxsey－Whitfield et al.，2015）。30 米 DEM 数据由中国自然资源数据中心提供（http://www.data.ac.cn）。分县社会经济统计数据来源于中国县域经济统计年鉴。行政界线、行政驻地、道路、河流等基础地理数据来源于国家基础地理信息中心（http://ngcc.sbsm.gov.cn/）。

二、人均耕地面积与人均建设用地面积演变

（一）建设用地与耕地利用转型

2000~2015 年，黄淮海地区耕地面积由 2 987.47 万公顷减少到

2 730.89万公顷,期间耕地面积共减少256.58万公顷。同一时期,建设用地面积由551.88万公顷增加到815.18万公顷,年均增加16.46万公顷,其中城镇建设用地面积占总建设用地面积的比重由15.85%上升到21.5%。此外,农村居民点用地总量增加了14.87%,占总建设用地面积的比例下降了14个百分点,其他建设用地比例升高了10个百分点。期间,建设用地共占用耕地面积362.6万公顷,其中城镇建设占用耕地73.24万公顷,农村居民点占用耕地193.41万公顷。通过分析各地类内部土地利用流转的方向,发现建设用地对耕地减少总贡献率达72.25%。城镇建设用地增长的热点区域主要集中在城市周边,北京和天津尤其显著,山东半岛城市群城镇建设占用耕地面积也较多。而农村居民点用地增长的热点地区主要集聚于苏北、皖北及豫东北地区等南部平原地区。耕地面积减少的冷点区主要集中于京津快速城镇化地区及冀鲁豫苏四省交界地区。以上数据表明,黄淮海地区耕地受到城乡建设旺盛需求的双重挤压,面积锐减。

(二)人均建设用地面积与人均耕地面积变化

人均建设用地面积与人均耕地面积变化的时空格局受到土地利用方式及人口分布状况双重因素的影响。通过对2000年和2015年人均建设用地与人均耕地的分布格局分析,可以看出城镇发展核心区由于人口密度大,人均建设用地面积相应较低,而黄淮海平原农区由于聚落组织形式和人口分布状态,人均建设用地面积较高。其中,鲁西北地区、苏北地区人均建设用地面积与其它地区相比更高。而鲁中山地及太行山东麓地区由于建设用地总面积较少,直接导致该区域人均建设用地面积有限。与人均建设用地相比人均耕地面积主要与该地区耕地资源禀赋和乡村地区人口密度有关。城镇周边地区土地利用类型多样，单位面积内耕地资源数量较少，人均耕地面积以城镇为中心向外围不断增加。从区域格局上可以看到京津地区、太行山东麓地区、豫东、鲁西南、鲁中山地地区人均耕地面积较少，而皖北、鲁西北和胶东半岛东部地区人均耕地面积较多。人均建设用地面积增长的热点区在莱州湾及胶东半岛。人均耕地面积衰减的冷点区主要集中于京津快速城镇化地区及冀鲁两省交界地区。豫东南和苏北地区是人均耕地增长的热点区。从二者空间耦合视角可以看到，传统平原农区人均耕地资源丰富的地区人均建设用地面积也较多，如苏北和鲁西北地区。人均耕地资源有限的地区人均建设用地也较少，如太行山东麓地区。而城镇周边地区人均建设用地面积和人均耕地面积均较少。

（三）多层缓冲区统计分析

为更深入解析人均建设用地面积及人均耕地面积变化的时空耦合过程，依靠不同主控要素生成多层缓冲区，利用不同距离的缓冲区对栅格像元进行分区统计，可以更加深入了解二者的空间分布差异。依据前文的分析，距离城镇和主要交通线的距离是影响土地利用类型变化的重要因素。因此，依据各要素均值共生成了距地级市距离 Dis2P（2~42 千米），距县城距离 Dis2C（2~16 千米），距高速及铁路距离 Dis2HR（1~10 千米）和距国道及省道距离 Dis2NP（1~5 千米）四种不同类型的缓冲区（图 4-9），然后利用 ArcGIS 软件分别进行分区统计，最后计算各缓冲区内人均建设用地面积及人均耕地面积变化的趋势。

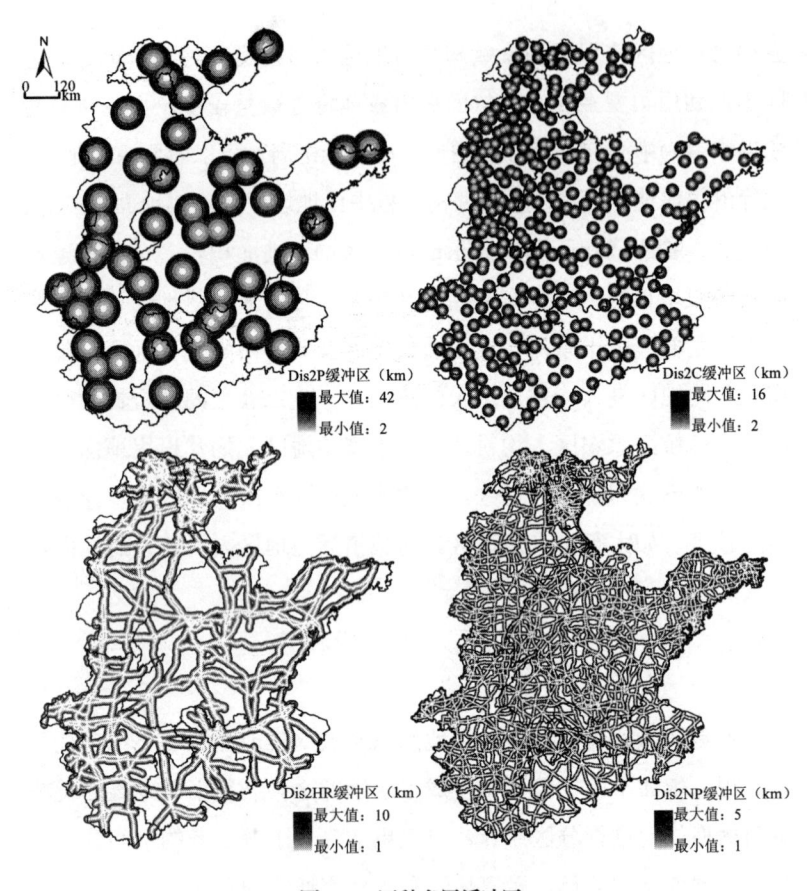

图 4-9　四种多层缓冲区

人均建设用地面积和人均耕地面积分布格局对城市距离和主要道路距离的变化十分敏感。从城市中心向外围出发，人均建设用地面积先经历快速下降后逐步趋于稳定，并缓步上升。而人均耕地面积先经历快速上升后逐步趋于稳定。人均建设用地面积距国道和省道的距离在1~2千米内先经历下降后逐步上升，而距高速及铁路不同距离缓冲区处于稳定上升趋势。人均耕地面积随着离主要交通线距离的拉大，稳定上升。2015年各层缓冲区人均建设用地面积均大于2000年。人均建设用地面积在各层缓冲区显著上升。而同一时期人均耕地面积的变化正好相反，各层缓冲区人均耕地面积均显著下降。用四种多层缓冲区统计了2000~2015年1千米栅格人均建设用地面积及人均耕地面积的变化趋势。结果表明人均建设用地面积与人均耕地面积变化在空间上具有高度的对称耦合特征，即人均建设用地与人均耕地面积变化的方向相反。人均建设用地面积增加的区域人均耕地面积减少（反之亦然）。说明二者的耦合关系受到城市发展和交通建设影响明显。

（四）基于栅格分析的人地关系演变

通过栅格像元相关分析，可以清晰反映出2000~2015年1千米栅格范围内人均建设用地面积与人均耕地利用面积的相关关系。图4-10分别呈现了整体相关性、正相关和负相关的分布格局。统计发现全部参与相关分析的栅格中共有61 565个通过了$p<0.1$的相关性检验，占全部参与相关分析栅格总数的17.96%，数据具备可信度。黄淮海地区二者相关系数的均值为–0.07，但各个区域相关性差异显著。进行分区统计发现，六个区域中山东和江苏为正相关，相关系数的均值分别为0.11和0.06，而其他区域为负相关，相关系数均值分别为安徽–0.14、河南–0.17、京津–0.21和河北–0.26。正相关区域主要集中在鲁中山地及胶东半岛丘陵地区，在苏北及鲁西北平原地区也存在大范围正相关地区。这些地区主要表现为人均建设用地及人均耕地面积双增加。而负相关地区主要分布在城市周边及河北、河南及安徽等地区，呈现出人均建设用地面积增加而人均耕地面积减少的显著特征。

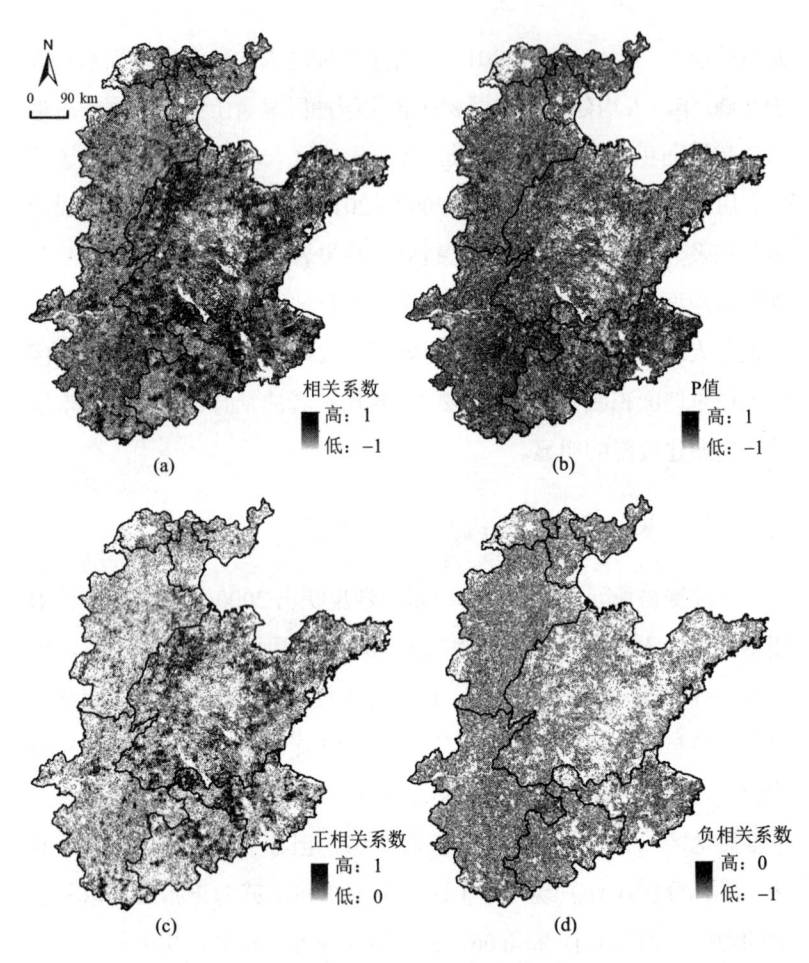

图 4-10 1千米栅格人均建设用地面积变化与人均耕地面积变化相关分析空间格局

为更好地解析人均建设用地面积与人均耕地面积变化相关关系在空间上的差异，可以用多层缓冲区进行分区统计。利用四种多层缓冲区分别对各缓冲区距离内人均建设用地面积与人均耕地面积相关关系系数均值进行统计分析。整体上二者相关系数由人类经济活动的核心区的负相关不断向外增加,并趋于弱相关。离地级市核心区的距离与其他几类相比有特殊之处,即二者负相关系数先出现了一定程度增加后才逐渐趋于弱相关(2~10 千米范围),反映出这段距离缓冲区内建设用地和耕地的显著变化趋势。二者在这一界面上互动关系明显。

三、人地关系结构演变机制

利用栅格相关分析、热点分析及缓冲区分析,初步揭示了黄淮海地区人均建设用地面积与人均耕地面积变化的时空演化过程及空间上的耦合关系,为进一步分析二者耦合关系内在机制,引入了空间计量回归模型,并且建立了自然因素、区位因素、交通因素和社会经济因素为自变量的回归模型。为进一步揭示人均耕地变化与人均建设用地的关系,回归模型中添加了 2000 年的人均建设用地面积作为自变量。数据处理平台为 GeoDA1.8(http://geodacenter.github.io)。

为更好地识别因变量适合的空间回归模型,首先需进行栅格像元参数检验。可以发现人均建设用地面积变化和人均耕地面积变化均通过显著性检验,且有明显的区别。人均建设用地面积变化中的拉格朗日检验和稳健性检验中误差项较滞后项更显著,因此人均建设用地面积变化选择使用 SEM 模型,而人均耕地面积变化正好相反,因此选择使用 SLM 模型。以上分析表明人均建设用地面积变化受到周边栅格误差的影响明显,而人均耕地面积变化存在明显的空间溢出效应,即栅格观测值的变化受到周边栅格影响明显。回归结果中 λ 及 ρ 系数也较好地印证了这一结论。总体上二者变化除受到自身的影响外,也明显受到周边因素的影响。人均建设用地面积变化和人均耕地面积变化回归模型的 R^2 分别为 0.66 和 0.56，说明模型的拟合优度较高。通过分析模型中各自变量的回归系数，可以较好地揭示二者驱动力的差异，深入剖析二者耦合关系的动力机制。

自然因素中海拔因素对人均建设用地面积变化和人均耕地面积变化作用差异显著。海拔越低的地区人均建设用地面积变化越显著。而人均耕地面积变化正好相反，海拔越高的地方变化越明显。坡度因素仅对人均耕地面积变化有负向作用，而对人均建设用地面积变化作用不显著。城镇化进程中海拔高度越高的地区耕地受耕作条件限制逐渐退出，农户会优先选择海拔较低且条件优越的地区进行耕作。而坡度较大的地区基本无大面积耕地资源，因此坡度越低耕地越有可能被占用。城镇进行开发建设优先选取海拔较低且开发环境优越的地区，因此，海拔越低的地区人均建设用地面积变化越大（Gao et al., 2016）。

区位因素对人均建设用地面积变化和人均耕地面积变化作用效果明显。与各等级城市和河流的不同距离对二者作用的方向对耦特征明显，即如果自变量对人均建设用地面积变化有正效应，相应对人均建设用地面积变化起到负向作用（Dis2PC 除外）。Dis2P 对人均建设用地面积变化效应为正，说明 Dis2P 越大则人均建设用地面积变化越大。城市人口密度高，人均建设用地面积较小，而广大农村地区由于城乡土地管理制度差异和农户建房需求等多重因素影响，成为人均建设用地增长的核心区域。而县级城市及乡镇发展辐射的范围有限，因此距离越近越容易受到城镇的影响，人均建设用地面积增加越明显。人均耕地面积除 Dis2P 为负效应外，其他均为正效应。地级市在一个地区城镇发展的引领作用明显，距离地级市越近越容易被建设用地占用。而距离省会、县城和乡镇驻地越远的广大农村地区人口外流趋势越明显，因此人均耕地增加较明显。前文利用缓冲区统计的 Dis2P 和 Dis2C 的结论得到进一步验证。距离河流越近，人均建设用地面积增长越小，而人均耕地面积增长越快。2000 年人均建设用地面积对人均建设用地面积变化和人均耕地面积变化存在显著的负相关作用，即人均建设用地越少的地区，人均建设用地面积变化和人均耕地面积变化越高。城镇的人均建设用地面积较低，因此城市周边地区成为人均建设用地面积和人均耕地面积变化的剧烈地区（表4-3）。

交通因素对人均建设用地面积变化和人均耕地面积变化均有显著的作用，但内部差异明显。高等级公路因选址一般避开高度开发的区域且多为封闭性道路，因此 Dis2HR 越近，人均建设用地增长越低。而 Dis2NP 和 Dis2CV 一般穿越人口密集区，且是开放式道路，人口沿路聚居情况明显，因此出现距离道路越近，人均建设用地面积增长越快。不同等级道路对人均耕地面积变化均呈现明显的正向作用，即距离交通线越近，人均耕地增长越小，而距离越远则增长明显。这个现象是在黄淮海地区交通通达度较好的情况下呈现的有趣现象。距离主要交通线越远，农户外出就业和向外迁移的越多，相应人均耕地面积增长越快。

人均建设用地面积变化和人均耕地面积变化受区域社会经济发展状况影响，并存在显著的差异。城镇化水平对人均建设用地面积和人均耕地面积变化均产生正向作用，即城镇化水平越高人均建设用地面积和人均耕地面积增长越快。传统城镇化模式粗放式发展，土地资源被大量浪费，城镇化并未带来人均建设用地的下降。城乡之间均存在大量建设用地低效和无效利用的情况。

城镇化水平越高人口流入城镇的越多，进而导致人均耕地面积的增长。PCNI 和 PSAV 对人均耕地面积变化产生负向作用，符合农村居民为提升生活质量外出务工的规律，即 PCNI 和 PSAV 越低的地区人均耕地面积增长越快。此外，PGDP 对人均建设用地面积变化存在明显负向作用，即 PGDP 越低的地区人均建设用地面积增长越快，验证了粗放发展的城镇化模式对这一地区城乡土地资源大量浪费的现象（Ding，2007）。PSAV 对人均建设用地面积变化和人均耕地面积变化作用相反，说明城镇化尤其是工业化过程中，大量占用土地资源，且开发密度较低。PSAV 对人均耕地面积变化的负向作用，主要体现了区域产业结构的特征，对就业的吸纳能力有限。PSAV 越低的地区，人口流出越多，人均耕地面积增长越多。PFAV 对人均耕地面积变化的正向作用说明，良性的乡村产业发展对保护耕地有益。

表 4-3　空间计量回归模型结果

变量	人均建设用地面积变化（SEM）	人均耕地面积变化（SLM）
常数项	140.967***	−0.268***
2000 年人均建设用地面积	−3 254.069***	−2.829***
Elevation	−514.301***	0.846***
Slope	41.179	−0.215**
Dis2PC	−11.904	0.142***
Dis2P	250.224***	−0.077**
Dis2C	−110.766**	0.038**
Dis2T	−291.357***	0.362***
Dis2R	390.071***	−0.206***
Dis2HR	360.611***	0.021**
Dis2NP	−440.741***	0.155***
Dis2CV	−338.679***	0.247***

续表

变量	人均建设用地面积变化（SEM）	人均耕地面积变化（SLM）
Urbanization	132.290***	0.04**
PCNI	4.337	−0.234***
PGDP	−396.362***	0.281***
PFAV	32.478	0.103***
PSAV	212.917**	−0.368***
ρ		0.814***
λ	0.869***	
R²	0.66	0.56
AIC	1 354 010	310 903
SC	1 354 170	311 074
Log likelihood	−676 989	−155 434
Lagrange Multiplier（lag）	135 160.68***	115 984.77***
Robust LM（lag）	62.84***	1 595.64***
Lagrange Multiplier（error）	136 325.79***	114 411.88***
Robust LM（error）	1 227.95***	22.756***

注：***、**、*分别表示1%、5%和10%显著性水平。

四、人地关系演变与粮食生产转型

通过对建设用地面积和耕地面积的总量变化、人均建设用地面积变化和人均耕地面积变化的空间分布、时空序列耦合、栅格相关分析及驱动机制解析研究，发现黄淮海地区人均建设用地面积与人均耕地面积变化存在高度的耦合关系，耦合类型差异明显。探讨二者耦合关系的时空演化过程，是研究城镇化进程中建设用地、耕地、人口变化相互作用规律的重要手段。结合黄淮海地区在中国粮食生产的特殊地位，进而对揭示区域人地关系转型对粮食生产的影响具有重要参考价值。

2000~2015年黄淮海地区建设占用对耕地减少的贡献率达70%以上，城镇建设用地及农村居民点占用耕地的总面积超过该时期耕地净减少面积。66.09%的区域人均建设用地在增加，仅33.91%的区域人均建设用地面积在减少。同时，31.48%的区域人均耕地面积在增加，而68.52%的区域人均耕地面积在减少。人均建设用地面积和人均耕地面积变化呈负相关关系。人均建设用地面积波动上升及人均耕地面积波动下降成为威胁区域粮食生产安全的重要因素。在快速城镇化背景下，虽然实行严格的耕地保护，但耕地资源总量和人均占有量均在下降，对耕地保护政策提出了更高要求（龙花楼等，2009）。

快速城镇化进程中，城乡之间均存在大量低效和无效占用耕地的现象。通过解析人均建设用地面积变化和人均耕地面积变化驱动机制发现，城镇化水平、人均GDP和人均第二产业增加值均从不同侧面证实，以高速工业化为特征城镇化对耕地资源的挤占作用明显。大规模建设开发区、低效利用被占用的耕地，对耕地资源产生了严重的破坏。同时，黄淮海地区乡村地区人口密度大，城镇化进程乡村人口居住的空间结构、人口就业结构出现了明显的非农化现象。乡村的空心村、农村居民点用地占用耕地且低效利用问题也同样严重。城乡之间建设用地对耕地资源从点到面，从数量到质量都产生了严重的影响。

人均建设用地面积与人均耕地面积变化的耦合关系理论上存在四种，即双增加、双减少、人均建设用地面积增加的同时人均耕地面积减少、人均建设用地面积减少的同时人均耕地面积增加。研究发现当前黄淮海地区二者主要存在两种耦合关系，即人均建设用地面积及人均耕地面积均增加（耦合模式 1），以及人均建设用地面积增加而人均耕地面积减少（耦合模式 2）。而人均建设用地面积减少而人均耕地面积增加的耦合类型（耦合模式 3）尚未呈现（图 4-11）。而人均建设用地和人均耕地均减少的类型，在黄淮海地区并不具备理想条件。中国人口众多，人均耕地资源有限的情况下，人均耕地资源的下降对保障粮食供给安全提出了严峻挑战。

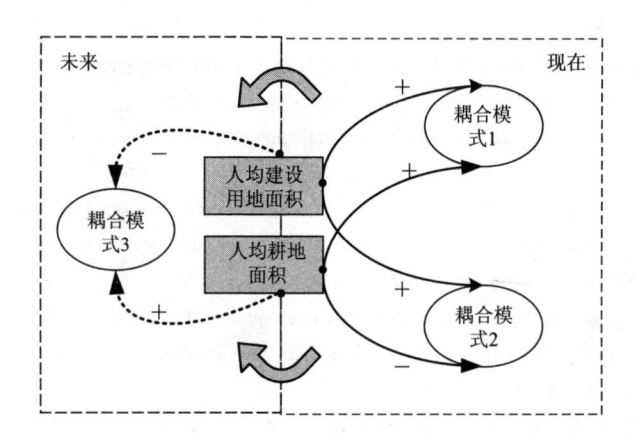

图 4-11 人均建设用地与人均耕地面积变化耦合关系转型

注："＋"和"－"分别代表数量的增加和减少。

城镇化进程中，如何优化建设用地使用方式，发掘城乡存量土地资源的利用价值，是当前亟需深入研究的问题。城市低密度开发土地、低效利用土地和农村空废土地再整理，都是未来加强耕地保护的有效手段。人口的城乡迁徙，对土地资源管理制度和社会保障体系等国家治理体系的设计提出了全新的要求。当前黄淮海地区乡村农业劳动力非农就业水平达到 50%以上。城镇化进程中应该降低人均建设用地的规模，提高流动人口在城市安居乐业的水平。如何稳定降低乡村人口数量，提高劳均耕地面积（耦合模式 3），改变传统"小农"农业生产方式，发展现代农业生产体系成为黄淮海地区粮食生产转型的重要发展趋势。

参考文献

Anselin, L., A. K. Bera, R. Florax, *et al.* 1996. Simple diagnostic tests for spatial dependence. *Regional science and urban economics*, Vol. 26.

Ding, C., 2007. Policy and praxis of land acquisition in China. *Land Use Policy*, Vol. 24, No. 1.

Doxsey-Whitfield, E., K. MacManus and S. B.Adamo, *et al.* 2015. Taking advantage of the improved availability of census data: A first look at the gridded population of the world, version 4. *Papers in Applied Geography*, Vol. 1, No. 3.

Gao, B., Q. Huang, C. He, *et al.* 2016. How does sprawl differ across cities in China? A multi-scale investigation using nighttime light and census data. *Landscape and Urban Planning*, Vol. 148.

Ge, D., H. Long, Y. Zhang, *et al.* 2018. Farmland transition and its influences on grain production in China. *Land Use Policy*, Vol. 70.

Li, T., H. Long, Y. Liu, *et al.* 2015. Multi-scale analysis of rural housing land transition under China's rapid urbanization: The case of Bohai Rim. *Habitat International*, Vol. 48.

Long, H., D. Ge, Y. Zhang, *et al.* 2018. Changing man-land interrelations in China's farming area under urbanization and its implications for food security. *Journal of Environmental Management*, Vol. 209.

戈大专、龙花楼、屠爽爽等："黄淮海地区土地利用转型与粮食产量耦合关系研究"，《农业资源与环境学报》，2017 年第 4 期。

李秀彬、朱会义、谈明洪等："土地利用集约度的测度方法"，《地理科学进展》，2008 年第 3 期。

李亚婷、潘少奇、苗长虹："中国县域人均粮食占有量的时空格局——基于户籍人口和常住人口的对比分析"，《地理学报》，2014 年第 12 期。

刘守英、高圣平、王瑞民："农地三权分置下的土地权利体系重构"，《北京大学学报(哲学社会科学版)》，2017 年第 5 期。

龙花楼：《中国乡村转型发展与土地利用》，科学出版社，2012 年。

龙花楼："论土地利用转型与土地资源管理"，《地理研究》，2015 年第 9 期。

龙花楼、李裕瑞、刘彦随："中国空心化村庄演化特征及其动力机制"，《地理学报》2009 年第 10 期。

吴凯、许越先："黄淮海平原水资源开发的环境效应及其调控对策"，《地理学报》，1997 年第 2 期。

朱纪广、李二玲、李小建等："黄淮海平原农业综合效率及其分解的时空格局"，《地理科学》，2013 年第 12 期。

周国华、张汝娇、贺艳华等："论乡村聚落优化与乡村相对贫困治理"，《地理科学进展》，2020 年第 6 期。

第五章　粮食生产功能转型

"功能"是探索地理现象运转机制的重要窗口。粮食生产功能研究的核心是探索粮食生产作为一个整体系统在内外力作用下呈现的地域功能多样性和可变性。粮食生产功能转型研究是粮食生产转型关键要素及其结构转型的进一步深化，可为探讨人地关系转型背景下粮食生产转型提供参考。本章将构建粮食生产多功能评价指标体系，分析粮食生产多维功能体系转型的格局及其耦合协调过程，探讨粮食生产功能转型的内在运行机制。

第一节　黄淮海地区粮食生产多功能转型时空格局

中国人口众多，耕地数量有限，粮食安全问题一直以来是中国面临的重大挑战之一。当前，较高的粮食总产量主要依靠提升耕地生产率来实现，伴随而来的是高强度和高密度的集约化投入。化肥、农药和灌溉投入水平等均有大规模的提升（雷鸣等，2017）。粮食总产量提升的同时，中国粮食生产的结构性过剩与结构性短缺并存。粮食生产成本"地板"不断提升，加之大宗粮食产品价格的"天花板"效应，双层挤压下的粮食生产活动利润空间不断压缩，粮食生产的供给侧结构性改革成为大势所趋。城乡转型发展进程中，农业劳动力城乡迁移改变了劳动力的就业结构和农户生计模式。中国传统"小农"耕作模式下的粮食生产方式已发生了深刻变化（赵雪雁，2017）。

城镇化进程中，中国乡村地区粮食生产活动的系统性变化是乡村转型发展的缩影。粮食生产活动成为解析中国人多地少"人地关系"模式下乡村转型发展内在机制的重要载体。以粮食生产功能转型为突破口，对于研究中国粮食生产转型和乡村转型发展可起到"管中窥豹"的作用。当前，农业多功能转型发展研究得到了广泛的关注（罗其友等，2009；王成等，2018）。国内外学者从生产属性、生活属性和生态属性等方面开展了深入的研究。此外，与粮食生产活动密切相关的耕地利用多功能性研究、农田系统生态服务价值的多功能性研究、农户生计多样性研究等均有显著的突破。由此可见，以孤立生产功能驱动的农业生产模式已经不适应现代社会的需求。社会需求的多样性、农户生计的多样化和区域发展的差异性均决定了粮食生产活动功能的多样性。当前，针对现代农业多功能性已经有了较多的关注，而针对中国传统农业生产活动中粮食生产行为的多功能性关注较少（姜广辉等，2011）。

深入研究城乡转型发展大背景下中国粮食生产活动的多功能性，将为中国粮食生产模式的优化、农业生产的现代化及乡村转型发展合理路径的优化提供参考。中国粮食生产模式的变化需考虑到中国人多地少的国情。因此，粮食生产活动多功能性研究也应该把"人"的因素加入其中，把粮食生产的主体即农户的转型过程作为重要评价指标，以深刻剖析中国粮食生产活动转型给乡村发展，乃至整个社会经济发展带来的深刻影响。因此，从粮食生产多功能性概念框架入手，构建区域粮食生产多功能性评价指标体系，以1990~2015年不同时段粮食生产多功能性转型的时空格局为基础，深入探讨不同功能之间的关系，进而为优化粮食生产转型提供理论参考。

一、粮食生产多功能评价体系

同粮食生产的多重属性相匹配，需构建粮食生产四个维度的功能体系，即粮食生产供给功能、农户生计保障功能、城乡转型支撑功能和生态环境保育功能（图5-1）。粮食生产具有提供粮食安全和高品质粮食产品的生产供给功能。粮食生产维持农户生计与保障农户公平的功能对应了粮食生产的社会属性。粮食生产保障城乡转型发展及社会有效运转的功能是系统经济属性和社会属性的概括。生态环境保育功能与粮食生产生态属性相对应，体现了粮食生产生态化的转型趋势（戈大专等，2018）。

从粮食生产多维功能入手，为更好地反映粮食生产功能的变化，构建了粮食生产多维功能评价指标体系。在考虑数据的可获得性和咨询行业专家的基础上，每个功能维度均选取了多个指标用于刻画该功能维度的变化。指标的作用功效有正负之分，正向作用指该指标有利于增加粮食生产功能，而负向指标则相反，对粮食生产功能可起到减弱作用。粮食生产供给功能主要选取了体现区域粮食生产能力的指标，如粮食总产量、劳动生产率和机械化水平等。农户生计保障功能力求反映城乡转型发展进程中农户生计与农户生存状态的指标，如农村居民人均纯收入和乡村人均用电量。城乡转型支撑功能是乡村转型发展进程中粮食生产的重要功能之一。因此，把农业劳动力非农就业比重和乡村人口城镇化比率作为重要参考指标。生态环境保育功能选取区域生态环境的主流评价指标，如生物多样性指数和生态服务价值等（表 5-1）。此外，黄淮海地区作为中国灌溉农业发展的核心区，水资源量成为生态环境的重要指标。中国存在地均化肥过量使用问题，因此将化肥使用强度作为负向指标，用以评价粮食生产的生态保育功能。

表 5-1 黄淮海地区粮食生产功能评价指标体系

决策层	目标层及权重	指标层	权重	计算方式/数据来源	方向
粮食生产总体功能指数	粮食生产供给功能指数 0.25	粮食总产量	0.31	粮食总产量	+
		人均粮食占有量	0.13	粮食总产量/总人口数量	+
		粮食耕地生产率	0.33	粮食产量/耕地面积	+
		粮食劳动生产率	0.17	粮食产量/农业劳动力数量	+
		粮食生产机械化水平	0.07	农业机械总动力/粮食作物播种面积	+
	农户生计保障功能指数 0.25	农村居民人均纯收入	0.47	农村居民人均纯收入	+
		人均GDP	0.31	GDP/总人口数量	+
		乡村人均用电量	0.22	乡村用电量/乡村人口数量	+
	城乡转型支撑功能指数 0.25	人均地方财政收入	0.13	地方财政收入/总人口数量	+
		耕地承载的乡村人口数量	0.08	乡村人口数量/耕地面积	−
		农村劳动力非农就业比重	0.4	乡村非农劳动力数量/乡村从业人员数量	+
		人口城镇化率	0.24	城镇人口数量/总人口数量	+
		城乡建设用地转型	0.15	村庄建设用地面积/总建设用地面积	−

续表

决策层	目标层及权重	指标层	权重	计算方式/数据来源	方向
粮食生产总体功能指数	生态环境保育功能指数 0.25	单位面积水资源量	0.28	水利部数据	
		生物多样性指数	0.09	依照环境质量评价标准计算	+
		生态服务价值总量	0.17	依照土地利用类型分类核算	+
		NDVI 最大值	0.08	GIMMS NDVI 数据	+
		化肥使用强度	0.38	化肥使用量/耕地面积	−

评价指标体系目标层的四个功能维度采用等权重方法，而指标层各分项评价指标的权重由多专家参与下的层次分析法（AHP）确定。在粮食生产总体功能的计算过程中，为了更好地体现粮食生产转型过程和发展趋势，借鉴已有研究成果，确定了等权重模型下四维功能综合评价模型。指标层权重确定使用 Goepel 编写的 BPMSG 工具，在 10 位同行专家独立分层确权后，最后假定各位专家相等贡献的情况下由软件综合确定。

二、粮食生产功能评价过程

（一）数据来源

使用的社会经济统计数据来源于相应年份的《中国县域统计年鉴》，部分县域单元数据空缺将采用相邻年份数据的平均值和年均增长率计算得到相应年份的数据作为补充，共构建了 1990 年、2000 年、2010 年和 2015 年，包含 358 个县域统计单元的四期截面数据，用于评价粮食生产功能的转型。对应年份 30 米分辨率土地利用覆盖数据来源于原国土资源部，分类系统采用第二次全国土地利用调查分类体系，数据质量可靠。1 千米格网水资源总量数据来自 2005 年水利部发布的全国水资源调查数据，研究时段涉及的四个截面数据是根据相应省市水资源统计数据和格网水资源总量数据加权计算获得。

生物多样性指数的计算参照《生态环境质量评价技术规范（HJ 191－2015）》，计算公式如下：

$$BDI = A_{bio} \times \left(\begin{matrix} 0.35 \times S_{林地} + 0.21 \times S_{草地} + 0.28 \times S_{水域} + 0.11 \times S_{耕地} \\ + 0.04 \times S_{建设用地} + 0.01 \times S_{未利用地} \end{matrix} \right) \Big/ S_{区域}$$

（式 5-1）

$$A_{bio} = 100 \big/ BDI_{最大值}$$ （式 5-2）

式中 BDI 为生物多样性指数，$S_{林地}$ 为林地面积；$S_{草地}$ 为草地面积；$S_{水域}$ 为水域面积；$S_{耕地}$ 为耕地面积；$S_{建设用地}$ 为人工建设用地面积；A_{bio} 为生物多样性指数归一化系数。

生态服务价值总量的计算，参考了科斯坦萨（Costanza）等 2014 年在 Global Environment Change 期刊上最新发布的全球生态系统价值变化的研究结果，同时结合黄淮海地区的实际情况进行了修正。城乡建设用地的生态系统服务价值系数主要参考了刘永强等的研究结果。生态系统服务价值的计算公式如下：

$$ESV_i = \sum A_{ik} \times VC_k$$ （式 5-3）

式中 ESV 为研究区 i 生态系统服务的总价值；A_{ik} 为研究区 i 土地利用类型地类 k 的面积；VC_k 为地类 k 所对应的单位面积生态系统服务价值系数。

（二）粮食生产多功能评价过程

为消除评价指标体系源数据量纲对评价的影响，对源数据利用极值法进行归一化处理：功效为正的指标使用式 5-4，功效为负的指标使用式 5-5：

$$T_{ij}' = \frac{T_{ij} - T_{min}}{T_{max} - T_{min}} \qquad （式 5\text{-}4）$$

$$T_{ij}' = \frac{T_{max} - T_{ij}}{T_{max} - T_{min}} \qquad （式 5\text{-}5）$$

T_{ij}' 为第 i 个样本 j 指标归一化后的数值；T_{ij} 为 i 个样本 j 指标的原始数据；T_{max} 和 T_{min} 分别代表第 j 个指标的最大值和最小值。

在数据标准化的基础上利用指标权重与归一化之后的数据相乘求和的方法定量评价不同维度粮食生产的功能变化。多维功能评价的计算根据式 5-6：

$$F_i = \sum_{j=1}^{n} W_j \times T_{ij}' \qquad （式 5\text{-}6）$$

F_i 为 i 县不同维度的粮食生产功能指数，W_j 为第 j 个评价指标的权重，T_{ij}' 和为 i 县第 j 个指标归一化后的数值。

三、粮食生产功能转型格局

（一）黄淮海地区粮食生产多维功能转型的时空格局

1990 年黄淮海地区粮食生产供给功能在空间分布上表现为京津、江苏和山东地区较高，相比之下河北、河南和安徽地区偏低。1990~2000 年整个区域粮食生产供给功能普遍大幅度提升，尤其是河北及鲁西北增长趋势尤为明显（图 5-1（b））。城镇化快速推进过程中，农业产业结构不断调整，粮食生产供给功能显著下降，如图 5-1（c）中的京津地区和胶东半岛地区。粮食生产供给功能增加区逐渐衰减，而减退区不断增加。2010～2015 年粮食生产供给功能增长区局限于河南东部和山东西南部地区（图 5-1（c））。粮食生产供给功能转型的区域差异是粮食生产变化最直接的反馈。1990～2015 年，粮食生产供给的优势区由最初的京津和苏鲁地区，逐渐向豫、皖、苏、鲁多省交界地区集聚。1990～2015 年黄淮海地区粮食生产供给功能的提升主要依靠持续的科技和资本投入带来的粮食单产提升。从图 5-1 可以看出，相比图 5-1（a）的快速增长，后期粮食生产供给功能的提升潜力有限，且在京津地区及山东半岛形成了大范围的衰退区域。

粮食生产的农户生计保障功能和城乡转型支撑功能的时空格局具有明显的空间一致性。二者空间上的高度耦合为粮食生产转型的趋势判断提供了重要参考。1990～2015 年农户生计保障功能和城乡转型支撑功能不断提升，反映了粮食生产的转型趋势。1990 年、2000 年、2010 年和 2015 年四个截面时间，二者的皮尔森（Pearson）相关系数分别为 0.695、0.698、0.654 和 0.554，且均在 1%置信区间下显著。这充分说明了农户生计保障功能和城乡转型支撑功能具有高度正向相关性，即粮食生产城乡转型支撑能力越高的地区，农户生计和生存状态也越好，反之亦然。二者集聚的高值区主要集中于京津地区和山东半岛城市群地区；而低值区显著集聚于河南、安徽和鲁西地区。而这些地区正是粮食生产供给功能显著增加的地区。关于不同功能的内部关系，我们将在下文详细论述。

182 中国粮食生产转型与乡村振兴

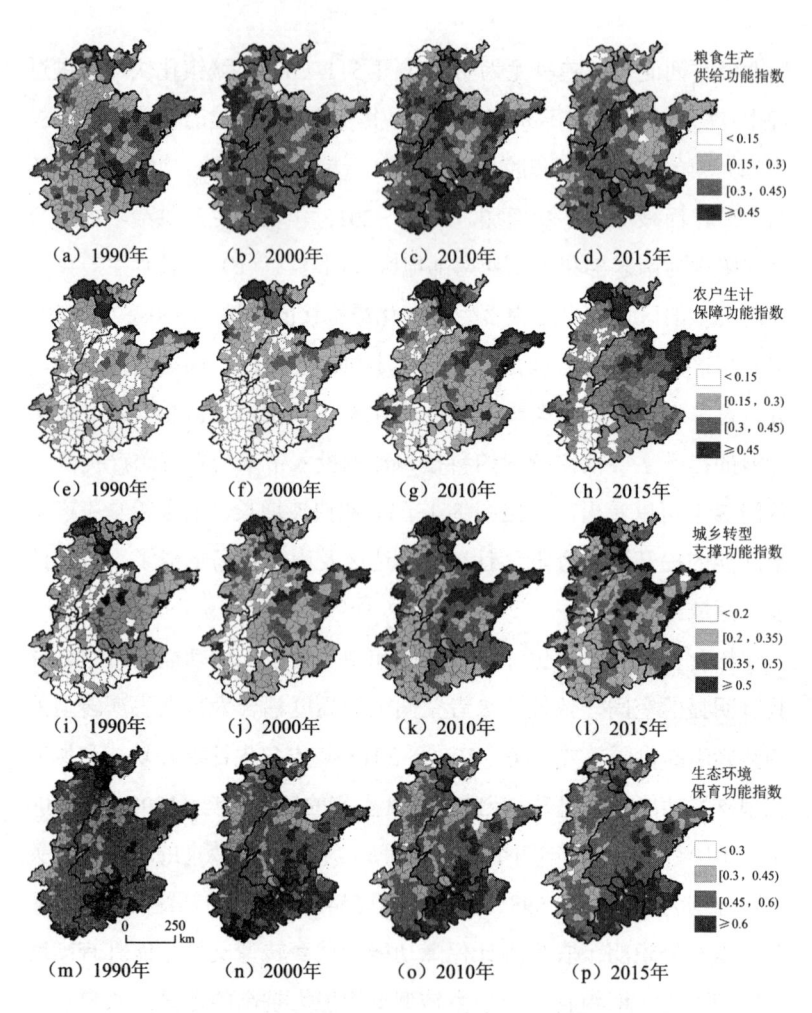

图 5-1　黄淮海地区粮食生产多维功能时空格局

农户生计保障功能和城乡转型支撑功能演化的时空格局不同时期存在显著的差异。1990～2000 年，二者变化趋势较一致，即前者增加区，后者也在升高，反之亦然。这一现象充分反映农业转型初期,粮食生产对农户生计和社会经济发展的重要作用。城镇化进程中农户生计保障功能随着农户生计的多样性,农户收入来源的多样化而适当降低。从图5-1（f）和图5-1（g）可以看出,在京津地区和一些大城市周边地区（如石家庄市）农户生计保障功能出现了明显的衰退,而在传统农区下降不明显。部分地区还在不断增加（如安徽北部）。与农户生计保障功能不同,城乡转型支撑功能在城乡转型发展进程中整体性增加,说明粮食生产的核心功能在发生转移,承载城乡转型发展的作用逐渐成为粮食生产的重要功能之一（图5-1（i）～图5-1（l））。

生态环境保育功能的格局分布及其演化过程是粮食生产转型背景下乡村地区生态环境整体状态的系统反馈。生态环境保育功能整体上呈现出"南高北低"的空间分布格局。这与黄淮海地区南北的自然本底环境和农业生产模式密切相关。黄淮海南部地区处于亚热带向暖温带的过渡地区,降水充沛,水网密布,水土资源耦合状态良好。全年降水量和积温越往北越低,生态环境本底条件逐渐降低。从粮食生产模式上分析,南部地区是主要以水田为主的"水稻—小麦"轮作农业生产模式,而北部地区则主要为旱作为主的"玉米—小麦"轮作。粮食生产的灌溉比例较南部地区明显提升,生态环境压力明显高于南部地区（图5-2）。

粮食生产各功能之间转型趋势和空间格局差异明显。粮食生产供给功能同农户生计保障功能和城乡转型支撑功能的空间匹配关系经历了由"空间协同"到"空间分离"的转换过程。1990年粮食生产转型初期,粮食生产供给功能的优势区也同样是农户生计保障功能和城乡转型支撑功能的优势区,反之亦然。优势区主要集中在京津和山东地区,三者的空间匹配关系为"空间协同"状态。1990～

2015年，粮食生产供给的优势区由最初的京津和苏鲁地区，逐渐向冀、鲁、豫、皖多省交界地区集聚（图5-1）。而这几个省的交界地区已不再是粮食生产农户生计保障功能和城乡转型支撑功能的优势区。恰恰相反，这些地区已经成为农户生计保障功能和城乡转型支撑功能的劣势区。三者的空间匹配关系由"空间协同"状态转变为"空间分离"状态。

粮食生产供给功能与生态环境保育功能呈现出"空间协同"状态，而在变化趋势上呈现为"拮抗"状态。粮食生产区较城市集聚区具备更好的生态环境承载功能，因此，从总量上看，粮食生产供给功能优势区其生态环境保育功能也较强。而城市集聚区（如京津地区）粮食生产供给功能较弱，相应的生态环境保育功能较低（图5-1）。从变化趋势看，粮食生产供给功能增加越快的地区，生态环境保育功能降低越迅速。将生态环境保育功能指数变化量的±5%作为临界线，把生态环境保育功能的变化划分为迅速衰退区、衰退区、增长区和迅速增长区四种类型（图5-1）。1990~2015年粮食生产供给功能增加地区主要集中于鲁冀交界地区和鲁豫皖交界地区，而这些地区正是生态环境保育功能迅速衰退区。说明高强度集约化粮食生产模式带来环境风险不断增加，粮食生产生态环境保育功能显著衰退。

（二）粮食生产总体功能转型的时空格局

1990~2015年黄淮海地区粮食生产总体功能不断增强且区域差异显著。粮食生产总体功能的高值区主要集聚于京津地区、江苏和山东半岛城市群地区；低值区主要位于河北、河南、鲁西和鲁中山地地区（图5-2），且不同时段粮食生产总体功能变化趋势差异明显。

1990~2000年除京津地区外，其他大部分地区粮食生产总体功能普遍上升，尤其是河北地区增长迅速。2000~2010年河北太行山东麓地区（图5-2（f）），逐渐形成了粮食生产总体功能衰退区，这与该区域集中大规模的农业开发，尤其是大量抽取地下水灌溉带来的生态环境保育功衰退密切相关。2010~2015年在京津地区和胶东半岛地区，粮食生产总体功能呈现出衰退趋势。

深入分析不同时段粮食生产总体功能的变化，不同区域逐渐形成了差异化的粮食生产地域类型。京津地区逐渐形成了"高功能都市型"粮食生产地域类型。该区域基本上已经实现了由农业生产到工业生产的转型。粮食生产活动逐渐被现代农业、有机农业和都市农业所取代。粮食生产供给功能逐渐衰退。农户生计及城乡转型发展进入较高水平阶段。这些都是粮食生产转型的未来方向（图5-3）。在山东半岛城市群和江苏地区，粮食生产总体功能不断提升，传统"小农"农业生产方式已经发生较大变化，农业生产的多样化和规模化不断提升，粮食生产供给功能提升空间有限，农户生计类型已经发生较大变化，城乡转型发展进入关键转型期。山东寿光农业转型模式成为该区域较典型代表。将这种处于过渡阶段的粮食生产地域类型称为"过渡提升型"。除上述两种地域类型外，黄淮海地区其他县域粮食生产总体功能较低，一直处于欠发达水平。城乡转型发展进程中，农业劳动力的非农就业比重不断提升，粮食生产集约化程度不断增加，农户城乡间的迁移比例较高，但该类型区粮食生产农户生计保障功能仍十分重要。该类型区也是中国粮食供给安全的核心地区。粮食生产供给功能是落实国家粮食安全战略的重要基石。因此，将这种粮食生产地域类型概括为"低功能生计型"。

(a) 1990年　(b) 2000年　(c) 2010年　(d) 2015年

粮食生产总体功能指数　□ <0.25　■ [0.25, 0.3)　■ [0.3, 0.4)　■ ≥0.4

(e) 1990~2000年　(f) 2000~2010年　(g) 2010~2015年　(h) 1990~2015年

粮食生产总体功能指数变化/%　□ <0　■ [0, 5)　■ [5, 10)　■ ≥10

(i) 1990~2000年　(j) 2000~2010年　(k) 2010~2015年　(l) 1990~2015年

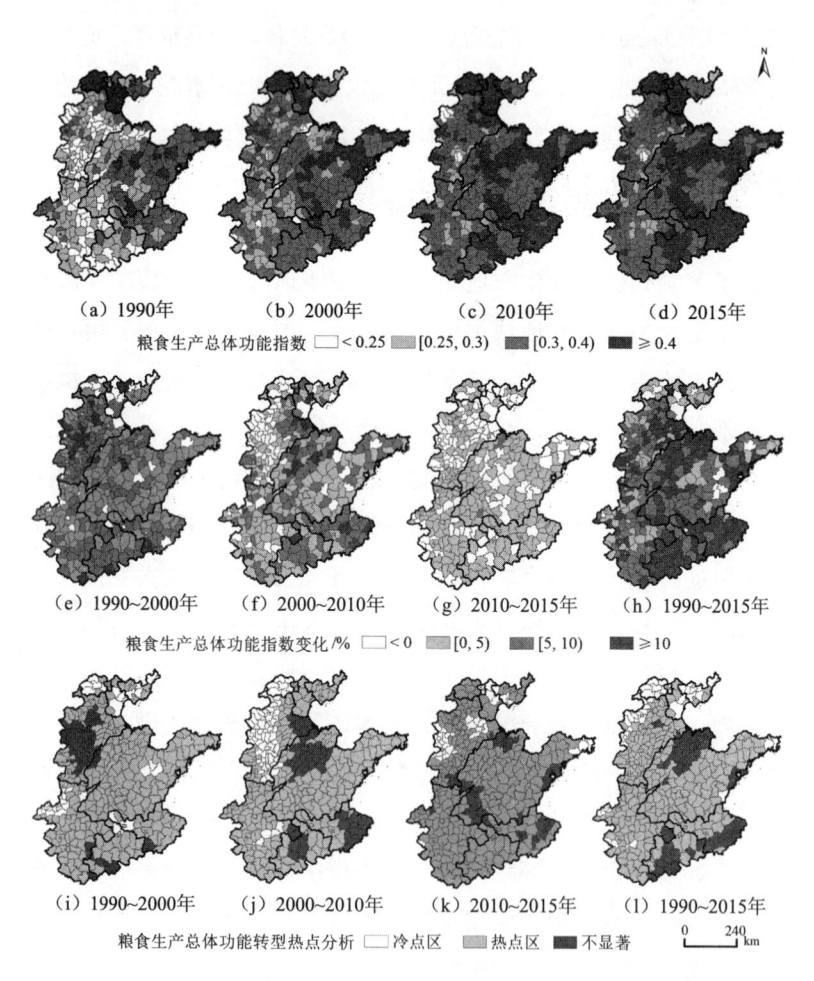

粮食生产总体功能转型热点分析　□ 冷点区　■ 热点区　■ 不显著

图 5-2　黄淮海地区粮食生产总体功能演化特征

四、粮食生产功能转型内部关系

（一）粮食生产供给功能、农户生计保障功能和城乡转型支撑功能关系演变特征

粮食生产转型过程中，多维功能体系之间的关系也在不断变化，共同推动粮食生产总体功能的演化。粮食生产供给功能作为粮食生产的基本功能，长期以来"以粮为纲"的粮食安全保障体系，确定了粮食生产供给功能的绝对地位。以粮食生产多维功能为突破口，探讨了长期以来被忽视的粮食生产活动的其他功能。因此，以粮食生产供给功能为参照，对比研究其与另外三个功能维度体系的关系及其演化过程。

1990~2015年，粮食生产供给功能与农户生计保障功能的相关关系由正相关转变为负相关。1990年粮食生产供给功能与农户生计保障功能具有明显的正相关关系，即粮食生产供给功能越强的地方，农户生计状态越好（图 53（a））。结合前文可知，该时期京津和山东粮食供给功能较强，因而这些地区农户生计状态也相应的较好。2000~2015年二者的相关关系逐渐由正相关关系转变为负相关关系，基本揭示了目前"产粮大县，财政穷县"的客观事实（图 5-3（b）、图 5-3（c））。深入分析了二者的内在机制，与粮食生产活动的经济属性密切相关。该时期，冀、鲁、豫、皖、苏五省交界地区成为粮食生产供给功能的核心区。这些地区正是经济欠发达地区。粮食安全保障与产粮大县的农户生计保障需要得到更多深层次的关注。

粮食生产供给功能与城乡转型支撑功能相关关系由弱相关转变为负相关。城乡转型发展初期阶段，城乡二元分割，农业服务工业发展，粮食生产供给功能主要满足了城市对于食物消费的需求，且存在明显的价格剪刀差。因此从图 5-3（e）中可以看到 1990 年二者的线性拟合的系数较低，二者整体上呈现弱相关关系。城乡转型发展进程中，粮食生产供给功能与城乡转型支撑功能的负相关关系不断显现且不断加强。从图 5-3（f）~图 5-3（h），分别拟合了 2000 年、2010 年和 2015 年二者的线性关系，可以明显地看出负相关系数不断扩大。粮食生产供给功能越强的地区，乡村发展越滞后，城乡转型发展越乏力。粮食生产转型过程中不同农业生产地域类型逐渐显现，粮食生产活动经济劣势不断凸显。在城乡转型发展过程中，粮食生产转型滞后于整个社会经济转型进程，直接导致了中国粮食生产虽总量高，但系统脆弱性也高。乡村地区"人—地—业"关系演化不协调，加快推进乡村地区以人口转型和土地利用转型成为进一步推进粮食生产转型的重要手段。

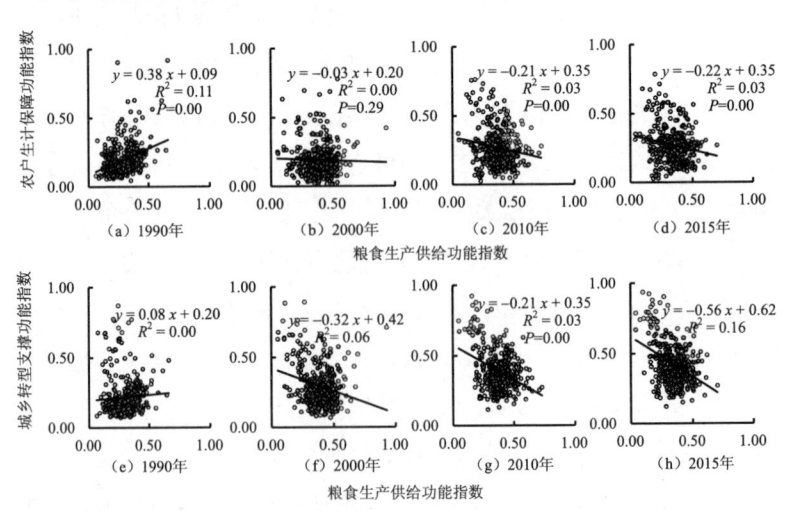

图 5-3　黄淮海地区 1990~2015 年粮食生产供给功能、农户生计保障功能和城乡转型支撑功能关系演化过程

（二）粮食生产供给功能与生态环境保育功能关系演变特征

研究发现，粮食生产供给功能越强的地方，生态环境保育能力越高。同时，高度集约化的粮食生产模式也给当地生态环境带来更多的环境压力。众多学者对农田生态系统的功能有过详细的论述，研究发现，县域单元粮食生产生态环境保育功能的区域差异，清晰地反映出粮食生产具有重要的生态功能。图5-4（a）～图5-4（d）反映出1990～2015年粮食生产供给功能与生态环境保育功能的正向关系不断加强。粮食生产多维功能体系模式下，粮食生产活动的生态效应得到了充分体现。考虑到黄淮海地区欠发达县域粮食生产供给功能明显高于京津等先期发展地区，这类地区也是城乡转型发展的滞后地区，农户生计体系不稳定地区。因此，包含生态价值在内的粮食主产区财政转移支付，是未来亟需深入研究的课题。

粮食生产活动的环境压力不断增大，高强度投入模式下的集约化粮食生产模式已给生态环境带来深刻的影响。据世界银行数据，2014年中国地均化肥使用量全球排名第11位，远高于美国、日本等发达国家。1990年黄淮海地区地均化肥使用量为227.3千克/公顷，而2015年达到了504.6千克/公顷。2015年地均农业机械总动力是1990年的3.6倍，石油驱动型的农业集约化趋势明显。黄淮海地区粮食生产模式地下水灌溉比例高，而农业需水量占总用水量的70%左右。地下水超采已使得该地区成为中国地下水漏斗最为严重地区。1990～2015年，70%左右的粮食生产供给功能上升的县呈现出生态环境保育功能下降的趋势。且2000～2010年间黄淮海地区粮食生产生态环境保育功能整体性下降，已引起全社会的广泛关注，并继而开展有针对性的保护工作。粮食生产的生态化转型是未来主要发展趋势，以生态化为驱动的粮食生产转型，既有利于系统内部各功能的协调，也是保障粮食生产总体功能最大化的重要途径。

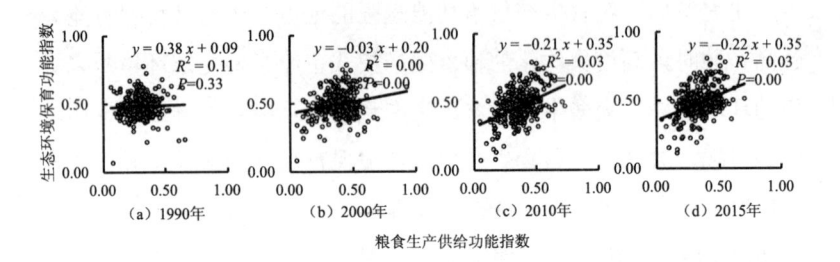

图 5-4　黄淮海地区 1990～2015 年粮食生产供给功能和生态环境保育功能关系演化过程

第二节　黄淮海地区粮食生产多功能耦合协调分析

上文根据粮食生产不同功能之间的线性相关关系拟合了系统不同功能之间关系的演化过程。但是仅通过线性关系的变化，难以区分不同功能之间耦合关系变化的空间格局差异，及其不同功能之间耦合和协调程度的变化。因此，引入物理学中常用的耦合协调度测度模型定量测度不同功能之间相互作用的强度及其协调程度（杨忍等，2015）。该模型通过测度要素间的耦合和协调程度，识别系统演进的关键阈值，进而决定系统由无序走向有序的趋势。首先利用耦合度模型定量测度粮食生产四个功能维度之间综合作用强度，公式如下：

$$C_i = 4 \times \left(\frac{G_i \times P_i \times U_i \times E_i}{[G_i + P_i + U_i + E_i]^4} \right)^{\frac{1}{4}} \quad \text{（式 5-7）}$$

式中 C_i 表示 i 县粮食生产供给功能（G_i）、农户生计保障功能（P_i）、城乡转型支撑功能（U_i）和生态环境保育功能（E_i）四个功能维度相互作用联动的耦合度。与上节类似，以粮食生产供给功能为参照，分别构建了粮食生产供给与农户生计保障功能（C_{1i}）、粮食生产供给与城乡转型支撑功能（C_{2i}）、粮食生产供给与生态环境保育功能（C_{3i}）"两两"之间耦合作用强度。公式分别如下：

$$C_{1i} = 2 \times \left(\frac{G_i \times P_i}{[G_i + P_i]^2} \right)^{\frac{1}{2}}; \quad C_{2i} = 2 \times \left(\frac{G_i \times U_i}{[G_i + U_i]^2} \right)^{\frac{1}{2}};$$
$$C_{3i} = 2 \times \left(\frac{G_i \times E_i}{[G_i + E_i]^2} \right)^{\frac{1}{2}} \quad \text{（式 5-8）}$$

为进一步探测不同功能之间的协调程度，引入耦合协调度模型，计算公式如下：

$$D_i = \sqrt{C_i \times T_i} \quad \text{（式 5-9）}$$
$$T_i = \alpha G_i + \beta P_i + \varepsilon U_i + \lambda E_i \quad \text{（式 5-10）}$$

式中 D_i 为耦合协调度，T_i 为粮食生产供给功能、农户生计保障功能、城乡转型支撑功能和生态环境保育功能综合评价指数，α、β、ε 和 λ 为待定系数。粮食生产四个维度的功能的耦合与协调发展，共同推动区域粮食生产实现有序转型。因此，将四个待定系数均确定为 0.25。

与前文构建的"两两"耦合度模型相对应，进一步构建了粮食生产不同功能之间"两两"耦合协调度测算模型，分别对应的综合评价指数分别为 $T_{1i}=\alpha G_i+\beta P_i$、$T_{2i}=\alpha G_i+\varepsilon U_i$ 和 $T_{3i}=\alpha G_i+\lambda E_i$。式中待定系数均确定为 0.5。根据前人研究的经验（杨忍等，2015），将耦合度和耦合协调度分别划分为四种类型，各区间的命名原则如表5–2。

表 5–2　黄淮海地区粮食生产功能耦合度和耦合协调度分类标准

序号	1	2	3	4
耦合度区间	0≤C<0.4	0.4≤C<0.6	0.6≤C<0.8	0.8≤C<1.0
耦合类型	低度耦合期	拮抗时期	磨合时期	高度耦合期
耦合协调度区间	0≤D<0.4	0.4≤D<0.6	0.6≤D<0.7	0.7≤D<1.0
耦合协调类型	严重失调	低度协调	中度协调	高度协调

一、粮食生产四维功能耦合协调分析

粮食生产四个功能维度耦合协调的一致性是区域粮食生产转型的核心目标。为此，深入剖析不同时期粮食生产四个功能耦合度和耦合协调度的演化过程，对于揭示区域粮食生产转型的趋势及其内在机制具有重要作用。粮食生产供给功能作为系统最基础的功能，在粮食生产转型过程中一直被强化，而其他三个功能常被弱化。当前，粮食生产供给功能与农户生计保障功能和城乡转型支撑功能均呈现负相关关系，而粮食生产供给功能与生态环境保育功能存在正相关关系。因此，将粮食生产四个功能统一放在一起，他们之间的耦合协调关系对于揭示区域粮食生产转型的整体格局及其内在机制具有重要作用。

1990~2015年黄淮海地区粮食生产四个功能的耦合度均较高，说明四个功能在粮食生产转型过程中相互作用明显且关联程度较高。2000年之前，河南和安徽地区较其他地区耦合度相对较低，而到了后期，黄淮海平原大部分地区四者的耦合度均呈现高度耦合状态。充分说明，粮食生产转型过程中，除关注粮食生产供给功能外，也应该将其他三个功能充分纳入考虑。将粮食生产看做乡村地区"生产、生活和生态"空间的有机整体，探察乡村地区人地关系转型的重要窗口。

粮食生产四个功能的耦合协调关系区域差异显著，耦合协调度的空间差异成为分析粮食生产转型的重要工具。从时间序列上看，黄淮海地区四大功能耦合协调水平不断提升，但不同时期区域差异十分显著。1990年除京津地区外，黄淮海地区粮食生产耦合协调度均处于低度协调水平，说明该时期四个功能协同演进不协调，难以在区域内形成合力共同推动区域粮食生产转型。2000年以后，京津地区、山东和江苏地区逐渐形成了耦合协调度的高值集聚区，而在冀鲁豫皖多省交界地区形成耦合协调度的低值区。耦合协调度空间分布的差异特征，正是粮食生产转型区域特征的直观反映。耦合协调度的区域差异反映出粮食生产内部功能协同演进的一致性程度。耦合协调度越高，说明粮食生产整体功能越高，四大功能协同一致性越好，越能够更好地推动区域粮食生产实现良性转型。京津地区和苏鲁地区城镇化进程中社会经济发展转型明显。粮食生产逐渐形成了"高功能都市型"和"过渡提升型"地域类型。乡村地区人地关系良性转型趋势明显。乡村地区生产条件、生活空间和生态环境均得到改善。

1990~2015年，黄淮海地区四个功能耦合协调的低值区逐渐缩小。2015年冀鲁豫皖多省交界地区和鲁中山地四个功能的耦合协调度仍处于低度协调状态。从粮食生产总体功能类型划分可知这些地区主要属于"低功能生计型",也是粮食生产供给功能较强的地区。说明这些地区在城镇化进程中,粮食生产各功能协同演进程度低,功能协调一致性不高,直接导致粮食生产转型进程缓慢(图5-5)。通过以上耦合协调度空间差异分析可知,粮食生产多功能耦合协调一致性决定了粮食生产协调转型的进程,进而在一定程度上影响了区域乡村转型发展进程。因此,深入研究如何协调粮食生产多功能一致性演进过程,对于优化区域粮食生产转型,有序推进多功能协同发展,进而改善乡村人地关系具有重要战略意义。

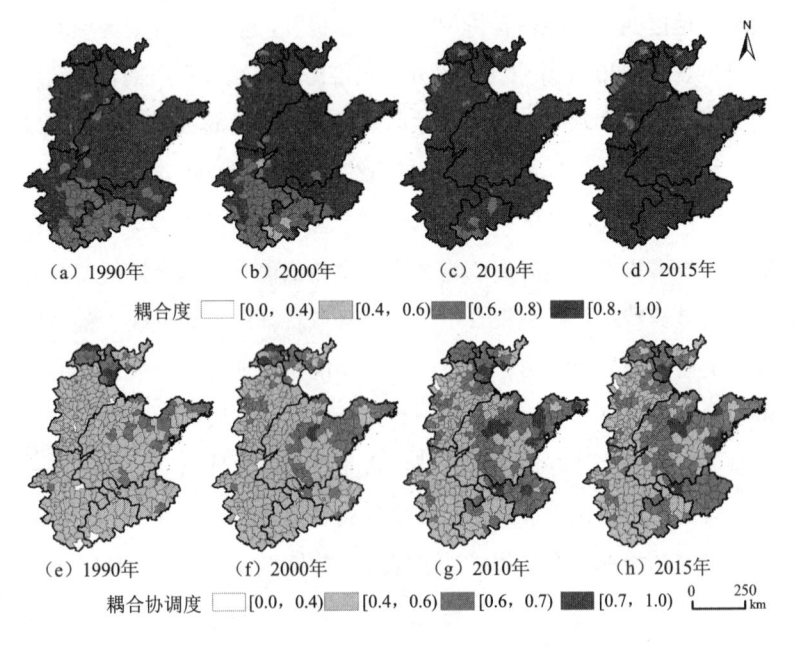

图5-5 黄淮海地区1990~2015年粮食生产四维功能耦合协调演化过程

二、粮食生产二维功能耦合协调分析

（一）粮食生产供给功能与农户生计保障功能耦合协调格局及其机制

粮食生产供给功能与农户生计保障功能耦合协调演化过程，对乡村农户生计体系变化可起到重要推动作用。二者耦合协调关系转化过程可以很好地反映出乡村地区粮食生产转型过程给社会经济发展带来的影响。深入分析二者耦合协调关系，可以有效识别粮食生产转型在农户生计体系决策作用中的变化，进而为改善农户生计条件提供理论支撑。粮食生产供给功能与农户生计保障功能耦合度越高说明二者彼此联系越密切，反义亦然。二者耦合度较高的地区主要位于山东、河北和京津地区，而低值区主要位于安徽和河南。二者耦合的低值区主要位于黄淮海地区粮食生产供给功能较强的地区，因此粮食生产供给功能越强的地区，农户生计保障功能与粮食生产供给关联程度越低（城乡转型发展背景下，粮食生产供给功能越强的地区常是产业结构转型较慢的地区，农户外出务工比例较高的地区）。从时间序列上，1990~2015年黄淮海地区粮食生产供给功能与农户生计保障功能的耦合度先经历了2000年的快速下降后再逐渐回升。由此可见，2000年左右，黄淮海地区粮食生产供给功能和农户生计保障功能关联程度最低，河南和安徽下降最为明显。

1990~2015年，粮食生产供给功能与农户生计保障功能耦合度较高地区，二者的耦合协调度也较高。河南、安徽及鲁西耦合协调较低，二者处于低水平协同演进状态。从时间系列分析，二者协调关系中严重失调的区域在2000年以后逐渐减少。京津地区和山东半岛地区出现了中度协调区，而这些地区是农户生计保障水平较高的地区。除上述两类地区外，黄淮海其他地区粮食生产供给功能与农户生计保障功能的耦合协调关系尚处于低度协调阶段。

（二）粮食生产供给功能与城乡转型支撑功能耦合协调格局及其机制

粮食生产供给功能与城乡转型支撑功能耦合协调关系的演进过程，可以反映区域农业产业结构调整与城乡转型发展进程的差异化路径。传统农区在城乡发展转型以前，粮食生产活动是乡村地区的主导产业门类，城乡二元割裂状态明显，粮食生产供给功能对于本地区乡村发展影响显著。城乡转型发展进程中，乡村剩余劳动力的城乡迁移导致城乡关系由割裂状态逐渐到彼此连接。乡村地区产业结构不断调整。粮食生产在区域产业结构中的地位逐渐下降。二者耦合连接程度降低。

1990~2015年粮食生产供给功能与城乡转型支撑功能之间的耦合度变化显著。1990~2000年二者耦合度低值区主要位于河南、安徽和鲁西北地区。之后除京津地区外，黄淮海其他地区二者的耦合度均较高。与耦合度不同，二者耦合协调度的低值区在1990年耦合度也较低（图5-6）。此时，这些地区粮食生产供给功能较低。这一阶段，粮食生产功能越强地区，二者耦合协调程度越高，京津地区较明显。2000~2015年，二者耦合协调度逐渐在山东和江苏形成高值集聚区，而京津地区已由耦合协调的高值区逐渐变为低值区。传统农区如河南和鲁西二者的耦合协调度较低。这些地区已经成为粮食生产的核心区。以上分析可知，在城镇化进程中，粮食生产供给功能在支撑区域城乡转型发展的能力不断减弱。粮食生产供给功能越强的地区，二者耦合协调程度越低，反之亦然。

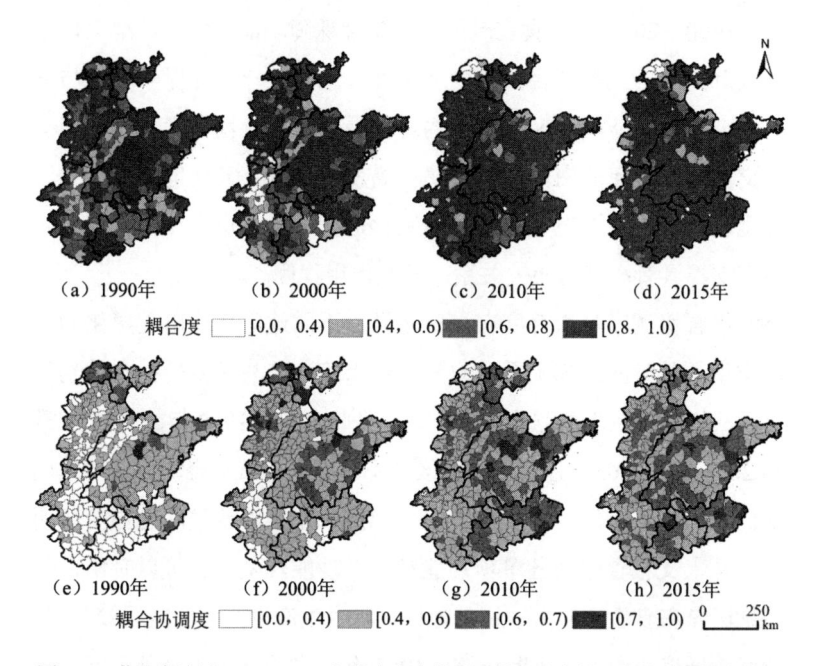

(a) 1990年　(b) 2000年　(c) 2010年　(d) 2015年

耦合度　[0.0, 0.4)　[0.4, 0.6)　[0.6, 0.8)　[0.8, 1.0)

(e) 1990年　(f) 2000年　(g) 2010年　(h) 2015年

耦合协调度　[0.0, 0.4)　[0.4, 0.6)　[0.6, 0.7)　[0.7, 1.0)

图 5-6　黄淮海地区 1990~2015 年粮食生产供给功能和城乡转型支撑功能耦合协调演化过程

（三）农户生计保障功能与城乡转型支撑功能耦合协调格局及其机制

粮食生产农户生计保障功能和城乡转型支撑功能是乡村转型发展重要目标，可为粮食生产转型过程分析提供重要参考。农户生计保障与城乡发展转型在趋势上有较高的一致性诉求，即一个地区的农户生计保障功能越高其城乡转型支撑功能也越高，乡村地区社会经济发展将更具可持续的动力，进而为优化粮食生产转型提供更多的弹性空间。

1990~2015年粮食生产的农户生计保障功能与城乡转型支撑功能拥有高度一致的耦合关系。从黄淮海地区农户生计保障功能与城乡转型支撑功能耦合度分布格局可以看出，二者耦合度除河南和安徽交界地区、河北南部地区不属于高度耦合外，其他地区均达到了高度耦合水平。这充分说明在城镇化进程中，农户生计保障与城乡转型支撑具有高度的相关关系，相互作用程度高。

耦合协调度与耦合度有显著差异，不同地区呈现出差异化的地域类型。从时间序列上看，农户生计保障功能与城乡转型支撑功能协同演进的关系不断强化。耦合协调度平均值由1990年的0.57上升到2015年的0.63，且高度协调区域不断扩大。从耦合协调度的空间格局上分析，京津地区和山东半岛地区二者协同演进的趋势变化明显。从上文粮食生产各单项功能和综合功能转型过程可以看出，这些地区是粮食生产转型较快的地区，粮食生产供给功能减弱较明显。期间，低度协调地区不断压缩，1990年主要农区大部分处于低度协调水平，而到了2015年该类型仅局限于河南、安徽和河北的局部地区（图5-7）。当前，这些地区粮食供给功能较强，为保障区域粮食安全做出重要贡献，与其他先期转型地区相比，产业结构和乡村社会经济发展转型滞后。因此，农户生计保障功能和城乡转型支撑功能的协调演进水平较低。

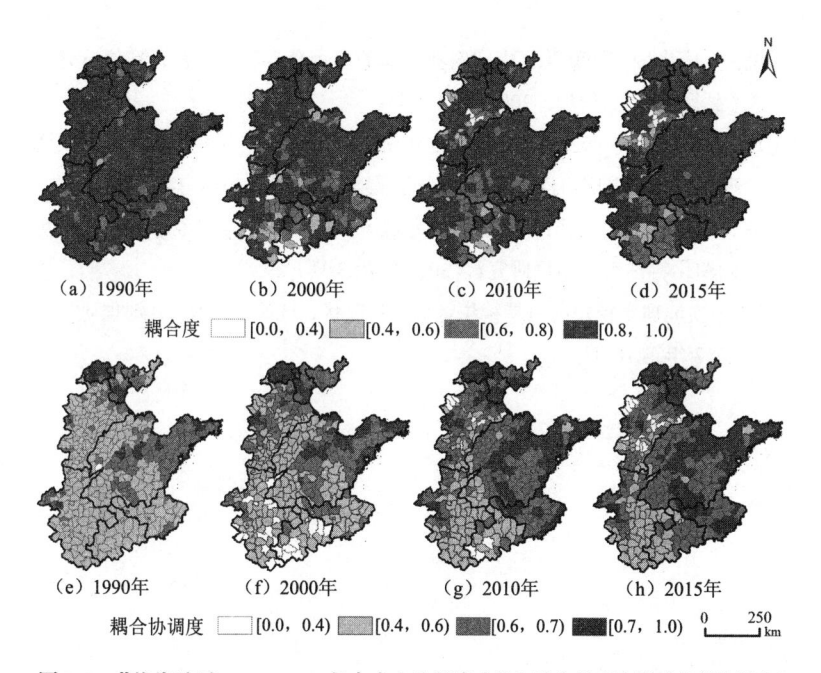

(a) 1990年　　(b) 2000年　　(c) 2010年　　(d) 2015年

耦合度 ☐ [0.0, 0.4) ▨ [0.4, 0.6) ▨ [0.6, 0.8) ■ [0.8, 1.0)

(e) 1990年　　(f) 2000年　　(g) 2010年　　(h) 2015年

耦合协调度 ☐ [0.0, 0.4) ▨ [0.4, 0.6) ▨ [0.6, 0.7) ■ [0.7, 1.0)

图 5-7　黄淮海地区 1990~2015 年农户生计保障功能和城乡转型支撑功能耦合协调演化过程

参考文献

戈大专、龙花楼、李裕瑞等：“城镇化进程中中国粮食生产系统多功能转型时空格局研究——以黄淮海地区为例”，《经济地理》，2018 年第 4 期。

姜广辉、张凤荣、孔祥斌等：“耕地多功能的层次性及其多功能保护”，《中国土地科学》，2011 年第 8 期。

雷鸣、孔祥斌、张雪靓等：“黄淮海平原区土地利用变化对地下水资源量变化的影响”，《资源科学》，2017 年第 6 期。

罗其友、唐华俊、陶陶等:"中国农业功能的地域分异与区域统筹定位研究",《农业现代化研究》,2009 年第 5 期。

王成、彭清、唐宁等:"2005~2015 年耕地多功能时空演变及其协同与权衡研究——以重庆市沙坪坝区为例",《地理科学》,2018 年第 4 期。

杨忍、刘彦随、龙花楼:"中国环渤海地区人口—土地—产业非农化转型协同演化特征",《地理研究》,2015 年第 3 期。

赵雪雁:"地理学视角的可持续生计研究:现状、问题与领域",《地理研究》,2017 年第 10 期。

第六章 粮食生产转型与乡村振兴类型

科学诊断粮食生产转型的类型及其存在的核心问题，为调控粮食生产政策和完善乡村发展战略提供参考。本章以中国传统农区黄淮海地区为例，以粮食生产转型的类型划分为突破，系统诊断不同粮食生产转型类型面临的困境及其破解方案。本章从"自上而下"和"自下而上"相结合的多尺度视角分析了粮食生产转型的阶段差异，基于"压力—状态—响应"分析框架，解析了传统农耕型、现代市场型和城郊休闲型三类粮食生产转型类型特征，并选取了典型案例区开展粮食生产转型与乡村振兴互动作用的案例研究。

第一节 粮食生产转型阶段类型解析

一、空间弹性与粮食生产转型类型

（一）粮食生产转型类型发生机制

空间弹性作为弹性分析理论的一个子集，侧重于在多个空间位置和空间尺度上探究系统弹性的运行过程（Folke，2006）。它考虑了系统要素（如农户、社区）的空间布置以及它们之间相互作用（Cumming et al., 2016）。空间弹性是一个动态的概念，不仅适用于理解生态系统属性，而且也适用于理解社会生态系统及社会经济系统的转型（Folke, 2016）。粮食生产作为社会经济系统和自然生态系统共同作用下的复杂系统活动，利用空间弹性分析理论，构建粮食生产转型分类的理论框架，可以有效梳理不同尺度扰动因素，并在跨尺度作用下对粮食生产转型的影响进行分析，进而为优化粮食生产转型创造条件。

影响粮食生产转型扰动因素的跨尺度作用机理，为"自上而下"和"自下而上"相结合构建粮食生产转型分析框架创造条件。顾名思义，"自上而下"的粮食生产转型扰动因素，可以是来源于国家发展战略的农业生产政策，也可以是源于国际间商品贸易带来的市场冲击（Barrett et al., 2014）。而"自下而上"的扰动因素分析将农户决策和生计转型对粮食生产转型的影响作为核心参考。基于农户和村域尺度粮食生产转型过程中呈现出来的具有共性的"区域人地关系"特征，为总结提炼不同类型的粮食生产阶段特征提供可能。如城镇化进程中，农户的城乡迁移和要素的区域间跨尺度的交流，同一区域可能会产生不同农业生产地域类型（戈大专等，2019）。"自下而上"的转型分类方案中承认空间异质性的存在，将区域的差异性和个体的随机性纳入到粮食生产转型类型划分中来。因此，结合"自上而下"和"自下而上"的跨尺度分析方法，可以更加真实地反映出城乡转型背景下，乡村人地关系显著变化对区域粮食生产转型的影响，进而提炼不同类型粮食生产转型阶段特征，总结区域粮食生产转型的总体格局。

粮食生产转型是城乡转型发展进程中，乡村发展要素在城乡间跨尺度作用的综合结果。影响粮食生产转型扰动因素的跨尺度作用，让"自上而下"开展政府主导的农业生产布局的综合效应在减弱，而农户"自下而上"基于市场信息变化开展的生产调整变得愈加重要。图 6-1 构建了粮食生产"自下而上"和"自上而下"交互作用的粮食生产转型地域类型分析模式。农户自主发展能力和村庄发展区位条件决定了村庄发展的异质性，因此从图中可以看出农户微观尺度重点强调了粮食生产转型的空间异质性。同时也应看到，不同村庄的转型类型在地域上具有空间集聚性。图中村庄中观尺度着重凸显村庄发展阶段的空间趋同性，即粮食生产转型阶段相似的村庄集聚在一定的空间范围内。诚然，在承认粮食生产转型趋同性时，也不能否认粮食生产转型地域类型的混杂性，即不同转型阶段的交互临界地区容易出现不同类型转型村庄的混杂现象（如图 6-1 中村庄尺度不同转型阶段的村庄既有区域的集聚特征，也存在交互特征）。除上述"自下而上"的传导机制外，区域宏观尺度会基于国家战略需要在宏观尺度上开展生产力布局。如划定不同类型的主体功能区、确立粮食主产区等国家行为，会成为影响粮食生产转型的重要因素（如图 6-1 中区域尺度镶嵌式的类型划分方案）。"自上而下"触发的粮食生产转型扰动因素将会影响农户和村庄尺度粮食生产的转型进程（Long et al.，2018），进而优化基于类型学和发生学推导的地域类型划分方案（图 6-1 中的反馈效应等）。

（二）粮食生产转型类型划分方案

社会生态系统对长期驱动因素的增加表现出非线性的反馈，例如全球变暖（Scheffer et al.，2012）、贫困发展阶段的特征差异（即贫困发生的弹性特征阶段差异）（Barrett et al.，2014）、城乡转型背

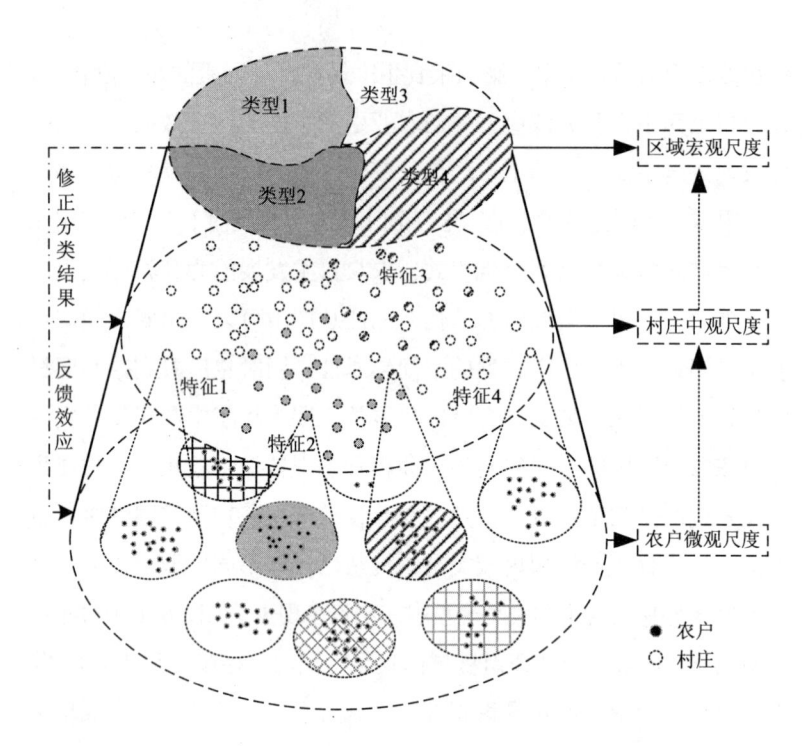

图 6-1 "自下而上"和"自上而下"结合的粮食生产转型类型概念模式

景下耕地利用强度的分阶段特征（龙花楼，2012；Wang et al., 2016）、经济发展规律中的阶段性发展差异等社会经济现象。这些复杂系统从不同侧面印证了社会经济发展的非线性规律，即系统的发展不是一蹴而就的线性增长模式，而是在经历不断的系统扰动后的再升级和再转型（图 6-2 中的 T1 和 T2 时间点）。差异化的阶段发展模式是一种可取的非线性分析方法，为复杂系统的模式总结与预测了提供科学的依据。这些系统的扰动因素通常通过网络、跨尺度作用、流动空间、连通和其他形式的物理连接方式（Walker et al., 2009）在更广泛的尺度上产生或影响系统。如果产生非线性行为的反馈足够强大，则可以产生改变系统身份的阈值和交替稳定状态（Holling，2001），突破系统弹性的稳态特征，实现系统转型。

粮食生产空间弹性的运行范式揭示了系统应对一次重大危机后的系统转型范式，而系统发展转型过程中可能会遇到多次重大危机。粮食生产空间弹性转型变化则体现了粮食生产长时间尺度下的趋势性演变规律（图 6-1）。系统的转型特征主要判断依据是系统的身份（System identity）。系统的身份是指系统的构成要素及其相互作用可以在随着时空变化稳定保持的系统状态（Cumming，2011）。表征系统整体状态则需要一致的身份，以保持系统的整体性。系统的身份可以通过确定关键要素组成及其相互作用关系或属性的关键阈值来定义。粮食生产转型类型的划分是基于系统转型过程中关键要素及其相互作用下形成具有一致性身份的系统状态。

根据黄淮海地区的地域差异，依据乡村地区人地关系相互作用的协调程度，综合确定粮食生产转型的分阶段身份特征，进而构建黄淮海地区粮食生产转型三阶段的类型划分方案。利用粮食生产空间弹性分析范式，将系统的时空尺度继续放大，在关键要素及其阈值转换的作用下（乡村人地关系演化过程），粮食生产转型将呈现出分阶段的发展特征（图 6-2 中 O1 和 O2 是转型关键阈值的临界点）。论述的粮食生产转型阶段对于同一地区而言指代转型不同阶段的特征。而同一时期，则指代不同区域的差异化转型模式。依据农业劳动力和土地利用两大转型关键要素构成的乡村人地关系转型特征，将黄淮海地区粮食生产转型类型划分为传统农耕型、现代市场型和城郊休闲型三类。以上三种类型在同一个尺度上不一定连续分布（如县域尺度上三种转型类型的空间异质性），而在更高尺度上同一时期则有可能同时存在多种转型特征（如黄淮海地区当前同时存在多种粮食生产转型类型）。不同粮食生产转型的类型特征，将通过"压力－状态－响应"分析框架详细论述。

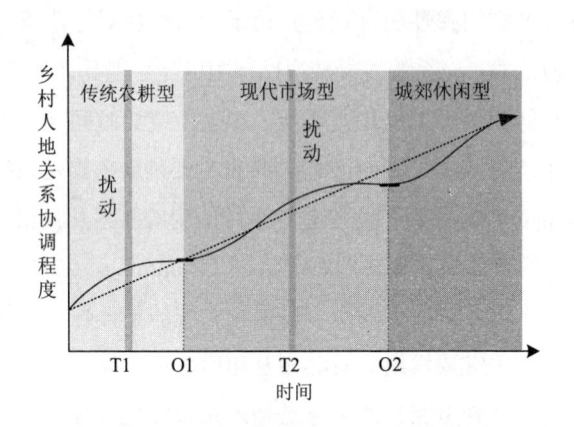

图 6-2 空间弹性视角下粮食生产转型类型划分

二、黄淮海地区粮食生产转型类型解析

（一）基于"压力－状态－响应"粮食生产转型类型划分

"压力－状态－响应"（Pressure–State–Response）分析框架的兴起主要源于联合国经济合作和发展组织（OECD）和联合国环境规划署（UNEP）等在贫困地区可持续发展评价中的应用。"压力－状态－响应"分析框架侧重分析影响区域可持续发展内外因素的相关关系（Cumming et al., 2014）。把"压力－状态－响应"分析框架应用于分析区域粮食生产转型，其中系统的"压力"则指影响区域粮食生产可持续发展的主要扰动因素。乡村地区人地关系的演变可以较好地反映出区域粮食生产转型面临压力的变化。"压力"是影响区域维持可持续"状态"的原因，因而"状态"代表了区域自然生

态环境和社会经济环境综合作用过程中呈现出来的稳态内容。此外，粮食生产转型呈现出的不可持续"状态"会引发社会管理部门政策及措施的变化，进而触发系统的反馈效应即"响应"。管理部门面对系统不可持续的状态，通过改善区域面临的"压力"环境来改善系统的状态。系统通过有效的反馈"响应"实现区域"压力"的有效疏解，进而改善粮食生产的状态，实现优化区域粮食生产有序转型的目的。

基于以上分析，尝试从"压力—状态—响应"分析框架构建粮食生产转型不同类型的分析体系，解析不同粮食生产转型类型的差异化运行机制。粮食生产转型的压力主要源于乡村人地关系演变给粮食生产环境带来的改变，而粮食生产的状态可以从系统的要素状态、结构状态和功能状态综合判断（图6-3）。乡村人地关系演变带来的压力变化，成为粮食生产状态变化的原因。为了有效应对粮食生产存在的危机，通过调控区域人地关系，进而实现缓解区域人地

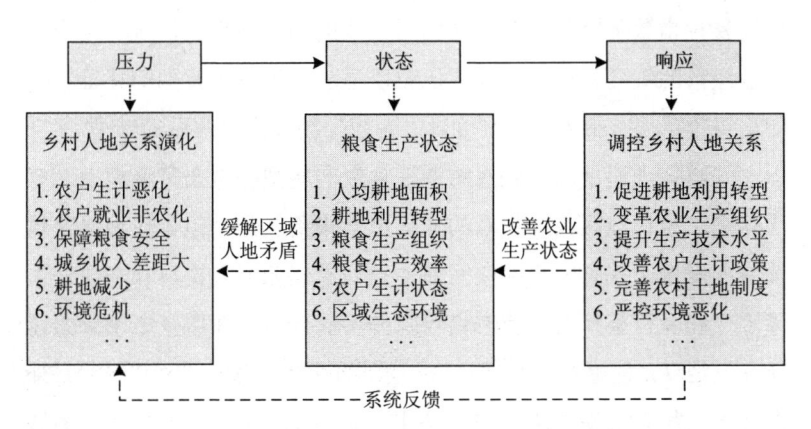

压力	状态	响应
乡村人地关系演化	粮食生产状态	调控乡村人地关系
1. 农户生计恶化 2. 农户就业非农化 3. 保障粮食安全 4. 城乡收入差距大 5. 耕地减少 6. 环境危机 …	1. 人均耕地面积 2. 耕地利用转型 3. 粮食生产组织 4. 粮食生产效率 5. 农户生计状态 6. 区域生态环境 …	1. 促进耕地利用转型 2. 变革农业生产组织 3. 提升生产技术水平 4. 改善农户生计政策 5. 完善农村土地制度 6. 严控环境恶化 …

缓解区域人地矛盾 ←　　　改善农业生产状态 ←
← — — — — — 系统反馈 — — — — — —

图6-3 基于"压力—状态—响应"的粮食生产转型分析框架

紧张格局，协调粮食生产格局和状态的目的，最终实现区域粮食生产的可持续转型。通过分析不同地区（或同一地区不同时期）"压力－状态－响应"呈现出的差异化转型特征及其运行机制，进而确定粮食生产转型类型。

（二）传统农耕型粮食生产转型特征

在传统农耕型粮食生产转型类型中，粮食生产的身份特征是以"小农"为主体的粮食生产组织模式。耕地利用方式则以分散到户，小规模细碎化经营为主体。农户生活状态则以粮食生产为根本保障。粮食生产的生计型特征明显。2015年黄淮海地区人口数量占全国人口总量的22.5%，人均耕地面积仅1.23亩。"人多地少"状态下的乡村人地关系紧张。人口增加对有限的耕地资源带来更多的压力。在城乡转型发展背景下，该类型区农业劳动力城乡迁移趋势明显，乡村人地关系有所缓和，农户兼业化和非农化不断凸显，耕地部分撂荒，复种指数下降等降低耕地利用强度的趋势出现。传统"小农"分散经营的粮食生产组织模式已难以适应人地关系转型的特征，迫切需要改革现有土地管理制度以"响应"区域人地关系的转型。

城镇化进程中，传统农耕型粮食生产转型类型在黄淮海地区广泛存在。乡村地区人地关系的变化由紧张到缓和，但乡村地区整体发展程度低，粮食生产的空间弹性仍处于较低的层次，农户生计保障水平和乡村整体发展状态均较脆弱。农户虽然在城乡之间频繁迁徙，但是真正能够实现在城市安居乐业的比例较低（Ye，2018）。外出务工仅是农户生活历程的阶段性特征。该类型区乡村人地关系转型的进程存在梯度转型的特征，即依靠一代农民工的进城务工难以实现有效的城镇化目标，需要多代人的共同努力才有可能实现。因此，该类地区乡村人地关系转型不能用线性思维判断，应该用更长远的眼光来审视该地区粮食生产的转型过程。

(三) 现代市场型粮食生产转型特征

现代市场型粮食生产转型类型是城乡转型发展进程中乡村人地关系良性演化的重要突破。传统农耕型粮食生产转型类型受制于区域发展潜力和社会经济发展条件，难以快速突破传统"小农"农业生产模式。城乡转型发展进程中，部分社会经济发展条件较好的农区，利用市场经济创造的发展机遇，率先实现农业生产的跃升，由传统农耕型转变为现代市场型粮食生产阶段；由种植粮食作物为主转变为生产高附加值的经济作物为主。在市场驱动下的粮食生产转型过程中，其转型压力主要来源于系统内部的竞争和现代市场环境条件下要素的流动。此外，环境意识的觉醒、环境保护压力的增加、粮食生产转型的生态化趋势明显。农户获取到了更多外部信息，对本地传统农业生产带来重大冲击。

现代市场型粮食生产转型类型的特征主要呈现为乡村人地关系较"小农"生产模式的传统农耕生产有了较大的转变。乡村劳动力非农化程度提高；就业结构改善；非农就业比率高；就近就业机会多；本地农业劳动力市场开始发挥重要作用；农户收入结构显著改善；农户生计体系改善。这个时期，城镇化加速推进，城乡一体化趋势明显。农户自主行为的土地兼并及资本操作下的土地兼并过程与乡村人口城镇化的进程共同推动 (Masters *et al.*, 2013)，粮食生产的规模化及市场化程度达到较高水平 (Huang *et al.*, 2017)。

现代市场型粮食生产转型类型耕地利用方式集约高效，资本及技术投入比例提升；耕地流转趋势比例升高。粮食生产的专业化分工和社会化服务网络不断健全。市场在配置乡村要素中的作用不断强化（如山东省青州市的大棚生产集聚区）。城乡转型发展程度高，城乡收入差距缩小，城乡融合趋势开始呈现，乡村人地关系进一步改善。粮食生产经济结构和组织方式显著变化。农业作物播种比例显著下降，经济作物比重不断提升，高附加值和高技术水平的粮食生产类型开始出现。小户分散的经营模式将难以适应市场的需求，土地流转及土地集中趋势明显，粮食生产专业化不断增强（Wang et al., 2016）。如 2015 年底，青州市蔬菜种植面积达到 62.48 万亩，其中设施蔬菜面积占蔬菜总面积的 85%以上，各类蔬菜大棚 20 多万个，总产量达到 324.24 万吨，产值达到 90 多亿元。青州市农民人均纯收入同全国均值的比值由 1995 年的 1.27 增加到 2015 年的 1.5。粮食生产市场化转型过程中农民收入水平的提升要远快于全国水平。

（四）城郊休闲型粮食生产转型特征

城郊休闲型粮食生产转型类型是现阶段中国粮食生产转型的高级状态，代表了城市周边地区粮食生产活动在城乡融合进程中的演化过程。顾名思义，城郊休闲型粮食生产的地域空间主要位于城市近郊区。这类地区农户实现城镇化的机会较多，城乡一体化程度高，农户生产生活状态与传统粮食生产方式已经有着本质的区别。该类型区实现转型的发展压力主要源于城市居民需求的升级和多样化，也有自身改善生存状态的意愿。城郊休闲型粮食生产转型类型呈现出粮食生产过程的非商品属性。粮食生产的休闲属性和生态属性得到强化（如北京市房山区中粮智慧农场体现的粮食生产休闲化与旅游化）。

城郊休闲型粮食生产转型地区乡村人地关系发生了显著的改

变，农户市民化程度高，农户的生产方式和组织方式发生较大变化，社会化服务网络在乡村地区不断推广，专业合作组织能够较好的组织农户开展粮食生产。耕地的多功能性不断显现，耕地利用方式多样化，耕地的资产和资本的价值属性得到强化，耕地经营方式和利益分配方案趋于多样化。以北京市房山区为例，1995~2015年农村劳动力的农业就业比重由36.66%下降到13.54%；农户家庭经营性收入中种植业收入已经由1995年的13.8%下降到2015年的0.97%；2015年房山区乡村休闲旅游收入中农户出售自产农产品的收益比例占全部乡村休闲旅游总收入的比重达10%以上。房山区粮食生产的休闲化转型已深刻地改变了当地农户的生产和生活方式，乡村转型发展进入新的阶段。

（五）粮食生产转型典型类型区选择

通过以上三种粮食生产转型阶段类型的划分，结合黄淮海地区粮食生产结构和功能的演化过程，可以看出，当前黄淮海地区不同地区粮食生产转型阶段差异明显。不同地区差异化的发展阶段，可以对应粮食生产转型的差异化阶段类型。因此，选取黄淮海地区粮食生产转型阶段类型的典型县域，从县域尺度、村域和农户尺度研究粮食生产转型的格局及其机制，能够有效揭示在县域中观和村域微观层面粮食生产转型过程。进一步验证"自下而上"和"自上而下"相结合的粮食生产转型阶段类型的划分。

综合黄淮海地区不同县域粮食生产转型的地域差异，从区位条件、发展阶段等特征分别选取山东省禹城市、山东省青州市和北京市房山区分别作为"传统农耕型""现代市场型""城郊休闲型"粮食生产转型典型县域，开展案例研究（图6-4）。通过县域尺度范围内粮食生产的转型过程，揭示不同粮食生产转型阶段类型的演化过程及其驱动机制。基于县域尺度的分析，进一步选取典型村域作为样点，通过分析农户在城乡转型发展进程中体现出的生计和生产活动的变化，构建微观尺度粮食生产转型的内在机理及其区域差异，为"自下而上"和"自上而下"相结合总结提炼区域粮食生产转型的阶段特征和未来趋势提供案例和理论支撑。三个案例区均具备较好的典型性和工作基础，能够满足研究需要。

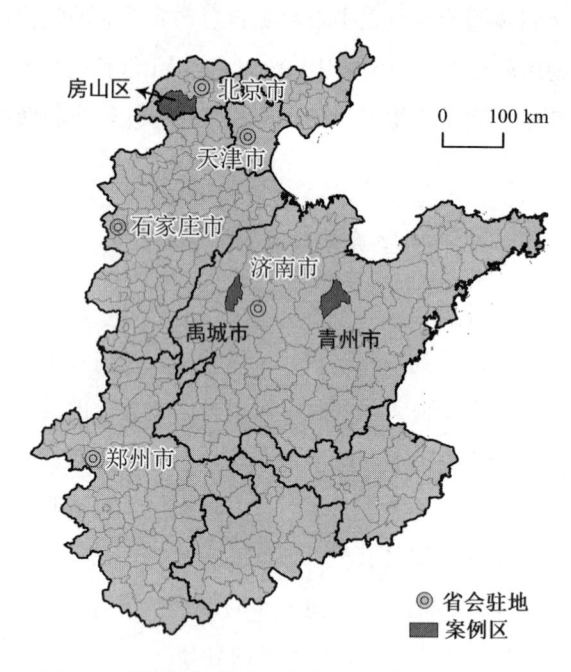

图 6-4 黄淮海地区粮食生产转型阶段类型典型案例区

第二节 传统农耕型乡村粮食生产转型

劳动力城乡迁移是乡村人地关系演变的重要表征，成为推动粮食生产转型的核心动力。深入分析城镇化进程中不同阶段乡村劳动力城乡迁移驱动乡村生产格局演变的内在机制，将有利于保障乡村持续发展。本节从梳理乡村劳动力城乡迁移与乡村人地关系演变和乡村土地利用转型的关系入手，引入"推拉"理论中的城市力和乡村力构建了劳动力城乡迁移与粮食生产转型的交互作用分析框架。结合禹城市案例深入探索了传统农耕型乡村劳动力兼业化和频繁的城乡间迁徙，及其粮食生产转型的过程。并以典型案例村为例，开展了村域尺度乡村劳动力城乡迁移与粮食生产转型内在关系研究。

一、劳动力城乡迁移与粮食生产转型

(一) 劳动力城乡迁移与乡村人地关系演化

传统农区人乡村人多地少的强约束条件构成了本地区人地关系的主要特征。传统二元经济时期该类地区乡村劳动力长期根植于有限的土地、可供开发的未利用地十分有限、人均耕地面积有限的情况。为了实现粮食供给不断追加单位耕地的劳动力投入。"精耕细作"的劳动力密集型乡村生产体系逐渐确立。可以看出，该时期乡村人地关系紧张，有限的耕地难以承载大量的乡村人口，乡村剩余劳动力较多，农户生计体系单一。城乡转型发展进程中，乡村劳动力外出务工比例不断提升，劳动力城乡之间的频繁迁移成为该时期乡村

人地关系演变的重要驱动力（Kwan et al., 2017; Beckmann et al., 2019）。劳动力的迁移从个体层面改变了职住的空间特征，从群体层面则改变了传统农区乡村人地关系特征。

乡村劳动力的城乡迁移为协调传统农区人地关系提供重要手段。传统农区有限的耕地长期供养超载的人口容量一直是该地区实现转型发展的重要限制性因素。人均耕地数量有限、土地利用结构单一、农业生产以粮食生产为绝对核心（Ge et al., 2019; Long et al., 2018b）。乡村劳动力的城乡迁移，减少了该地区直接承载的人口数量，为农业劳动力从事非农业生产创造条件。乡村人地关系紧张格局在人口城乡迁移中得到显著的缓解，农户生计体系逐渐多样化，乡村人地关系的限制性因素人均耕地面积的重要性在下降。农户外出务工收入主要寄往乡村地区。乡村地区人地关系在外援汇款的作用下呈现出多样性改善（Rozelle et al., 1999; Davis et al., 2014）。乡村人地关系格局的演化过程，整体可以反映出乡村转型发展的进程。因此，乡村劳动力城乡迁移为缓解传统农区的人地矛盾，推动乡村有序转型提供可能。

（二）劳动力城乡迁移与土地利用转型

乡村劳动力城乡迁移是推动传统农区土地利用转型的核心动力之一。当前，人口城乡迁移对土地利用变化影响研究已取得了较多的成果，如人口迁移与林地转型的关系，城乡迁移与城镇用地扩张的内在机制和区域差异等（Carr, 2009; Kong et al., 2019）。然而，聚焦中国传统农区，乡村劳动力城乡迁移对土地利用变化带来的影响缺乏全面和系统地总结。传统农区作为中国粮食生产的核心区，又是乡村人口密度较高的地区。乡村劳动力的城乡迁移成为改变该区域土地利用形态的重要动力基础。传统农区与乡村生产和农民生活密切相关的土地利用类型主要包括耕地和宅基地（戈大专等，2021；Long et al.，2012；Xu et al.，2013）。城乡转型发展进程中，乡村劳动力的城乡迁移，改变了以耕地利用和宅基地利用为核心的土地利用形态（显性形态和隐性形态）。乡村人地关系演变过程中，土地利用形态的趋势性变化过程，为深入分析乡村劳动力城乡迁移与土地利用转型内在耦合机制，揭示劳动力迁移与乡村生产体系转型的内在关系提供有效视角。

乡村劳动力的城乡迁移深刻影响了传统农区耕地利用转型进程。在人多地少背景下，传统农区人均耕地面积少。耕地利用方式延续了精耕细作的劳动密集型耕作方式。耕地是农户维持家庭生产的核心生产资料，在有限的耕地上不断追加劳动力投入，以求实现农业增产和增收。因此，城乡二元经济时期，传统农区耕地利用形态劳动力集约化特征明显。劳动力城乡迁移过程中，耕地利用形态随着耕作方式和农业生产模式的变化也不断演化。劳动力外出务工和非农就业比例的提升，改变了传统精耕细作的耕地利用方式。随着外出务工汇款的增加，耕地的资本投入不断增加，省工性投入成为替代劳动力投入的主要方向（Gray et al.，2014）。部分地区由于传统种粮收入较低转而从事非农业生产或者非粮化生产，经济作物的种植比例提升。而耕地的管理方式若滞后于耕地利用形态的演化过程，将导致部分农户选择撂荒耕地，出现了耕地利用的粗放化与集约化并存的状况。城乡转型发展进程中，耕地的多功能属性不断凸显。耕地的价值属性也由最初的资源性转变为更多的资产性特征。乡村劳动力的频繁迁移是耕地利用形态不稳定，耕地利用转型趋势多样化的重要内在原因。

传统农区宅基地利用转型是劳动力城乡迁移过程中乡村生活空间和乡村生产模式演化的直观反映。宅基地作为农户的居住空间是传统农区生活空间的主要组成部分。以粮食生产为核心的农业生产模式，宅基地也是乡村生产体系不可或缺的重要组成。传统粮食生产主导时期，宅基地利用变化主要与乡村的人口数量和家庭结构变化密切相关。主要呈现为宅基地利用面积的增加，呈现扩张式特征。宅基地利用形式多样，同时兼具部分生产功能（如家畜的养殖、谷物晾晒等），且利用程度较高（Bezu et al.，2014；Xu et al.，2018）。城乡转型发展进程中，外出务工劳动力的乡村汇款显著改善了农户的家庭经济状况。农户改善居住条件的意愿不断增加。在乡村"一户一宅"土地供给管理不完善的情况下"一户多宅"比例逐渐增加，呈现出"建新不拆旧"和"村庄内空外扩"的宅基地利用形态。此外，部分宅基地由于年久失修处于废弃状态。部分居住条件较好的房屋因农户外出而呈现长时间的空废状态，农村宅基地利用空心化现象逐渐显现。

（三）劳动力城乡迁移与粮食生产转型

劳动力城乡迁移是粮食生产转型的内在动力。二者的互动关系是揭示乡村人地关系演化过程的重要指征。当前，关于乡村劳动力变化与农业产品产出的差异化耦合关系已有较多研究成果。劳动力城乡迁移与农产品的产出关系主要分为"乐观派"和"悲观派"（Ranis et al.，1961；Ge et al.，2018b），"乐观派"的学者认为劳动力的城乡间迁移有助于推动乡村生产的发展，提升农产品的产出，主要依据是劳动力外出务工就业，将改善乡村地区乡村生产的物质基础，如外出务工的汇款将提升农业生产的资本和技术投入。外出务工人员的生产技能和市场经营意识也将显著地提升。因此,"乐观派"学者认为劳动力的城乡迁移有助于乡村生产的发展。与之对应,"悲观派"学者则认为劳动力外出迁移,不利于粮食生产的发展,主要依据是农业劳动力迁移将导致乡村劳动力的缺乏,农业生产缺乏活力,乡村陷入持续的衰退。可以看出,当前针对劳动力城乡迁移与乡村生产转型内在关系研究仍存在较大分歧(Harris et al.,1970;Lipton,1980;李裕瑞等,2012)。针对中国传统农区劳动力的城乡迁移与乡村生产转型内在关系的深入研究将有利于推动二者耦合关系研究的理论深化。基于以上分析,借助人口迁移的"推拉理论",尝试构建传统农区劳动力城乡迁移与乡村生产转型的互动作用分析框架。

　　劳动力城乡迁移能力主要受到来自城市的拉力或推力(简称城市力,图 6-5 的 x 轴)和乡村的推力或拉力(简称乡村力,图 6-5 的 y 轴)的共同作用。城乡转型发展进程中城乡关系不断演化,劳动力城乡迁移力(图 6-5 的 z 轴)在城乡推拉力综合作用下不断变化。城市力和乡村力在不同城乡转型发展阶段对乡村劳动力城乡迁移作用程度和作用方式存在显著的差异,进而改变了劳动力城乡迁移动力和能力。城市力和乡村力的此消彼长,成为推动乡村土地利用转型的重要驱动因素。土地利用形态的变化成为城乡关系演化的外在表象(Gray et al.,2014)。城乡关系演变过程中,城市力、乡村力和劳动力城乡迁移力三种作用力共同作用下塑造了差异化的粮食生产格局。因此,通过解析在传统农区城乡转型发展进程中城市力和乡村力共同作用下,不同阶段劳动力城乡迁移力与粮食生产转型的内在关系,将有利于解析乡村转型发展的内在机制。

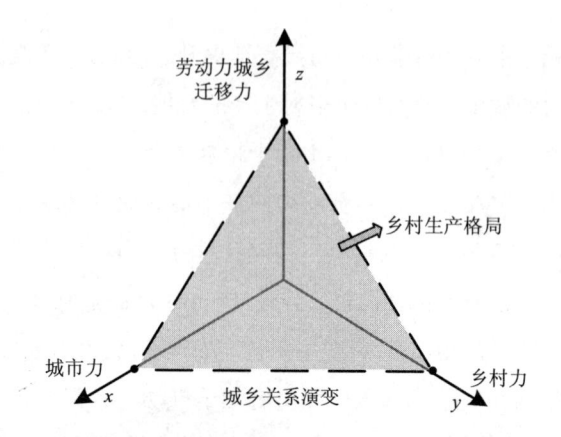

图 6-5　推拉理论模式下乡村劳动力城乡迁移与乡村生产转型概念模型

（四）劳动力城乡迁移与粮食生产转型阶段

传统农区大量剩余劳动力主导下的乡村人地矛盾是促进乡村劳动力城乡间迁移的重要推力。传统二元经济时期，农户长期围绕有限的耕地开展农业生产，形成了以粮食生产为核心的单一化乡村生产体系。农户生计体系脆弱，农户从事非农就业的机会较少，也难以融入城乡市场体系。粮食生产体系由于大量剩余劳动力的存在，农业生产效率的提升仍以精耕细作式的传统农耕生产模式为主。由于农户生计困难，省工性技术投入和资产性投入难以追加，进一步限制了乡村地区生产服务组织体系的培育空间（Rasmussen et al.，2018）。因此，这个阶段传统农区人地关系的强约束状态下，乡村劳动力城乡迁移与粮食生产转型的内在关系是乡村推力主导期。

城乡转型发展进程中，城乡劳动力流动市场的逐步开放，乡村劳动力从事非农产业的比例提升。外出务工的机会成本显著增加，劳动力城乡迁移进入城市拉力主导期。粮食生产体系迎来转型发展的机遇期。农业剩余劳动力外出从事非农就业，外出务工的机会成本较高是吸引劳动力外出的核心动力，城乡收入的梯度差异是吸引乡村劳动力流入城市的核心动力。现有研究表明，劳动力外出的汇款能够显著地改善乡村人地关系紧张的生产格局。农户就业方式兼业化、生计体系多样化、组织模式松散化等特征逐渐明显。劳动力外出就业带来土地利用方式的改变。土地利用转型进程成为影响粮食生产转型的重要动力（图6-6）。逐渐增加的省工性投入提升了粮食生产的现代化水平。粮食生产的集约化程度不断提升。部分乡村地区由于大量劳动力举家外迁，乡村"空心化"与"乡村病"盛行阻碍了粮食生产体系的有序转型。

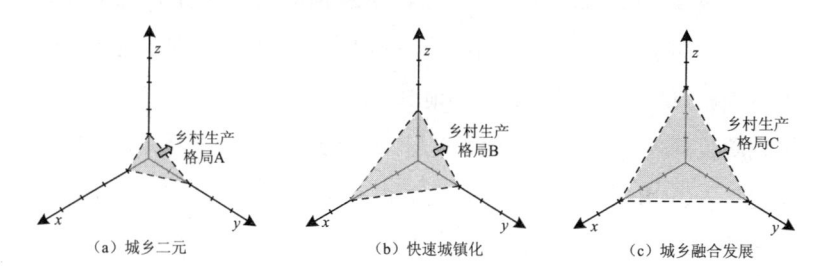

图6-6 传统农耕型乡村劳动力城乡迁移与乡村生产转型

城乡融合发展背景下，城乡联系的紧密程度逐渐提升。乡村发展的要素流通通道日趋完善。乡村劳动力城乡间迁移能力与迁移意愿内部分化在扩大。传统农区乡村劳动力的回流为粮食生产转型带来新的机遇。城乡转型发展进程中，乡村劳动力频繁的城乡间迁移为城镇化发展做出重要贡献。老年乡村劳动力逐渐失去竞争优势回归乡村生产，部分已具备较高劳动力技能的青壮年劳动力返乡创业，丰富了乡村生产方式，扩展了乡村生产网络。可以看出这个阶段乡村劳动力城乡间迁移的驱动力来源多样化，城乡间劳动力配置多元化塑造了更加复杂的乡村生产体系。乡村生产空间分化加剧。乡村地域功能不断完善。

二、传统农耕型乡村粮食生产转型特征

（一）禹城市乡村发展概况

禹城市位于鲁西北地区，距离德州市和济南市的距离分别为60千米和40千米。禹城是大禹治水功成名就之地，唐朝天宝元年设禹城县，1993年撤县设市，面积940平方千米。2015年常住人口51.35万人，城镇人口26.22万人，城镇化率为51.06%。共有11个乡镇，987个行政村（图6-7）。耕地面积81.01万亩，根据《农用地质量分等规程》，禹城市六等地和七等地的比例分别为41.95%和47.27%，耕地质量总体一般。2015年城镇居民可支配收入21 150元，农民人均纯收入14 039元。近年来，禹城市粮食连续增产，荣获"全国超级产粮大县"和"全国粮食生产先进县（市）"等荣誉称号，2015年粮食作物播种面积143.4万亩，粮食总产量为82.76万吨，其中小麦和玉米分别为40.32万吨和42.42万吨，成为中国黄淮海地区典型的产粮大县。

禹城市地形自西南向东北缓缓倾斜，海拔最高处26.1米，最低处17.5米，降比为1/8 000~1/10 000，属典型的黄河冲积平原。由于古黄河泛滥的影响，微地貌比较复杂。土壤类型主要有潮土类和盐土类。禹城市属于暖温带半湿润季风气候区，多年平均气温13.1摄氏度，降水量582毫米，日照时数2 640小时，无霜期200天。近靠黄河，引黄灌溉条件良好。

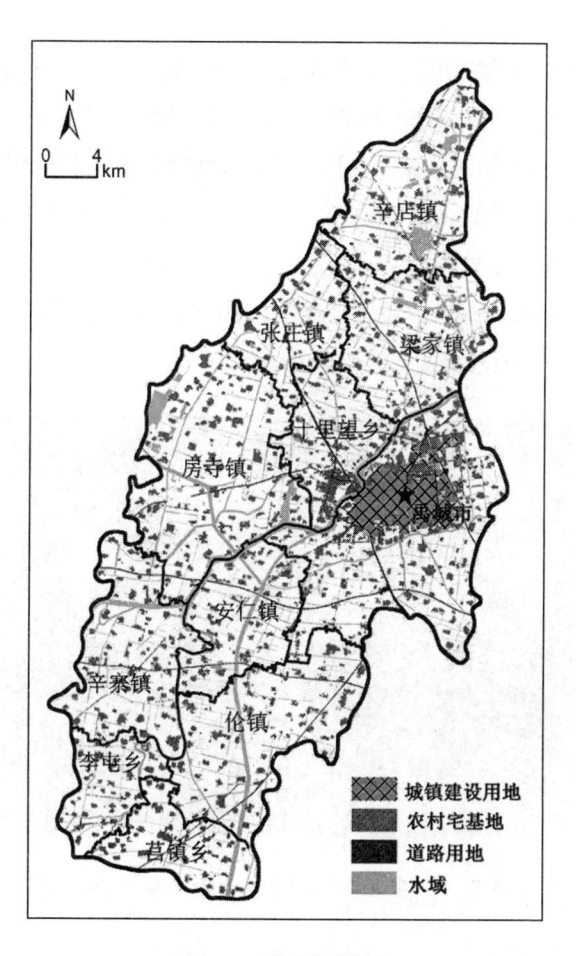

图 6-7　禹城市区位图

新中国成立以后禹城市由于自然环境和土壤环境因素，加之引黄灌溉管理措施的不合理导致土壤盐碱化严重。盐碱化面积由 1949 年初的 11.2 万亩，增加到 1980 年的 28.87 万亩，占当年所有耕地面积的 47.96%，严重影响了农业生产。中国科学院老一辈科学家长期致力于该地区盐碱化土地的改良试验，并取得了长足的效果。1966

年国家科委组织科研队伍在禹城市开展了14万亩井灌井排和盐碱地综合治理试验（姜德华，1983；郭焕成等，1991；李振声，2004）。1979年中国科学院禹城综合试验站正式挂牌成立，系统开展该地区旱涝盐碱综合治理试验。通过井排井灌农林牧综合改造试验方案，禹城市盐碱化土地得到了有效的改良。原来的盐碱地逐渐成为万顷良田（图6-8）。禹城市的粮食产量由1980年的11.62万吨增加到2015年的82.76万吨，增加了6倍以上。

图6-8 禹城市盐碱地治理效果对比（姜德华，1983）

城镇化进程中，禹城市乡村地区"一户多宅、建新不拆旧"等现象突出，成为中国乡村地区"空心化"的典型代表（龙花楼等，2009；刘彦随等，2009；王介勇等，2010）。2015年，全市土地总面积为94 001.74公顷，其中耕地面积为51 683.41公顷，占土地总面积的54.98%；城乡建设用地面积为14 926.48公顷，占土地总面积的15.88%，其中农村宅基地占地面积为11 095.98公顷，占城乡建设用地比重为 74.33%（表 6–1）。禹城市作为中国传统平原农区中的粮食主产区，乡村人地关系经历了快速的变化。以禹城市为代表的传统农耕型粮食生产转型类型，对于研究新时期粮食生产转型进程，尤其是揭示粮食生产核心区乡村人地关系的变化具有重要意义，并可为制定合理的粮食生产政策提供现实依据。

表 6–1　2015 年禹城市土地利用结构

用地类型	面积（公顷）	占土地总面积比重（%）
耕地	51 683.41	54.98
园地	342.18	0.36
林地	8 529.62	9.07
城乡建设用地	14 926.48	15.88
交通水利用地	3 851.99	4.10
水域	4 442.27	4.73
其他用地	10 225.79	10.88
合计	94 001.74	100.00

（二）禹城市粮食生产转型过程

禹城市产业结构转型滞后于全国平均水平。农业生产在保障乡村就业上仍具有重要作用。禹城市作为平原农区的产粮大县，第一产业比重一直高于全国平均水平，由 1995 年的 37% 下降到 2015 年的 13.4%。城镇化进程中，第二产业在禹城市的经济地位中得到不断加强，占比在 2010 年以后虽有所下降，但 2015 年占比仍比 1995 年的 33.17% 高出 14.19 个百分点（图 6–9）。然而第二产业吸引本地劳动力就业的能力一直有限。以 2015 年本地工业吸纳的就业人数为例，当年禹城市所有企业总用工人数为 4.65 万人，远低于本地劳动年龄内的劳动力数量。从第三产业的发展可以明显看出，2010 年以前禹城市第三产业发展严重滞后。2010 年以后虽有所上升，但 2015 年第三产业占比低于全国平均水平 11.5 个百分点。

本地区城乡收入差距低于全国和山东省的平均水平。2015 年禹城市农民人均纯收入为 14 039 元，略高于山东省平均水平的 12 849 元。导致本地区城乡收入差距低于山东省平均水平的主要原因是该地区城镇居民平均收入低于全省平均水平。与上文提到的本地就业吸引的能力低，而农村劳动力大量外出务工收入相对全省平均水平较高有密切关系（靠近济南市，农村劳动力外出务工便利程度高）。

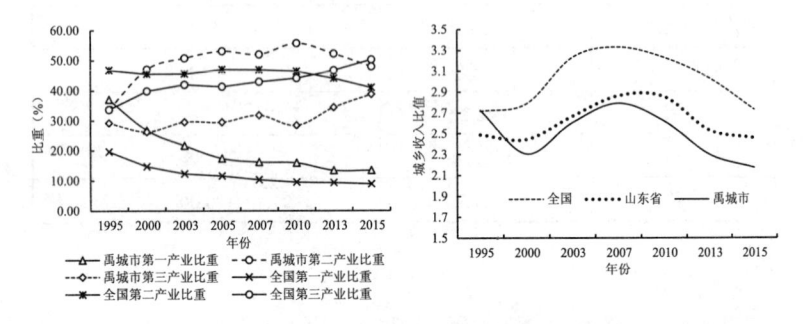

图 6-9　1995~2015 年禹城市三次产业结构演化过程及其城乡收入比值变化

三次产业结构变化是区域生产关系的整体反映。三次产业结构的变化带来了农业生产结构和乡村劳动力就业结构的变化。禹城市第一产业产值不断下降，而农业生产的内部结构变化相对较缓。以农作物播种结构为例，1995～2015 年粮食作物播种结构一直维持在 70% 左右（图 6-10）。明显可以看出，禹城市农业生产的结构并未发生重大变化，粮食生产地位一直较稳定，成为禹城市粮食生产转型的显著特征。下面将从粮食生产转型背后的区域人地关系转型来深入剖析禹城市粮食生产的转型过程。

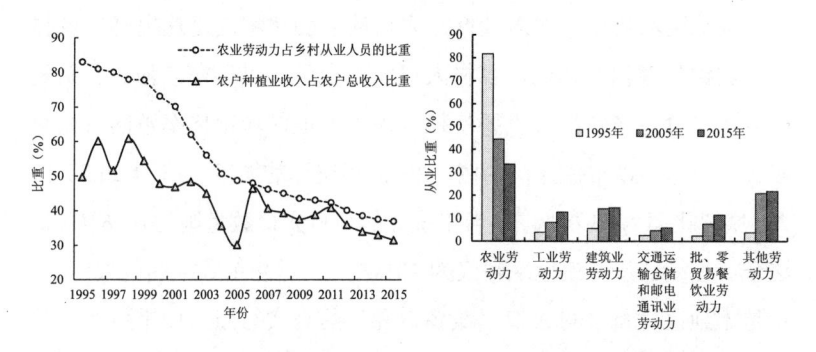

图 6-10 1995~2015 年禹城市农户种植业收入占农户总收入比重和乡村从业人员结构变化

禹城市粮食生产转型过程中农户就业结构和收入结构发生重大变化。乡村人地关系已悄然演化。在禹城市农业种植结构尚未发生重大变化的背景下，粮食生产转型以农户参与粮食生产方式的变化为主要特征。城镇化进程中，中国粮食生产的模式由劳动力密集型向技术和资本密集型转变。粮食集约化生产以提高单位面积粮食产量和减少粮食生产的劳动力投入为主要目标。1995~2015 年禹城市乡村从业人员中农业劳动力的占比由 83.01%快速下降到 36.96%。农业劳动力逐渐从粮食生产中释放出来，从事其他产业工作，如建筑业等。与此同时，农户收入结构在农户就业结构变化的带动下发生了重大变化。以种植业收入占农户总收入的比重变化为例，1995 年农户 50%的收入来源于种植业，而到了 2015 年这个比重下降到了 31.5%。农户收入结构的变化也改变了本地区农户的生计结构。农户生计体系中耕地的保障功能在下降，乡村人地关系的联系程度在降低，乡村人地矛盾紧张程度降低（本地区人多地少，农户生计的多样性弱化了乡村的人地关系紧张格局）。

本地区城镇化率相对较低，人口的老龄化程度迅速提高。乡村人口城镇化率相对较低，乡村人口与粮食生产仍存在较强的联系是禹城市粮食生产转型的重要特征。关于本地的城镇化率不同口径有较大的出入，以常住人口为例，2015年统计的城镇人口为26.22万人，城镇化率为51.06%。而当年统计的乡村人口数量则为43.6万人。这个口径统计的城镇化率则仅为20%左右。这两个数据的巨大差距，正是本地区大量乡村人口"城乡双漂"的真实写照。以常住人口统计的城镇化率高估了本地区的城镇化率；以乡村人口统计城镇化率则低估了本地区的城镇化水平。而真实的城镇化率则居于二者之间。下文，我们将以禹城市杨桥村为例，以追溯村庄内所有农户的生活历程为基础，结合村庄城镇化的历程和趋势预测，详细分析城镇化进程中传统农耕型粮食生产转型进程中的城镇化水平。

不论禹城市真实城镇化率是多少，本地区人口的年龄结构已发生了重大变化，即人口的结构转型要快于人口经济属性的变化，尤其是快于人口城乡分布的变化。人口的年龄结构已由1995年的壮年型向老年型转变。人口的老龄化程度日益加深。19～34岁人口比重在2007年以后开始减少；35～60岁壮年劳动力在2010年以后开始减少；60岁以上的老年人口持续增加，由1995年的10.5%增加到2015年的19.02%（图6-11）。人口年龄结构变化给粮食生产的转型带来更多的挑战。本地区劳动力结构变化与中国人口结构变化密切相关，在一定程度上也可代表传统平原农区人口结构的变化。以乡村人口的转型为切入点，对于揭示传统农耕型地区人地关系演化带来的粮食生产转型有重要作用。

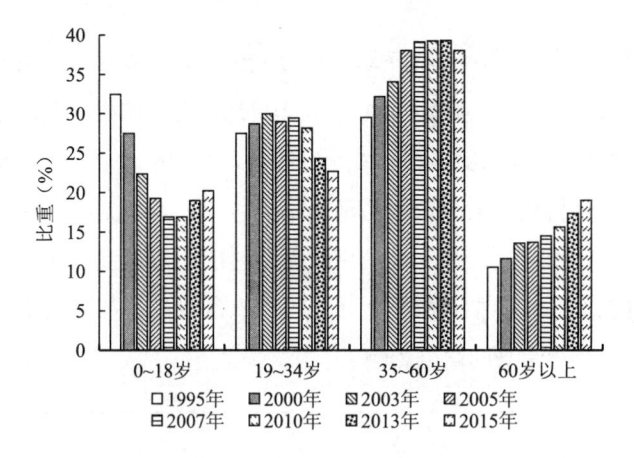

图 6–11　1995~2015 年禹城市人口结构演化过程

三、传统农耕型乡村粮食生产转型与乡村发展

杨桥村位于禹城市伦镇的西南部，是平原农区以粮食生产为核心的典型村庄。该村 2015 年共有户籍人口 596 人，166 户，实有耕地面积 1 157.7 亩，人均耕地面积约 1.94 亩。该村也是平原农区典型的空心村，2015 年该村共有宅基地 248 宗，其中废弃和闲置的 91 宗，占比为 36.7%。该村距离伦镇约 10 千米，距离县城则有 25 千米，远离城镇核心发展地区，且周边没有任何大型的工矿企业（图 6–12）。决定了该村具有明显的农业生产特性，是传统平原农区众多村庄中十分普通的村庄。城乡转型发展进程中农户就业的非农化和兼业化特征明显，粮食生产模式在不断变化。

选择普通村庄作为平原农区传统农耕型地区粮食生产转型的案例村，能够反映出区域的共性特征。以杨桥村在城乡转型发展进程中体现出来的乡村人地关系变化，及其对粮食生产的影响具有代表性。2013 年，杨桥村实施了城乡建设用地增减挂钩项目，原址上的旧村于 2016 年全部拆除，并复垦成为耕地。在原旧村的北部建设了新的杨桥社区，计划将附近 11 个行政村，4 536 人全部安置在这个社区。杨桥村农户的生产和生活迎来了巨变。本部分将以原杨桥行政村为例，结合反演的土地利用数据和村庄人口详细调研数据，分析乡村人地关系转型背景下，传统平原农区典型乡村粮食生产的转型过程，及其带来的深刻影响。

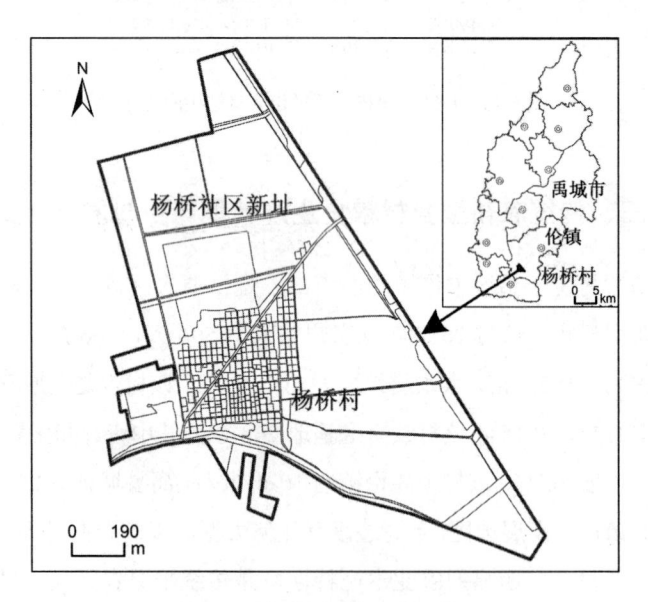

图 6-12　禹城市杨桥村区位图

（一）杨桥村城乡劳动力迁移与土地利用转型

为有效识别杨桥村传统农耕型粮食生产模式的演化过程，首先基于农户参与及实地调研（图 6-13），结合现状地物特征及第二次土地利用调查结果，反演了 1965 年以来杨桥村土地利用变化过程，从中揭示传统平原农区乡村人地关系的演化过程，进而分析人地关系的演化对农户生产和生活带来的影响。因土地利用调绘过程中杨桥村正进行全面的拆迁，土地利用反演的实地调研成为见证杨桥村从不扩大到最后消亡的过程。杨桥村虽已成为历史，但通过分析杨桥村由不断壮大到不断空心化的过程，进而分析不同阶段粮食生产活动在其中起到的作用，反过来又受其影响不断演化的进程，对于分析区域人地关系演化过程及其对粮食生产转型的影响具有重要意义。

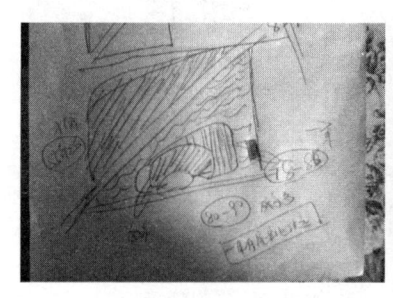

图 6-13　基于农户参与的土地利用反演过程

资料来源：作者拍摄，时间为 2016.3.20。

土地利用方式变化是乡村人地关系演化过程在大地上的投影，是揭示区域乡村人地关系演化的重要手段。基于农户参与的村庄尺度土地利用反演过程，可以反映出杨桥村在过去 50 年内村庄的扩展过程。通过土地利用方式变更，可以呈现出不同阶段杨桥村粮食生产的差异化特征。1965 年杨桥村位于河流的北岸属于逐水而居的典型村庄（图 6-14）。村庄通往乡镇及县城的主要道路位于村庄东边。村庄打谷场位于公路的北侧，方便农作物的运输。村庄南部有一个坑塘，据村民回忆该坑塘的出现主要是源于盖房取土所致。农户居住模式是聚居型，是平原农区村庄的典型代表。在村庄东南侧原土地庙的基础上兴建了乡村小学，方便就近上学。该时期，人口总量较少，人均耕地较多，但劳动生产率较低，农户劳动强度大，但仍难以果腹。据村民回忆，杨桥村盐碱地面积较多，粮食种植比例较高，但产量很低。

(a) 1965年以前　　(b) 1965~1980年　　(c) 1980~1995年

(d) 1995~2015年　　(e) 2016年以后

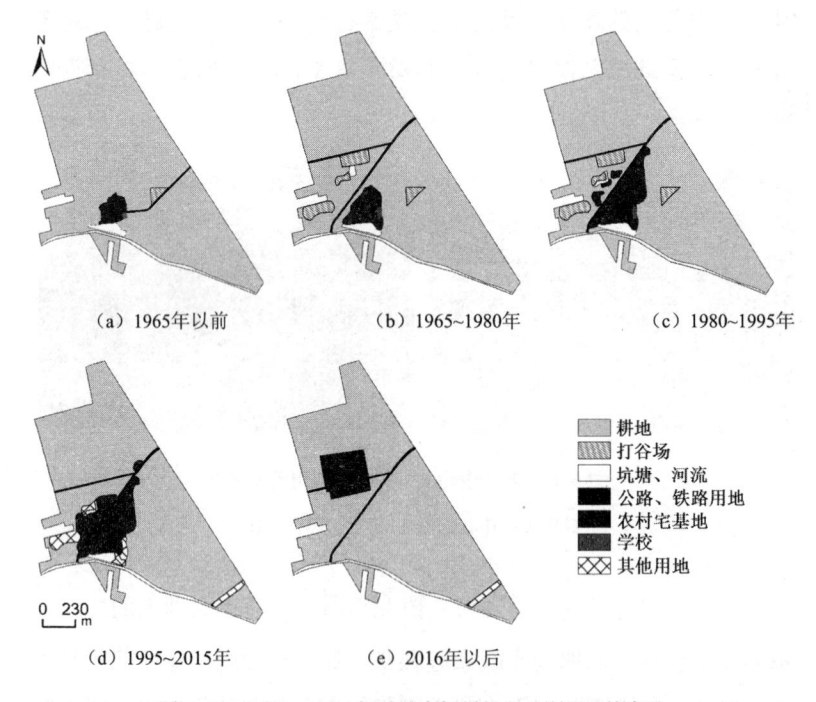

耕地
打谷场
坑塘、河流
公路、铁路用地
农村宅基地
学校
其他用地

图 6-14　1965~2016年禹城市杨桥村土地利用结构变化

（二）杨桥村劳动力城乡迁移与粮食生产转型阶段差异

1965~1980年杨桥村人口数量显著增加，人均耕地面积快速下降，人地关系矛盾不断凸显。以 2015 年杨桥村男性户主的年龄倒推 1965~1980 年本村出生的男性人口数量为 47 人，结合人口出生男女比例，该时期全村共出生人口约为 90 人。结合禹城市人口出生率推算，该时期是本地区人口增加最迅速的时期。随着人口数量的增加，本村在农业集体化生产时期已经划分为四个生产队，打谷场的面积由原来的 1 处增加到 4 处。打谷场的来源主要是地势较高且质量较差的耕地。为便于粮食生产活动的开展，另外 3 处打谷场均位于村庄的西部和北部（图 6-14）。该时期新建的禹城到莒镇的公路从村庄的西侧穿过。杨桥村农村宅基地的分布开始向公路靠近。因南部是河流已无扩展空间，村庄北部的耕地也在逐渐转化为宅基地。乡村人口的增加带来生活空间的扩展需求，进而引发"人进地退"的局面。人均耕地面积持续衰减，农户生计将难以得到保障。城乡二元割裂状态下，村庄除农业生产物资和农产品与外界存在物质交换外，乡村大量的人口被禁锢在有限的土地上，农户生计脆弱。受到国家粮棉布局的宏观影响，该时期杨桥村农作物播种结构以粮食和棉花为主。

家庭联产承包责任制施行以后，杨桥村农户尝试开展多种农业经营，但效果不佳。新中国成立以来生育高峰期出生的人口在这个阶段大多进入适婚年龄。农村宅基地需求旺盛，大量占用耕地。家庭结构由传统大家庭向小型家庭转变。原地新建的成本要高于异地新建成本。这个成本既包含建房成本，也包含其他农户申请新宅基地带来的潜在成本。农户为了自身收益的最大化，会优先选择申请新的宅基地，异地新建住房。当时，旧村房屋主要是对 20 世纪 30~40 年代建设的房屋进行原地重建，结构仍以土坯结构为主。异地新建的房屋逐渐由土坯结构向砖瓦结构转变。大量新建住房导致村庄的范围迅速向外扩展。路东边已经达到了饱和状态，开始在路西出现了3处聚居点，虽不连续，但大多靠近道路。农业生产自主决策时期，农户尝试过多种经营，比如种果树、养蚕。种植结构有棉花、花生、大豆等，但均没有起到较好的效果。农业生产组织模式改革带来了劳动生产率的提升，农户生产的积极性被调动起来。这个阶段农村劳动力仍以农业生产为主，外出务工的比例很少。

1995～2015年，村庄外围持续的扩展与内部的空心化共存。农户生产方式和就业模式开始出现重大变化。就业的非农化和兼业化程度不断升高。农户生产经营模式仍停留在自主经营阶段，但农业生产的社会化服务极大提高了农户的生产力。该村2000年以后逐渐开始使用小麦联合收割机。农户自身的农机器具也有显著的改良，劳动强度下降，农业生产所需的劳动力显著下降。农户开始拥有更多的农闲时间开展农业兼业化生产。农户在本地非农就业和外出务工的比例大量升高。农业生产的多样性在下降，粮食生产又成为该村主要的农业生产经营模式。传统"精耕细作"以追求单位面积最大粮食产量的粮食生产模式逐渐演变为减少劳动力投入的生产方式。"冬小麦－夏玉米"一年两熟的轮作方式成为农户的主要选择。该阶段新申请的宅基地数量仍然较多，但是出现了大量"占而未建"的宅基地。大量宅基地用于种树或荒废。"占而未建"的主要原因是农户外出务工获取更多的信息后开始在乡镇和县城购房，其次宅基地管理制度的缺失，农户攀比心理强烈。2000年杨桥村原来4个生产大队被撤销，杨桥村又回归一个整体。然而随着农户自主决策和外出务工比例的升高，农户已难以组织起来，对村庄事务发展的关注程度也在下降。2008年以后，当地玉米收割也逐渐开始使用联合收割机。打谷场等传统农业生产场所的生产功能逐渐丧失，成为新申请宅基地的主要来源。

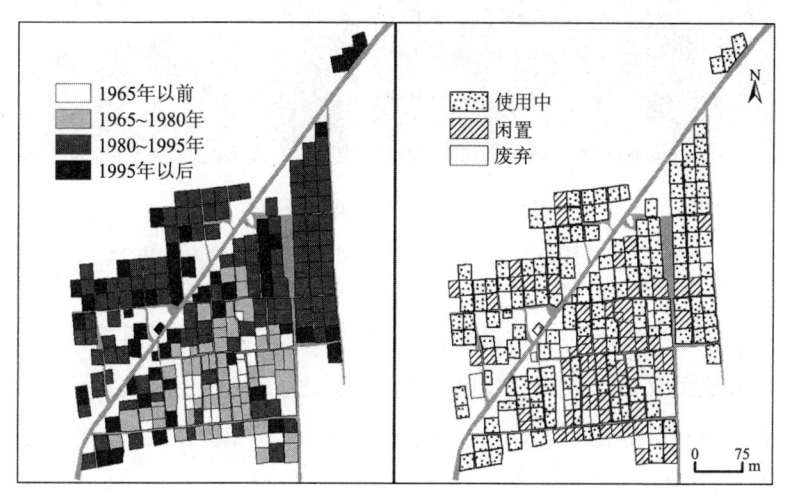

(a) 房屋建成年代　　　　(b) 2015年房屋使用情况

图 6-15　2015 年杨桥村房屋建成年份及使用状况

村庄外围扩张和内部填充发展同时推进，旧村空心化程度迅速升高。1995~2015 年路东边以内部更新为主，但更新的住房以 80 年代以后新建的砖混住房为主。因旧村道路狭窄，地势低洼排水不畅的问题，1960 年建设的土坯型房屋更新的比例较低（图 6-15），而这些房屋成为村庄宅基地空心化的主要来源。路西边的宅基地由原来分散的三处逐渐连为一体，成为该时期村庄范围扩展的主要内容。原来的打谷场大部分已分配给农户用于宅基地建设，但是占而未建的比例较高，农户在宅基地上种树成为普遍现象。

图 6-16　杨桥村荒废的旧村宅基地

资料来源：左图为王黎明拍摄；右图为作者拍摄，时间为 2016.7.2。

2013 年以后，杨桥村开展空心村整治，旧村全部拆迁复垦，新增耕地面积 270 亩。在原旧村的北部新建了杨桥社区，配套了社区服务中心和图书馆等公共服务设施（图 6-17），农户的生产和生活进入全新的发展时期。

图 6-17　杨桥村旧村拆迁复垦（左）与新社区建设（右）

资料来源：作者拍摄，左图时间为 2016.7.20；右图时间为 2017.3.18。

（三）杨桥村粮食生产转型与乡村发展

区域人口数量和结构变化带来的乡村人口生产模式变化是驱动乡村地区人地关系转型的关键因素。为更加准确的刻画杨桥村人口转型过程，将多元人口数据进行综合，把官方统计数据与乡村干部统计数据和农户回忆的历史数据相结合，相互佐证。杨桥村村干部拥有一本保管完好的乡村常住人口登记簿（图 6–18），里面记录了 1970～2000 年杨桥村人口动态变化进程，包括人口的出生、婚丧嫁娶、户口迁入和迁出等各项影响人口数量变化的因素。2000 年以后，乡镇公安部门有较详细的人口变动记录，此时农户回忆的数据也较准确。通过以上多重手段，构建了 1965～2015 年杨桥村近 50 年的人口变化数据。为更好地体现乡村人口变化与耕地及其宅基地转型的关系，将 2014 年承包地确权颁证的统计数据纳入进来，将杨桥村拆迁还建过程中农户的安置房购买情况也做详细的了解，共同验证杨桥村乡村人地关系的演化过程。

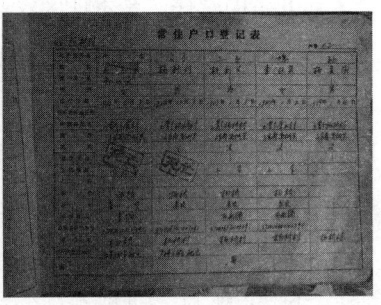

图 6–18 杨桥村人口变化追踪依据

资料来源：作者拍摄，时间为 2016.10.21。

1965～2015 年杨桥村人口数量不断增加，不同阶段差异明显。截至 2015 年底杨桥村共有 596 人，比 1965 年增加了 65.5%。1965～1990 年人口总量增加迅速而后期人口缓慢增加。国家全面二胎政策实施以后，人口增长速度又有所提升。人均耕地面积由 1965 年的 3.21

亩/人下降到2015年的1.94亩/人。2015年劳动年龄（18～60岁）人口总量为338人，加上60～70岁年龄段人口78人，本村共有潜在劳动力416人（图6-19）。其中常年外出务工的人口120余人，在本地从事非农业生产的人口为60余人，本地农业兼业人口为140余人，在校大学生为13人。

长期外出务工人口以青壮年男性劳动力为主，本地兼业劳动力以女性和中老年劳动力为主。杨桥村人口的年龄结构正由青壮年型向老年型转变，18～50岁人口的比重为48.57%；60岁以上的人口比重为21.79%；50～70岁人口比重为25.7%。这一部分人仍然是本地农业生产的核心劳动力（图6-19）。本村0～18岁的人口为17.85%，这部分人口需要有人看护。本村青壮年女性劳动力承担了在家照顾老人和儿童的责任，是本地区农业兼业户的主力。以承包地确权颁证统计数据127户户主的年龄结构为例，能够较好地反映出本地务农人口的年龄主要为中老年劳动力。其中40～60岁年龄段的户主占比为48.03%。这部分劳动力是当前从事粮食生产的主力。

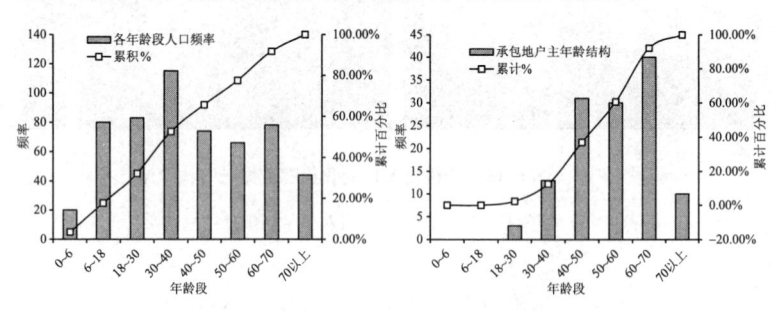

图6-19　2015年杨桥村人口年龄结构

传统农耕型村庄的人地关系虽在演化，但以粮食生产为核心的农业生产体系尚未发生重大变化。杨桥村2014年承包地确权颁证（上一轮土地发包时间为 1998 年）中共有 127 户农户参与了承包土地，共承包耕地面积 1 157.7 亩，户均为 9.1 亩，人均 2.0 亩。其中有 58 户承包地是由两个地块组成，22 户有 3 块承包地，承包地为一块的仅有 38 户。平均田块面积主要集中于 2~4 亩，占所有承包地比重的 72.44%（图 6–20）。户均承包耕地的面积主要为 4~12 亩占所有承包地的比重为 69.29%。劳动力兼业化和非农化就业状态下，农户经营状态仍然以"小农"农户的分散经营为主体。2015 年本村土地流转面积仅为 110 亩，且主要限于本村内亲戚之间的流转为主。粮食生产的组织模式仍体现出传统以"小农"农户为主体的传统农耕生产模式。

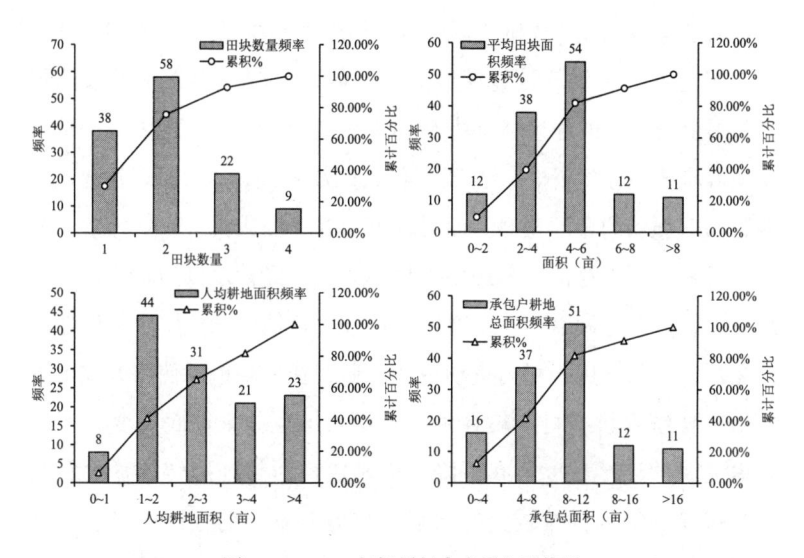

图 6–20　2014 年杨桥村农户承包地状况

城乡转型发展进程中，杨桥村实际城镇化率并不高，这成为传统农耕型村庄粮食生产转型的典型特征。杨桥村拆迁还建后本村共有148户购买了杨桥社区的住房，此外调研发现本村在乡镇和县城购房的农户有13户，排除掉其中重复购买的5户，可以明显地看出杨桥村农户生产和生活仍围绕现有杨桥村为核心。86%的农户会选择在新建农村社区中购买住房，而不是选择在县城和乡镇置业。本村农业劳动力即使长期外出务工，但真正能够在城市落脚并能够长期稳定生活的人口较少（Ye，2018）。通过对最近15年本村人口迁入和迁出统计发现，真正实现在城市落户并拥有稳定工作的人群里有大学生、教师和商人。当前虽然粮食生产收入占杨桥村村民的收入比例在不断下降，但农户仍无法彻底摆脱粮食生产活动。

农村集中社区给传统农耕区农户带来全新的生产和生活体验，也带来了诸多挑战。杨桥村拆迁后新增耕地面积270亩，如何分配和使用这部分新增耕地能够较好地反映出本村当前人地关系的状态。因上一轮耕地分包时间是1998年，在这期间新增的人口一直没有获得耕地的分配资格，这类人群共计80余人。本次新增耕地，这部分人有强烈的分配意愿。而村内外出打工回来具有一定经营头脑的乡贤则支持将这部分耕地用于村集体统一经营，以便将耕地的利益最大化。多方利益相互博弈后，这部分耕地一部分用于补偿性的分配，另一部分用于村内机动用地。通过新增耕地的使用方式可以看出，传统农耕型村庄粮食生产的核心地位并未彻底改变。乡村人地关系的连接程度虽有下降，但是农户对耕地流转等扩大农业生产规模的行为仍有较大的抵触。耕地对农户的生计保障功能仍发挥作用。

农户住上楼房以后，粮食生产活动出现了诸多不便。粮食储存加工的空间被压缩；农户自留地生产的生活必需品出现短缺；农户生活成本有所上升。如何避免农村空心村整治后新建的农村社区再次"空心化"问题，需要深入研究以粮食生产转型为核心的农户生产和生活方式的转变（图6-21）。传统农耕型粮食生产转型进程正进入快速发展阶段，以杨桥村为代表的典型村庄，其粮食生产转型过程还需持续跟踪关注。

图 6-21　社区内农户的生产活动（储藏玉米和种植蔬菜）

资料来源：作者拍摄，时间为2016.11.19。

第三节　现代市场型乡村粮食生产转型

现代市场型乡村是农业结构调整和乡村转型发展的代表，面向市场需求，调整农业种植结构，完善农户收益体系，有效推动乡村实现良性发展。农业结构调整与粮食生产转型密切相关，也成为洞察其转型机制的重要切入点。温室大棚种植模式的出现是现代市场型乡村农业结构调整的重要表征。本节以大棚用地导向的粮食生产转型为切入点，尝试构建粮食生产转型与乡村发展的耦合概念模型，进一步以青州市为案例区从县域和村域尺度分析大棚用地导向的粮食生产转型及其对乡村发展带来的影响。

一、温室大棚与粮食生产转型

(一)大棚用地拓展与耕地利用转型

耕地利用转型是一段时间内耕地利用形态(包含显性和隐性形态)的趋势性转变。耕地利用形态的转变过程是城镇化进程中乡村人地关系演变的集中反映,以大棚用地拓展为特征的现代农业综合开发模式,及其带来的社会经济响应深刻改变了耕地利用形态。温室大棚建设虽然尚未从根本上改变耕地的农业生产用途,但已经显著改变了耕地的利用方式和模式。温室大棚建设主要用于种植具备更高市场价值的经济作物,改变了原有粮食作物为主的种植模式。耕地的生产功能得到了进一步强化。因此,大棚用地导向下的耕地利用显性形态变化主要包括大棚用地面积及占比的变化、耕地用途的改变、空间分布特征和空间结构演化等方面(Ge et al., 2017; Hirons et al., 2018)。

大棚用地导向的耕地利用隐性形态主要包括耕地功能(生产、生活和生态功能等)、生产效率(投入与产出等)、产权实现方式(组织模式和权利分配等)、价值体系(资产价值和资本价值)等(刘守英,2000; Ito et al., 2016; Long et al., 2018a; You et al., 2018)。从以上大棚用地导向的耕地利用转型包含的形态转变可知,大棚用地引入后耕地生产模式和价值体系发生了显著的变化。大棚用地建设过程中投入了大量的资本,而温室大棚内经济作物的生产模式属于技术和劳动密集型生产方式,改变了传统耕地利用的低密度投入和低价值产出障碍,有效提升了耕地的资产价值,显著改变了传统乡村生产体系。乡村地区人地关系演变背景下的乡村发展形态也带来了深刻的影响。

（二）大棚用地导向的粮食生产转型

大棚用地导向的乡村产业发展过程将乡村生产体系融入到城乡市场网络。粮食生产体系在城乡要素跨尺度作用下促进了乡村发展要素的集聚。乡村发展的内生动力机制不断强化，促使乡村转型发展进入良性上升通道。传统农区耕地利用方式主要用于生产粮食产品。大棚用地导向的耕地利用方式改变了乡村粮食生产体系及劳动力耕作模式（Chang et al., 2013）。大棚推广与应用围绕温室大棚建设、生产、配套等系列产业链条不断延伸。温室大棚生产的经济作物主要瞄准城市市场需求，促使乡村产业体系逐步融入到城乡市场网络。

温室大棚生产的劳动力密集性为剩余劳动力本地就业创造条件（Su et al., 2017），推动劳动力市场的专业化分工，并在一定程度上吸引外来务农劳动力（Caulfield et al., 2019）。此外，温室大棚生产需要持续的资本和技术投入。现代农业科技是保证温室大棚维持高效生产的关键因素，因此本地产业发展也推动了劳动力农业技能的提升，为青壮年劳动力提供就业机会。以上分析可知，城乡转型发展进程中，以温室大棚生产为特征的乡村生产体系，为本地乡村转型发展带了重要机遇，强化了乡村产业发展与市场的对接能力，为本地乡村转型发展凝聚了"人气"。温室大棚生产强化了乡村发展的内生动力。同时，以温室大棚生产为特征的乡村生产体系，推动了城乡发展要素（资本、技术、信息等）在城乡间的流动，为乡村实现粮食生产良性转型创造条件，推动乡村人地关系由"强约束"转变到"趋协调"。乡村人地关系的转型过程与大棚用地导向的耕地利用转型相互作用，共同推动乡村实现良性转型。

（三）面向市场的粮食生产转型与乡村发展耦合关系

面向市场发展诉求，分析粮食生产转型与乡村发展耦合关系有利于把握乡村转型方向。城乡转型发展进程中，乡村的生产和生活系统发生了显著的改变。城乡二元分割的地域隔阂逐渐被紧密联系的城乡市场网络所取代。乡村地域功能多元化，使得乡村人地关系呈现出差异化的阶段特征（刘守英，2014；Long et al.，2016；Ge et al.，2018a）。乡村人地关系演变过程中耕地利用转型是其具体的外在表象，而乡村转型发展则是其具体内化。大棚用地导向的耕地利用转型成为现代市场型乡村土地利用转型的重要表现，也成为驱动乡村生产体系和粮食生产模式转型的关键动力。因此，探讨粮食生产转型与乡村发展的耦合关系，为协调乡村人地关系，保障乡村实现有序转型创造条件。

大棚用地导向的粮食生产转型与乡村转型发展的耦合关系协调有利于缓解传统农区人地关系紧张格局，推动乡村实现跨越式发展。传统农区"人多地少"的乡村人地关系紧张格局是限制乡村实现转型发展的关键因素。大棚用地导向的耕地利用转型以改变耕地利用方式、丰富耕地功能为特征，改变了乡村劳动力的生产和生活方式，结合城乡间的市场链接体系，优化了乡村人地关系地域格局。城乡转型发展进程中，大棚用地导向的耕地利用形态和乡村发展状态是判断区域乡村转型发展的重要指征。耕地利用形态与乡村发展状态的耦合关系不协调，耕地利用转型与转型发展的关系处于相互抑制状态（图6-22中Ta时点）。乡村人地关系紧张，乡村转型发展进度迟缓，耕地仍以粮食生产为主。大棚用地导向的耕地利用转型改变了耕地利用形态，进而触发了乡村人地关系演变的内核因素，推动耕地利用转型与乡村转型发展耦合关系的优化（图 6-22 中 Ta 至 Tb 阶段）。该时期，乡村发展状态与耕地利用形态在城乡转型发展进程中均呈现出显著的变化。粮食生产与乡村发展的紧张关系得到缓和。农户生计和乡村生产组织方式逐步融入到城乡网络环境。城乡一体化进程稳步推进。

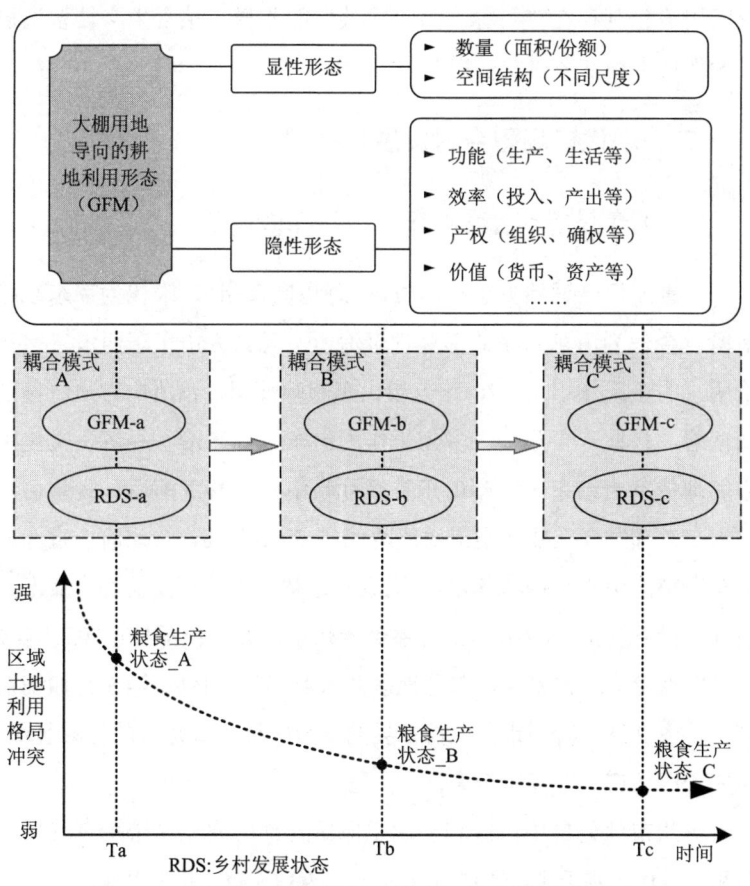

图 6-22 大棚用地转型导向耕地利用转型与乡村发展耦合关系

面向市场发展的乡村土地利用结构调整和生产体系演变由于受到来自土地管理政策的强约束，而呈现出明显的阶段差异。面向市场发展的耕地利用转型与乡村转型发展耦合关系演变过程中，耕地利用转型存在滞后于乡村转型的风险。优化土地管理制度和政策成为协调耕地利用转型和乡村转型发展的重要门槛因素（图6–22中Tc时点为耦合协调的愿景）。此时，尤其国家粮食安全政策和乡村国土空间用途管制存在"目标"与"成效"的差异。粮食生产转型调控成为现代市场型乡村发展需要关注的重要内容。

二、现代市场型乡村发展特征

（一）青州市乡村发展概况

"青州"一词始见于《禹贡》"海岱惟青州"，宋代为京东东路治所，金代为山东东路益都总管府治所，元代为山东东西道宣慰司治所。明洪武九年（1376年）设山东布政使司，治所由青州府移到济南府。自此，青州一千多年来作为山东东部政治、经济、文化中心的地位宣告结束。明朝山东省级行政中心西移济南后，青州仍然在山东东部发挥重要作用。明清两代543年期间，青州府一直作为山东东部的中心。1949年新中国成立之初，青州市及益都、益寿、益临三县并存，1949年12月撤销青州市，并入益都县。1952年6月撤销益寿县、益临县，部分地区并入益都县。1986年3月撤销益都县，成立县级青州市，以益都县的行政区域为青州市的行政区域，隶属于潍坊市，并延续至今。

青州市地处鲁中山区和鲁北平原结合部，属北温带季风气候，面积1 569平方千米，2015年末总人口93.66万，其中农业人口59.3

万，辖9个镇、3个街道办事处、1 069个行政村（含居委会）。青州历来为重要的交通枢纽。胶济铁路、济青客运专线和羊临铁路、济青高速和长深高速公路在境内交叉贯通，交通条件十分便利，素有"海岱明珠、三齐重镇、两京通衢"之称（图6-23）。

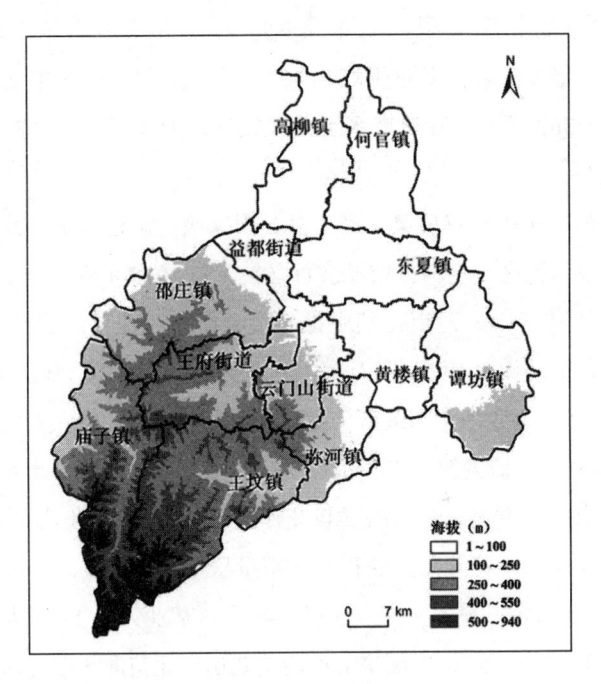

图6-23 青州市区位图

青州地处鲁南山区与鲁中平原结合部位，市域地势由西南向东北呈缓坡倾斜，呈现出"西有山河之固，东有沃野万顷"的总体格局。青州市属暖温带东部季风区，受暖冷气流的交替影响四季分明。2015年青州土地面积中农用地有1 146.09平方千米，约占土地总面积的73.41%；建设用地面积226.08平方千米，约占14.41%；农用地中耕地面积 75 419 公顷，占土地总面积的 48.07%，耕地面积广阔。全市土壤共分棕壤、褐土、潮土和砂姜黑土四个土类，10 个亚类，15 个土属，57 个土种，其中褐土面积 99 666.7 公顷，占可利用土地面积的 86.14%，主要分布于西南低地丘陵和中部山麓平原，是市内主要的土壤类型，土壤质量较好。青州市多年平均气温 12.7℃，全市无霜期多年平均在 191.7 天，大部分地区年均降水量在 640～860 毫米。青州市水土条件较好，为开展农业生产创造了有利条件。

青州市是山东省瓜菜生产大市、国家级生态建设示范区、国家绿色农业示范区、全国县域经济百强县。到 2015 年底，全市蔬菜种植面积达到 62.48 万亩，其中设施蔬菜面积占蔬菜总面积的 85% 以上，各类蔬菜大棚 20 多万个，总产量达到 324.24 万吨，产值达到 90 多亿元，成为全国菜篮子蔬菜生产基地之一。菜农人均收入超过 16 000 元，成为改善农户生计结构的重要支柱产业。此外，青州市也是中国北方地区最大的盆栽花卉生产基地，其中蝴蝶兰、观赏凤梨、红掌、草花等品种的花卉产销量居全国第一位。全市花木种植面积 20 万亩，花木生产专业村 146 个，从业人员 11 万人，年花木交易额 40 亿元，是中国最大的南花北运、北花南移中转站，也是中国最大的盆花生产中心、盆栽集散中心和花卉物流中心，被评为山东省"十大产业集群"之一，入选中国产业集群品牌 50 强。

青州地区蔬菜、花卉产业的发展得益于日光温室大棚技术的发展与推广。该区域大棚生产逐渐由传统单一的露地栽培到小拱棚单膜覆盖，再到大拱棚双膜覆盖，再到单坡阳面日光温室，直到迅速发展的高产高效日光温室大棚。以冬暖式大棚栽培为主的蔬菜栽培模式使得蔬菜生产由有季节性种植发展到常年供应，实现了蔬菜发展史上质的飞跃,掀起了一场蔬菜反季节栽培的技术革命。自1989年,寿光市三元朱村带头利用山坡避风保温种植大棚的做法,对寿光的老式大棚进行了加高、加厚、换膜、调整采光角度等方面的改革,试验成功了17个冬暖式大棚,实现了喜温蔬菜深冬上市。此外,冬暖式大棚生产技术不断推陈出新,先后改火炉供暖为日光取暖,改有滴棚为无滴棚,改立柱竹竿顶棚为无立柱钢架结构,改土坯墙为砖砌体保温墙,改人工卷帘为自动卷帘,改大水漫灌为滴渗灌。通过改革,冬暖式温室大棚不断提档升级,种植模式也有了较大改进。

以寿光市为发源地,冬暖式大棚成为改变区域种植结构的核心内容。2004年山东省质量技术监督局发布了《山东Ⅰ Ⅱ Ⅲ Ⅳ Ⅴ型日光温室(冬暖大棚)建造技术规范》的地方标准(DB37/T391－2004)。冬暖式大棚栽培技术在全市范围内得到大规模推广,成为设施农业发展进程中重要工具。传统粮食主产区逐渐变更为以温室大棚种植模式为代表的经济作物种植区。区域农业产业结构发生了深刻的变化。以温室大棚种植为代表,青州市蔬菜产业、瓜果产业、花卉产业得到了长足的发展,成为粮食生产转型的典型案例区(图6-24)。

(a)　　　　　　　　　　(b)

(c)　　　　　　　　　　　　　(d)

图 6-24　青州市蔬菜和花卉温室大棚生产景观

资料来源：(a)、(b) 和 (d) 来源于青州市农业局和花卉局；(c) 为作者拍摄，时间为 2018.1.4。

（二）青州市粮食生产转型过程

城镇化进程中，青州市乡村人地关系发生了深刻变化。乡村常住人口显著衰减，农业劳动力非农就业比重维持在较高水平，成为青州市乡村地区转型的显著特征。1995~2015 年青州市常住人口城镇化率由 22.81% 上升到 2015 年的 53.55%。与全国同期平均水平相比（29.04%~56.1%），青州市城镇化进程较慢，城镇化水平低于全国平均水平。城镇化进程中本地区农村劳动力非农就业比重在 2005 年之后持续下降，但下降的幅度与人口城镇化速度相比要慢很多。从图 6-25 可以明显看出，与城镇化率曲线快速上升相比，农村劳动力非农就业比重下降较慢。截至 2015 年，青州市农村劳动力农业从业比重为 44.01%，要高于同期全国（38.15%）和山东省（39.22%）的平均水平。即农村劳动力就业结构的改变要滞后于乡村劳动力居住空间的改变。从这一层面反映出，本地区乡村农业生产仍具备较强的吸引力。

城镇化进程中，青州市产业结构不断演进。农业结构尤其是粮食生产内部结构发生显著变化。以三次产业结构划分的产业结构演化过程，可以较好地反映出青州市城镇化进程中产业结构的变化。1995 年三次产业结构分别为 27.3:42.1:30.7，逐渐演化为 2015 年的 8.8:47.4:43.8（图 6–25）。第一产业产值比重经历了 1995～2005 年的快速下降和 2005～2015 年逐渐趋稳两个阶段。与同时期其他全国平均水平相比，青州市第二产业比重经历了 1995～2005 年的快速上升和之后的缓步下降两个时期。第二产业比重高于全国平均水平。而第三产业发展滞后于全国平均水平，依靠本地区第三产业发展带动乡村劳动力就业的能力较低。

伴随第一产业在国民经济中地位的变化，其内部生产结构，尤其是粮食生产内部结构发生了重大变化。以农作物播种结构为例，青州市粮食作物播种面积占农作物总播种面积的比重持续下降，由 1995 年的 83.59%下降到 2015 年的 48.89%，年均下降 1.7 个百分点。与之相对应，青州市粮食产量经历了波动下降，由 1995 年的 51.1 万吨，减少到 2015 年的 30.3 万吨。粮食生产能力迅速下降。期间，蔬菜播种面积由 11 434 公顷增加到 32 718 公顷，年均增长 9.3%；瓜果总产量由 14.37 万吨上升到 46.14 万吨，年均增长 11.05%。经济作物逐渐成为本地区农业生产的核心，粮食生产内部结构发生了重大变化。

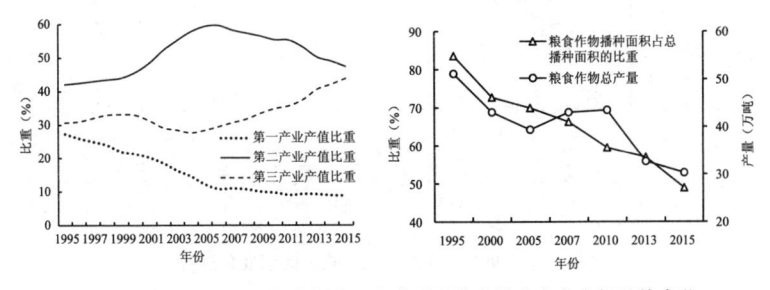

图 6–25　1995～2015 年青州市三次产业结构和粮食生产内部结构变化

城镇化进程中，城乡协调发展成为青州市乡村转型发展的重要特征。通过上文城镇化和产业结构的分析可以看出，青州市与全国平均水平相比并不占据主导的优势，然而衡量一个地区发展水平的高低不能使用单一指标，应该跳出传统唯 GDP 论发展水平的误区，可以将区域协调发展，尤其是城乡协调发展水平和居民生活水平纳入考察指标，可以更全面地反映出一个地区的发展水平。城乡收入差距是衡量城乡协调发展的重要指标。与全国和山东省相比，青州市城乡收入的比值要远低于二者的平均值。2003 年以后青州市城乡收入的比值由 2.04 下降到 2015 年的 1.65（图 6-26）。而全国和山东省的城乡收入比值演化进程要滞后于青州市。可以看出，青州市在城镇化进程中城乡协调发展程度要高于平均水平，尤其是乡村发展程度要好于其他地区。青州市农民人均纯收入同全国均值的比值由 1995 年的 1.27 增加到 1.5，充分说明该地区城镇化进程中，农民收入水平的提升要远快于全国水平。

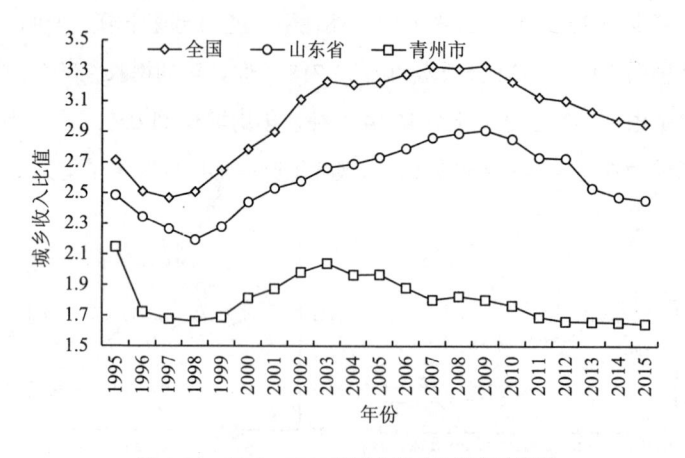

图 6-26　1995~2015 年城乡收入比值变化过程

青州市大部分乡村"空心化"程度并不明显。由于这一区域农村收入水平普遍较高，农民有更多的机会选择在城镇购买房产，以获取医疗教育、居住生活等更好的服务资源。加之农村地区通达程度和通勤能力的迅速升高（2015年全市私人汽车拥有量达17.53万辆，0.65辆/户，基本实现2户拥有一辆私人汽车），逐渐形成了"城里置业，乡村就业"的城乡双栖现象。较高的收入水平也使得这一地区农业劳动力流出不多。乡村"空心化"除西部偏远山区外并不明显。乡村劳动力市场出现较为稳定的农业雇工现象。农业雇工现象在黄楼镇、谭坊镇和何官镇等花卉、蔬菜种植区较为普遍。农忙时节，农业生产的雇工工资可达200元/日。由于没有脱离土地，乡村劳动力更多利用少量农闲时间从事二、三产业，形成本地就近就业的兼业现象。

通过以上分析可以看出，青州市由传统粮食生产为主体的农业生产模式，转化为面向市场为导向的经济作物种植模式，深刻改变了区域粮食生产整体功能。城镇化进程中，如何协调城乡转型发展，实现乡村地区有序转型，进而实现乡村振兴发展成为当前乡村问题研究的核心内容。以青州市为代表的现代市场型粮食生产转型案例区，对其他地区乡村转型发展具有借鉴意义。因此，深入分析，青州市现代市场型粮食生产转型过程及其影响因素，及其对协调城乡转型发展的内在机制具有重要意义。因此，将利用GIS分析技术及其空间计量模型，以青州市温室大棚的演化过程为切入点，深入分析本地区粮食生产的转型过程及其驱动机制，总结现代市场型粮食生产转型与乡村转型发展的交互作用及其动力机制。

三、温室大棚用地提取过程

(一)温室大棚提取方法

面向对象的图像分析技术已经成为影像解译领域的主流和前沿方法(Blaschke et al., 2014)。当前针对特定地物的面向对象提取方法已经逐渐成熟,成为获取高精度遥感解译数据的可取方法。面向对象的图像处理的核心内容是基于地物光谱信息和邻接像元组成的对象为分析对象,采用跨尺度分割原理,实现对遥感影像的解译和地物特征的提取。图像分割过程中需要参考波段组合特性、地物光谱特征、分割层次和分割尺度,以便更加真实和准确实现对影像的分割。在影像跨尺度分割基础上结合专家知识和机器学习等技术手段实现对影像的高质量解译。

参考联合国政府间气候变化专门委员会(IPCC)的土地覆被分类体系,构建了突出大棚用地的七个地类分类系统(表 6–2)。分别为耕地(涉及青州市土地利用分类数据,除特殊说明外,耕地指代除去大棚用地剩余的耕地)、大棚用地、林地、草地、水域、建设用地(包含城镇建设用地、乡村建设用地及其他建设用地)和其他用地(主要包括裸地和未利用地)。为更好地识别地物特征的光谱信息,引入 NDVI 数据和多时相影像数据深入分析不同地物特征的光谱特征,建立更准确的图像分割约束条件。除大棚用地采用冬季影像(冬温式日光温室大棚,见前文的分析),其他用地的解译采用夏季影像(植物覆盖度高,地物光谱特征明显),最后再进行数据融合,得到最终的 LUCC 分类数据。

表 6–2　青州市土地利用分类系统和最小制图单元

序号	地类	名称	最小制图单元	备注
1	耕地	Farmland	6×6 像元	—
2	大棚用地	Greenhouse	4×4 像元	—
3	林地	Forest	8×8 像元	—
4	草地	Grass	10×10 像元	—
5	水域	Water	3×3 像元	—
6	建设用地	Building	4×4 像元	人工地表面积
7	其他用地	Other	6×6 像元	裸地、未利用地

面向对象的图像分类方法前期准备主要是影像的预处理（几何校正、辐射校正和大气校正，采用 ENVI 软件实现）和图像分割约束规则制定（图 6–27）。图像分割约束条件的制定需要结合地物光谱特征及其波段组合特性，在异质性最小原则的区域合并算法下实现对图像的合理分割。像元合并的过程和原理是将图像划分为不同层级，由低一级的种子像元为生长起点，在约束条件下寻找种子像元周边与其相同或者类似的像元进行合并。已合并的新种子像元重复上述过程，向高一级的层次进行归并，直到没有满足约束条件的像元为止。分割过程应该结合地物的分类体系和先验知识对分割尺度进行检验，以确保图像分割的合理性。

在图像分割的基础上采用基于知识的模糊分类和监督分类实现对影像的解译。基于知识的模糊分类利用对象特征信息构建规则集，采用人机交互的方式对每个约束条件的阈值进行判定。该方法能够构建多重规则集，全面刻画地物信息。解译过程需要进行反复试验才能建立合适的规则。这个过程需要先验知识为指导，同时结合专家决策支持。除大棚用地以外的地类将采用这种方式实现解译目的。而针对特殊关注的大棚用地将采用基于样本的监督分类实现解译。解译的方法是通过选择大棚地物对象的训练样本，利用知识挖掘方法，构建辨别函数，进而实现对单个地物的识别（郭琳等，2010）。本研究采用支持向量机（Support Vector Machine, SVM）的机器学习方法，构建大棚地物的判别函数，实现大棚的解译。在以上两种分类方法解译结果基础上进行图像融合，形成了初步的分类结果。

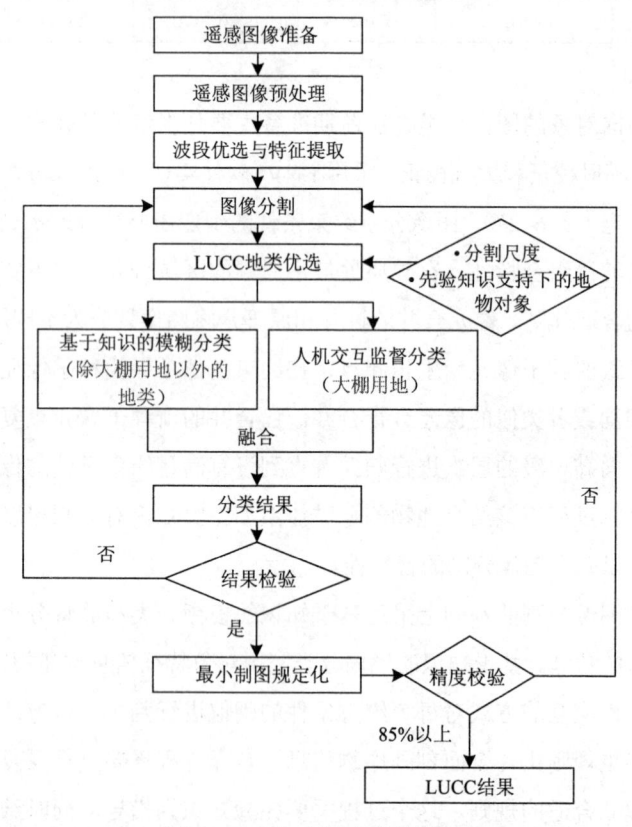

图 6-27　面向对象的图像分割流程

地物解译结果的后处理主要包括结果检验和精度校验。结果检验是对分类结果的初步判断，是否存在明显的重大遗漏和错分现象，保证解译结果的可靠性。在结果检验的基础上利用最小制图单元约束条件提取不同地物进行最小制图单元规定化处理，减少解译结果的离散程度。此后，进行精度校验（如人目视校验防范），如果解译结果的准确度≥85%则满足研究需求，结束实验。如果不能满足精度需要，则返回图像分割阶段重复分类过程，直到分类结果满足研究需要。

（二）温室大棚提取数据处理

本研究采用 Landsat 系列卫星数据，实现 1995~2015 年不同时段地类的解译。为保证解译数据来源的一致性除 2015 年采用 Landsat 8 OLI 传感器数据，其他时间均采用 Landsat 5 TM 传感器数据，数据空间分辨率为 30 米×30 米。夏季影像选择无云时段的影像，NDVI 数据采用 AVHRR NDVI3g 数据，实现对长时期影像的匹配。解译大棚用地的冬季影像的选择要求是无云和无积雪覆盖。因云层覆盖及降雪影响，2004 年采用 10 月份的影像作为补充，其他年份均采用 12 月份影像（表 6-3）。影像解译过程加入了 30 米×30 米 DEM 和坡度数据作为辅助约束条件。

表 6-3　青州市大棚用地提取影响数据列表

年份	卫星	传感器	时间
1995	Landsat 5	TM	19951223
2000	Landsat 5	TM	19991202
2005	Landsat 5	TM	20041028
2010	Landsat 5	TM	20091213
2015	Landsat 8	OLI	20141227

解译大棚地类的过程中，采用TM7、TM4、TM3（分别赋予红、绿、蓝色）波段合成方案，能够较好地识别大棚地类。这是因为TM7波段（2.08～2.35微米）对温度变化敏感。冬温式日光温室大棚的温度要明显高于周边地物，因此纳入该波段有助于识别大棚地类；TM4、TM3波段则分别属于红外光、红光区，能反映植被的最佳波段，并有减少烟雾影响的功能。TM743波段合成模式下大棚地类的显示为橙黄色，能够较高地区分其他地类。OLI传感器743波段合成图像模式下大棚地类呈现为暗橙色。

为有效识别大棚用地，构建SVM判断函数，分别利用743合成的影像选取大棚用地样本点，用于构建机器学习的输入信息。样本点的选取原则要具备典型性和区域均衡性。通过多轮次人机交互解译过程，不断调整优化样本点，最终实现大棚用地的解译。解译平台采用eCognition 9.0.1软件。

在利用夏季影像解译非大棚用地过程中引入当期NDVI数据用于识别不同地物的波谱特征，构建不同地物类型的模糊分类阈值体系。这个过程需要不断调试阈值的范围，进而实现对其他地类的模糊分类解译。在模糊分类和监督分类基础上融合得到全部地类信息。结果的校验选择30个耕地、大棚用地、林地和建设用地检验点，利用Google Earth高清遥感影像进行目视校验。如果以上各地类的校验点准确数大于26个，则认为是质量可信，否则重复上述解译过程，直到满足校验要求。

（三）青州市土地利用变化过程

通过利用Landsat中分辨率遥感卫星数据，在面向对象分类模式下结合人机交互和机器学习分类方法，可以获得高质量长时序的土地利用分类数据，并可以对感兴趣的特殊地类进行增强处理，以保证数据的精度。以大棚用地的解译为核心，获取了青州市1995~2015年五年间隔的全地类土地利用类型空间分布图（图6-28），尤其是获取了大棚用地的变化，为深入剖析区域土地利用转型过程及其内在机制，尤其是耕地利用转型创造了条件。大棚用地作为经济作物的物质载体，深入分析其演化过程为揭示青州市粮食生产的变化提供了重要依据。深入分析以大棚用地转型为代表的土地利用转型进程，为深入剖析区域乡村转型发展提供参考依据。

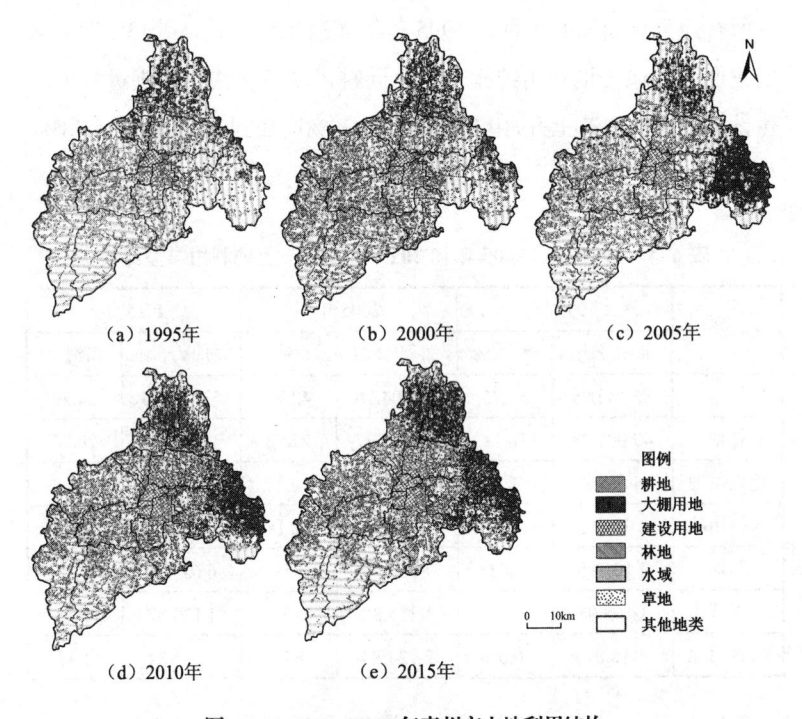

图 6-28 1995~2015年青州市土地利用结构

1995年以后青州市耕地面积持续衰减,建设用地面积迅速增加,大棚用地面积增长迅猛且阶段差异明显。作为中国传统农区,青州市耕地面积占国土面积的比例较大,但城镇化进程中耕地面积持续衰减,占所有地类总面积的比重由1995年的52.75%,下降到2015年的34.56%,共减少28 389公顷,年均减少达到了1 419公顷(表6-4)。结合前文本地区粮食作物播种面积和播种比例持续下降可知,青州市在城乡转型过程中,粮食生产功能持续减弱,耕地的粮食生产供给功能持续弱化。同一时期,大棚用地面积增加了14 685公顷,占所有地类总面积的比重由1995年的4.34%迅速增加到13.75%,深刻改变了区域土地利用结构。与此同时,城镇化快速推进进程中,建设用地比例快速上升,由1995年的9.39%增加到2015年的14.48%,年均增加397公顷。

表6-4 1995年、2005年和2015年青州市土地利用类型结构

	1995年		2005年		2015年	
	面积/公顷	比例/%	面积/公顷	比例/%	面积/公顷	比例/%
耕地	82 345.95	52.75	66 704.76	42.73	53 956.63	34.56
林地	47 001.28	30.11	42 975.27	27.53	46 460.41	29.76
建设用地	14 666.89	9.39	16 431.31	10.53	22 608.13	14.48
大棚用地	6 778.92	4.34	18 980.50	12.16	21 463.33	13.75
草地	4 105.95	2.63	7 158.69	4.59	6 629.79	4.25
水域	1 105.08	0.71	1 135.38	0.73	1 130.87	0.72
其他用地	115.87	0.07	2 724.84	1.75	3 855.34	2.47

通过分析不同地类之间的转化过程,可以有效分析区域土地利用转型进程。1995~2005年建设用地占用耕地3 671.89公顷,占耕

地流出面积的 15.06%。期间，大棚用地面积净增加了 12 506.98 公顷，其中占用耕地面积 16 463.49 公顷，占所有耕地流出面积的 67.54%，占所有大棚用地流入面积的 97.35%，是耕地面积减少的主要原因（表6–5）。耕地和大棚用地互转现象较为明显，期间大棚用地转为耕地的面积为 3 964.73 公顷，说明大棚用地具有临时性和不稳定性，是下一步深入分析大棚用地转型及其耕地利用转型需要关注的核心内容。耕地面积净减少 15 706.28 公顷，建设占用和用途改变是其主要原因。林地面积净减少了 4 098.63 公顷，其中林地转化为草地的面积为 3 933.49 公顷。草地面积增加了 3 038.29 公顷，主要流入地类是耕地和林地。

2005~2015 年青州市建设用地净增加 6 372.99 公顷，与 1995~2005 年相比增幅明显加快。其中占用耕地面积 5 012.65 公顷，占用大棚用地 691.44 公顷，占用林地 1 131.53 公顷。期间，耕地面积共流出 22 925.04 公顷，净减少 12 663.05 公顷，流出方向主要为建设用地（21.87%）、大棚用地（45.66%）和林地（18.93%）。大棚用地净增加 2 171.42 公顷，较上一时期增幅明显下降（表 6–6）。这一时期，耕地和大棚用地互转的趋势更为明显，即大棚用地占用 10 467.71 公顷耕地（占所有流入面积的 96.96%），同时大棚用地也有 7 835.21 公顷重新转化为耕地。可以看出，这一时期大棚用地净增加已经不明显，不同区域耕地和大棚用地的差异化利用模式，及其带来的社会经济发展影响需要进一步深化研究。林地面积增加了 3 562.45 公顷，其中耕地和草地的流入面积分别为 4 338.92 公顷和 2 372.18 公顷，其中耕地转林地占耕地流出面积的 18.93%。这些区域主要集中于西部丘陵及山区。草地面积减少了 510.5 公顷，其中草地转化为林地达 2 372.18 公顷。

表 6-5　青州市 1995~2005 年土地利用转移矩阵

(单位：公顷)

	建设用地	耕地	林地	草地	大棚用地	其他用地	水域	1995年合计
建设用地	**11 989.50**	1 519.93	578.37	201.89	346.38	7.98	17.16	14 661.22
耕地	3 671.89	**57 916.30**	2 654.77	1 180.96	16 463.49	294.88	109.06	**82 291.35**
林地	194.31	2 786.45	**39 489.60**	3 933.49	36.77	511.75	28.64	46 981.01
草地	12.67	342.20	59.12	**1 750.64**	47.72	1 880.46	7.43	4 100.24
大棚用地	346.73	3 964.73	75.15	—	**2 372.16**	—	17.59	6 776.36
其他用地	0.45	22.16	3.57	70.95	0.44	**18.11**	—	115.69
水域	10.61	33.27	21.81	0.59	16.39	2.70	**1 017.50**	1 102.87
2005年合计	16 226.15	66 585.07	42 882.39	7 138.53	19 283.34	2 715.88	1 197.38	156 028.74

表 6-6 青州 2005~2015 年土地利用转移矩阵

(单位：公顷)

	建设用地	耕地	林地	草地	大棚用地	其他用地	水域	2005 年合计
建设用地	**15 264.12**	638.76	135.87	24.22	140.03	13.65	9.32	16 225.97
耕地	5 012.65	**43 641.46**	4 338.92	2 271.69	10 467.71	806.87	27.20	66 566.51
林地	1 131.53	1 388.35	**39 458.63**	569.65	172.75	137.62	19.82	42 878.35
草地	412.88	214.45	2 372.18	**3 328.90**	—	809.83	0.43	7 138.67
大棚用地	691.44	7 835.21	44.46	5.77	**10 661.69**	32.70	13.96	19 285.24
其他用地	65.03	109.33	60.39	426.63	3.79	**2 045.53**	4.68	2 715.38
水域	21.30	75.89	30.34	1.32	10.70	4.93	**1 053.20**	1 197.67
2015 年合计	22 598.95	53 903.45	46 440.80	6 628.17	21 456.66	3 851.14	1 128.61	156 007.79

四、青州市大棚用地变化与粮食生产转型

（一）青州市大棚用地时空格局演化过程

大棚用地的空间分布演化过程是土地利用方式对社会经济转型的直观反馈。大棚用地的空间扩展过程也反映出区域发展层次的差异，及其主要影响因素的变化。1989年寿光市三元朱村开创性地尝试了冬温式日光温室大棚种植蔬菜等经济作物开始。该片区大棚种植面积不断扩大。1995～2015年大棚用地面积增量上不断增加，由6 778.92公顷增加到21 463.33公顷，占全部地类面积的比重由4.34%迅速上升到13.75%。分布范围不断扩大，1995年417个行政村拥有大棚用地，2005年为451个，而2015年为599个。

1995年青州市的大棚用地已达到6 778.92公顷，主要分布在北部的何官镇和高柳镇。二者大棚用地的总面积占全市比重超过65%，但分布较为零散（表6-7）。这与该地区靠近寿光市，农民便于就近获取大棚的建造和管理技术密切相关。大棚作物种植经济作物的核心载体是农民改造自然环境，高效利用耕地资源的重要创新。大棚拓展初期，技术因素是决定大棚种植面积和成败的关键因素。因此，这一时期青州市在靠近寿光的北部地区率先开始尝试种植大棚改变农业生产方式。此外，农业生产的历史因素也在其中起到重要作用，如该地区长期种植烟叶等高附加值经济作物。农民的市场经济意识较强，能够较高地掌握市场信息。可以看到，大棚用地的出现是农户在市场经济诱导下形成的自主生产活动优化。社会经济因素在其中可起到决定性作用。除以上社会经济因素外，该地区水土条件优越，地势平坦，灌溉条件优越是大棚扩展的自然基础。该时期大棚

用地的空间分布具有明显的村庄指向性，即大棚用地主要分布于村庄建设用地周边。这一现象将在大棚用地与建设用地耦合研究中详细论述。

表 6-7　青州市分乡镇大棚用地占比（%）

乡镇名	1995 年	2005 年	2015 年	乡镇名	1995 年	2005 年	2015 年
东夏镇	5.61	3.26	7.19	邵庄镇	0.54	3.28	0.88
高柳镇	41.42	12.39	22.25	谭坊镇	11.86	58.52	36.06
何官镇	26.08	11.65	22.82	王坟镇	0.00	0.10	0.10
黄楼镇	2.66	7.45	7.22	王府街道	0.00	0.04	0.04
弥河镇	0.76	1.42	1.42	益都街道	10.80	1.58	1.68
庙子镇	0.00	0.00	0.03	云门山街道	0.27	0.30	0.31

2005 年青州大棚用地面积迅速扩大，并在东部和北部形成两个明显的集聚区。2005 年青州市大棚用地面积迅速增加到 18 980.5 公顷。大棚面积的扩展是城镇化进程中农村市场经济发展对土地利用方式影响不断加深的结果。以何官镇和高柳镇为代表的北部蔬菜种植区由初期的离散分布，逐渐演化到集聚分布，大棚种植的专业化和区域化特征不断凸显。与 1995 年北部一家独大不同，2005 年东部的谭坊镇大棚用地迅速扩大，占全部大棚用地面积的比重达到了58.52%，成为这一时期大棚用地扩展的核心地区。谭坊镇大棚用地的扩展与该地区大规模种植西瓜和蔬菜密切相关。谭坊镇东侧是昌乐县尧沟镇，拥有江北地区最大的西瓜交易市场，且被中国"特产之乡"推荐暨宣传活动组织委员会命名为"中国西瓜第一镇"。进入21 世纪以来，反季节西瓜种植技术逐渐成熟。大面积耕地在冬温式日光温室大棚技术的支撑下实现冬季种植西瓜（图 6-29），实现西瓜

上市日期不断提前。与1995年不同，2005年大棚用地空间部分的集中化趋势不断加强。除以上两大核心片区外，黄楼镇花卉种植产业在2000年以后也进入快速发展期，并在该镇出现了大棚用地的集中分布区，占比由1995年的2.66%上升到2005年的7.45%。

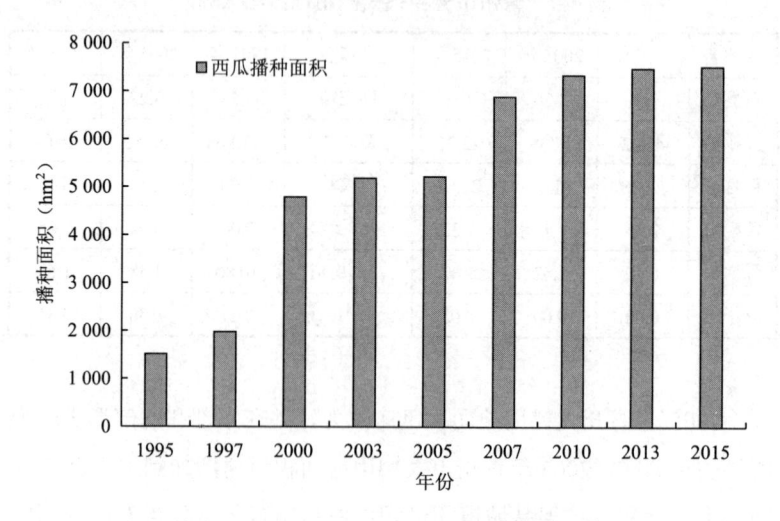

图6-29 1995~2015年谭坊镇西瓜播种面积变化

2015年大棚用地空间分布进一步扩展，逐渐形成"北扩西进"的态势。该时期，全市有599个行政村拥有大棚用地，占全部行政村（不含居委会）的比重为60%。北部蔬菜种植区大棚用地的扩展与极化同步推进，占比有所回升，且大棚用地占区域所有可用耕地的比重不断增加。这部分内容将在大棚用地与耕地利用转型耦合关系中详细论述。黄楼镇花卉产业发展迅速，尤其在高端盆景花卉上不断开辟新的市场份额。该类型花卉生产对高温大棚需求较大，因此，在该镇逐渐形成了较大规模的大棚用地集聚区。此外，东夏镇东部地区也广泛开展大棚种植西瓜等经济作物，大棚用地面积迅速扩大。

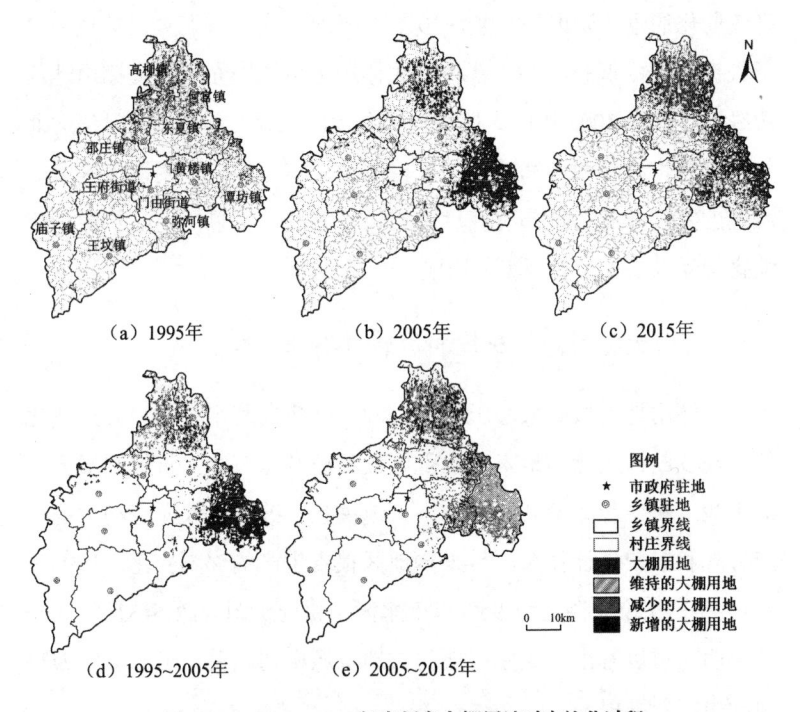

图 6-30 1995~2015 年青州市大棚用地时空演化过程

市场导向下大棚用地空间分布特征具有较强的可变动性，该特征是区域土地利用转型的重要属性，进而带来本地区粮食生产转型。大棚用地本质上作为可用耕地资源，代表了乡村市场经济转型过程中耕地利用形态的改变。因为大棚用地种植经济作物的市场波动性和市场需求的不断变化，因此大棚用地在时空分布上具有较大的动态性。1995~2005 年大棚用地的空间分布具有明显的扩散特征。新增的大棚用地主要分布在东部的谭坊镇和黄楼镇。北部片区率先开始大棚种植的区域已经进入调整优化阶段,减少的大棚用地主要分布在这些地区。这些地区大棚用地的减少是市场导向下经济作物生产专业化的重要表现。2005~2015年东部的谭坊镇和黄楼镇也迎来了大棚用地的调整时期。新增的大棚用地主要分布于原大棚用地的边缘地区,而2005年的大棚用地部分地区已经开始了提档升级。北部片区新增大棚用地和减少的大棚用地交错分布,说明该地区大棚用地的空间分布特征具有高度的市场敏感性。大棚用地的扩展和收缩直接受到农业市场环境的影响。

(二)大棚用地与耕地利用转型耦合过程

大棚用地的核心来源于耕地资源,是耕地利用形态和方式变化的直观反映。大棚用地本质上是区域种植结构改变对耕地利用方式的影响,进一步改变了乡村地区人地关系,改变了农业劳动力的生产方式和农户生计体系,带来本地区粮食生产的深刻变化。1995~2015年青州市大棚用地95%以上来源于耕地资源(图6-31)。从来源上明显可以看出,大棚用地与耕地资源密切相关,影响了区域耕地利用转型进程。

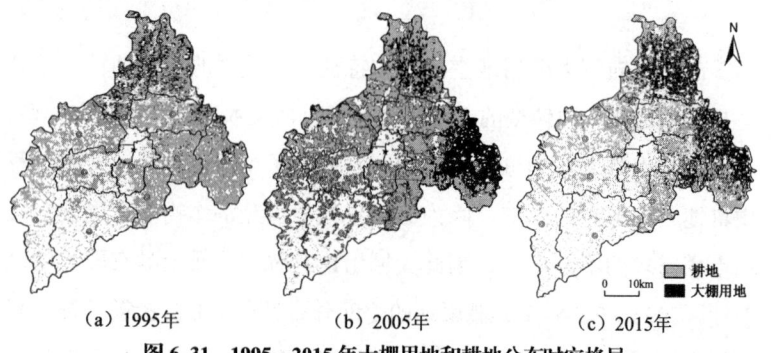

(a) 1995年　　(b) 2005年　　(c) 2015年

图6-31　1995~2015年大棚用地和耕地分布时空格局

耕地资源的自然条件是决定大棚用地扩展范围和进程的核心因素。将2015年栅格大棚用地转换为100米×100米栅格，将栅格数据转换为点数据，共获取21 568个点数据，分别提取每个点数据的高度值和坡度值，分类汇总即可获得2015年大棚用地的自然属性特征。所有大棚用地中海拔低于120米的占比为98.01%，其中低于60米的占总面积的77.42%。坡度层面上，大棚用地低于10°的占总用地面积的96.88%，其中低于4°的则占总面积的69.58%。通过大棚用地海拔和坡度的分布可以看出，大棚用地具有明显的低海拔和低坡度指向性。西部丘陵山区和高坡度地区大棚用地分布稀少。市场导向下，村民会优先开发条件较好，改造难度较小，投入成本较低的耕地，进而决定了北部和东部片区成为大棚用地主要分布区。

因大棚用地主要用于种植经济作物，在现有国家土地利用分类体系中将大棚用地划分为耕地，将大棚用地和耕地合计的耕地面积算作可用耕地面积。通过分析每个行政村大棚用地占可用耕地面积的比重（GFI指数），可以清晰看出大棚用地和耕地利用转型的耦合关系。通过分析该比重的空间分布格局和演化过程可以有效识别大棚用地扩展的过程。

耕地转为大棚用地是一个渐进的过程，并且存在明显的核心地区和边缘地区。1995年417个拥有大棚用地的行政村GFI指数均值为5.4%。高值区主要分布在高柳镇（图6-32）。而到了2005年，451个拥有大棚用地的行政村GFI指数的均值增加到57.96%。大棚用地的专业化生产趋势不断增加。高值区有北部的何官镇和高柳镇交汇处，还有东部的谭坊镇。而到了2015年，599个含有大棚用地的行政村GFI指数下降到32.82%，说明市场转型过程中，经济作物种植的多样性不断丰富，农户生产的自主决策能力不断增强，农户内部的差异不断扩大。此时，北部和东部的大棚种植核心区和边缘地区逐渐明晰。

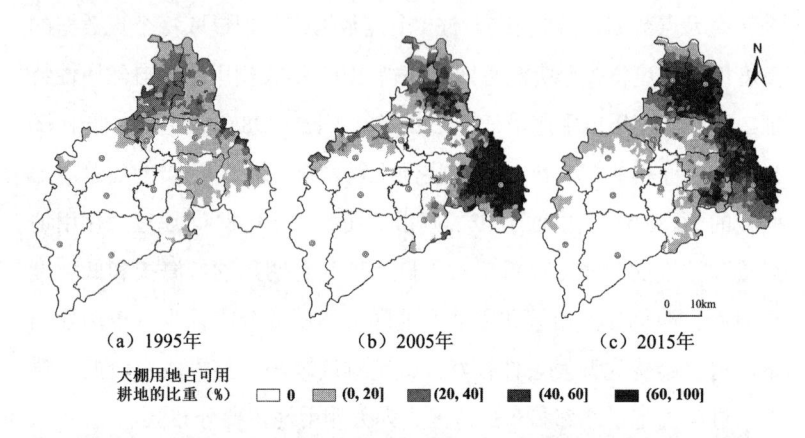

图 6-32　1995~2015 年青州市村域大棚用地占可用耕地比重变化空间分布

（三）大棚用地与建设用地转型耦合过程

建设用地是乡村生产和生活空间的核心。大棚用地作为市场导向下耕地利用方式的变更行为，分析其与城乡建设用地的关系及其演化的耦合过程，能够较好地解释大棚用地的扩展过程，分析其内在的机制。城乡建设用地对大棚用地的作用方式和作用力在不同时期可能会产生不同的效果。因此，分别将青州市核心城区（图 6-33，以市政府所在地坐标为准）和村庄建设用地与大棚用地的关系，深入剖析城乡转型过程中，城乡建设用地对大棚用地扩展的影响，及其内在差异。

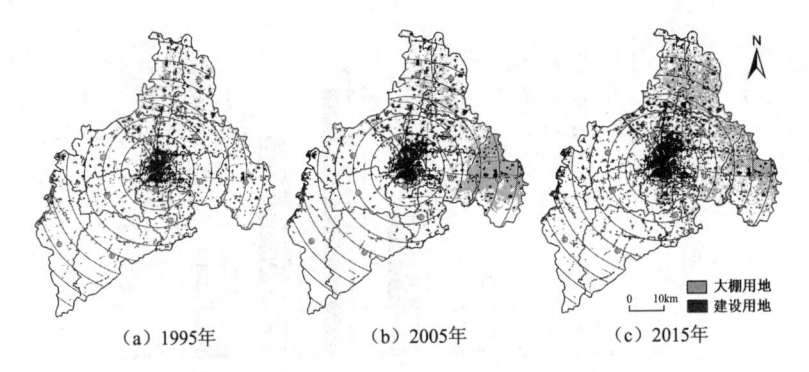

(a) 1995年　　　（b）2005年　　　（c）2015年

图 6-33　1995~2015 年青州市大棚用地和建设用地分布时空格局

注：图中缓冲区每向外增加一环即增加 4 千米，a1、b1 和 c1 为局部图。

大棚用地的扩展与城市的区位关系不明显。通过汇总分析不同缓冲区内大棚用地占当期大棚总面积的比重，可以清晰地看出大棚用地的分布同城市距离的关系。研究发现，1995~2015 年距离城市 12~24 千米一直是大棚用地分布的核心地区。三个年份该区间大棚用地面积占所有大棚用地面积的比重分别为 73.36%、85.1% 和 80.78%；距离城市核心区 12 千米以内的比重分别为 11.08%、5.48% 和 7.44%。可以看出，青州市城市的发展对于本地区大棚用地的扩展作用不明显。这与现有的研究成果有较大的差异。深究其原因主要有以下几个方面：首先，青州市大棚种植的扩展受到周边几个县市粮食生产转型的影响（如寿光的蔬菜生产和昌乐的西瓜种植），也受到本地区花卉产业的发展影响，因此核心城区对于大棚用地的影响力相对较弱（图 6-34）；此外，市场的跨尺度作用在大棚用地的扩展中可起到重要作用。大棚用地主要种植经济作物。受到市场环境影响，市场的范围已超过了青州市的局地范围。因此，分析大棚用地扩展的动力机制需要纳入更多市场环境因素。

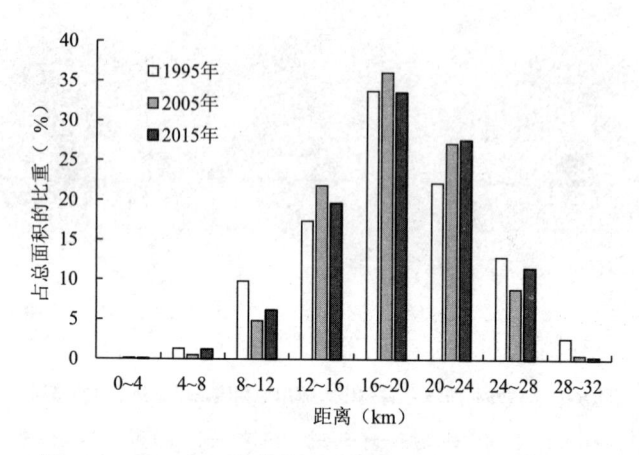

图 6-34　1995～2015 年青州市各多层缓冲区大棚用地比重变化

大棚用地与村庄建设用地关系密切。大棚用地扩散过程以村庄为核心向周边耕地不断扩展。大棚扩展初期，村庄作为乡村地区生产和生活的核心，大棚用地优先布局在距离村庄较近地区以便于生产，具有明显的村庄指向性，即距离村庄越近，耕地被转化为大棚用地的可能性越大。随着交通工具的改善，农户生产的半径逐渐扩大，大棚用地村庄指向性将减弱。大棚作为市场行为的产物，对外交通联系至关重要。因此，交通通达度对大棚用地扩展的作用逐渐增加，交通指向性愈加明显。图 6-35 中由于道路的出现，导致线路周边大棚用地扩展明显。

五、典型现代市场型乡村粮食生产转型与乡村振兴

（一）现代市场型南小王村概况

南小王村属于何官镇，位于青州市北部平原区。何官镇南小王村共 105 户、309 人，土地总面积 52 公顷，可用耕地面积 632 亩，

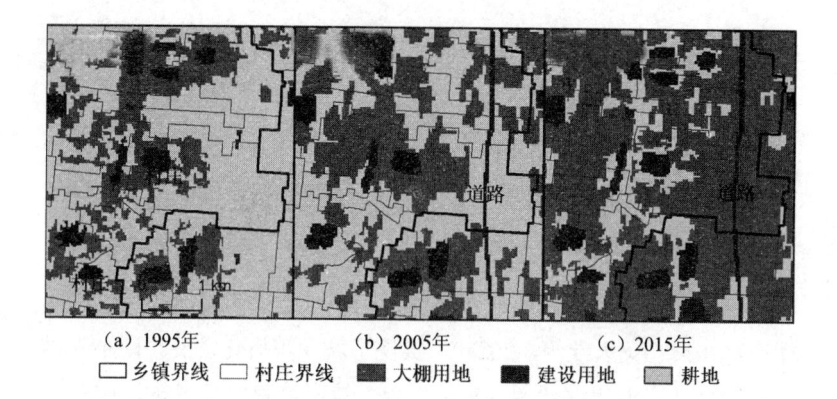

(a) 1995年　　　　　　(b) 2005年　　　　　　(c) 2015年
☐ 乡镇界线　☐ 村庄界线　■ 大棚用地　■ 建设用地　☐ 耕地

图 6-35　青州市大棚用地扩展与村庄建设用地和道路的关系

注：(a)、(b) 和 (c) 对应图 6-33 中的局部图。

人均 2.05 亩。20 世纪 90 年代以前，主要以粮食种植为主，经济效益低，集体经济薄弱，村庄各项事业发展严重滞后，属于典型的农业村。2008 年在全市率先成立土地股份合作社，依托土地流转，发展有机农业。2013 年合作社与中信信托签署 "土地流转信托"，借助信托融资发展规模经营，使得农民收入大幅增加。2015 年村集体收入 56 万元，农民人均纯收入 2.8 万元。

2017 年该村与杭州天禄集团联合成立青州天禄农业发展股份有限公司，计划流转周边土地 1 万余亩。并且已开工建设工程物流园，占地 300 亩，从事农业产品深加工、冷藏、保鲜、电商经营、冷链物流和农产品技术研发等一体化园区。南小王村作为青州市北部片区大棚生产核心区，走出了一条由粮食生产到农户自主发展的大棚生产；由自组织农业股份合作社集体发展到现代基于土地信托的高级农业生产阶段。成为乡村转型发展的典型案例区，是区域粮食生产转型的优质个案。深入研究以南小王村为代表的村庄转型发展路径，对于深入揭示"自上而下"和"自下而上"相结合的粮食生产转型模式，具有重要意义。

南小王村距离南张楼村仅有3.5千米。南张楼村周边地区的乡村发展均受到该村土地整理模式下乡村发展改革试验的影响。以南张楼村为代表的青州市乡村转型发展路径成为传统平原农区依托土地整治结合现代乡村规划的典范（龙花楼，2013；严金明等，2016；龙花楼等，2018；戈大专等，2021），实现了城乡等值化发展。南小王村是南张楼片区发展模式的继承与发展，且具有自身的特色。因此，通过梳理南小王村由传统粮食生产模式转型到市场导向下的现代农业发展模式的转型历程，剖析影响区域粮食生产转型的主要驱动机制，及其与乡村转型发展的内在逻辑关系，可以总结现代市场型粮食生产转型模式的特征，为其他乡村良性发展提供有益借鉴。

（二）南小王村土地利用演化过程

基于 Landsat 卫星影像数据，利用面向对象的图像分类方法，获取了中分辨率遥感解译结果。针对南小王村单个村庄研究，利用 Google Earth 1 米×1 米高清影像，校验了2010年和2015年的解译结果，数据的准确率达到85%以上，使用的数据能够基本反映出该村过去20多年来土地利用结构的变化过程。解译的结果显示（图6-36），南小王村拥有三种地类（本节确定的七大类土地利用分类体系），分别为耕地、大棚用地和农村宅基地（村庄建设用地）。

南小王村土地利用结构变化是乡村转型发展在空间上的直观反映。通过分析不同地类结构的变化过程可以有效反映出乡村生产方式的变化。1995年南小王村开始出现大棚用地类型，虽然仅有0.64公顷，但大棚用地的出现，表明该村在市场需求诱导下已经开始由

(a) 1995年　　(b) 2005年　　(c) 2015年　　(d) 2017年

■ 农村宅基地　　■ 耕地　　■ 大棚用地

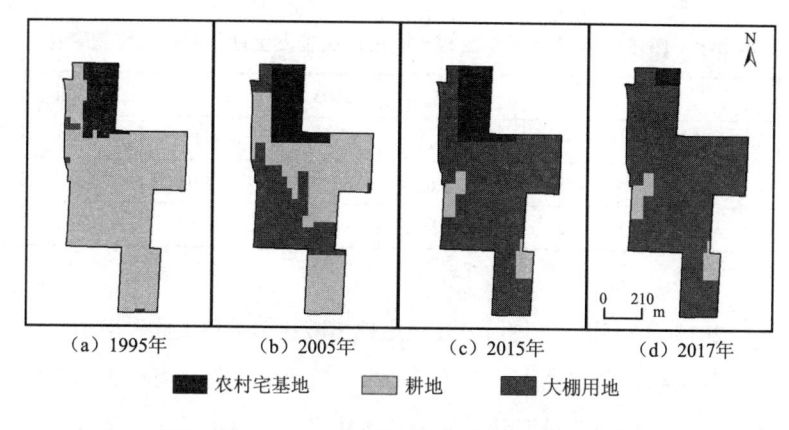

图 6-36　1995~2017 年南小王村土地利用结构变化

传统粮食生产模式，转向多种生产混合经营模式。2005 年南小王村大棚用地的比重增加到 32.17%，且这些大棚用地均来自于耕地。此外，农村宅基地面积也有所增加，比重由 1995 年的 13.65% 增加到 2005 年的 15.83%。在大棚用地和农村宅基的双重挤压下耕地比重快速下降了 33.11 个百分点（表 6-8）。2008 年以后，南小王村成立晟丰土地股份合作社将全村耕地纳入合作社统一经营，大规模开展蔬菜种植等高效农业开发，大棚用地面积迅速增加。2015 年大棚用地比重已达到区域总面积的 78.5%。耕地比重已经由 2005 年的 52% 下降低到 6.47%。通过分析耕地和大棚用地互转的耦合过程，充分反映了 2005 年以来该村农业生产模式已经由粮食生产和现代农业混合经营模式，逐渐转变为以蔬菜种植为核心的现代市场型农业生产模式。农户生产和生活模式发生彻底的改变，粮食生产已经发生根本性变化。

表 6-8 1995～2017 年南小王村不同用地类型占土地总面积的比重变化

	1995 年	2005 年	2015 年	2017 年
耕地比重（%）	84.11	52.00	6.47	6.42
农村宅基地比重（%）	13.65	15.83	15.03	2.35
大棚用地比重（%）	2.24	32.17	78.50	91.23

2015 年以后，通过城乡建设用地增减挂钩项目支撑，南小王村土地利用结构和农民生产生活又迎来一次重大变化。南小王村村庄建设缺乏规划，建设混乱，村内巷道狭窄，布局不合理，造成村内宅基地闲置，尤其在村庄西南侧，闲置土地面积大，基础设施条件差。依托青州市增减挂钩试点和美丽乡村建设项目，于 2013 年策划实施村庄整治、土地复垦和高标准基本农田建设。2015 年 8 月 31 日，实际完成拆旧面积 4.98 公顷，2016 实际复垦耕地面积 4.98 公顷，安置区占地 0.783 公顷，实际节余周转指标 4.20 公顷（图 6-37）。在村北建设农村社区 1 处，新建居民楼 4 栋，128 套，解决 100 户村民安置。28 套作为老年房及其配套设施。剩余 62.9 亩建设用地复垦后与大田相连，建设成高标准蔬菜大棚，每年可为村集体增加收入 30 余万元，用于维持社区的日常运转。通过增减挂钩项目，南小王村农村建设用地的比重下降到 2.35%，大棚用地的比重增加到 91.23%。农民土地已全部以土地信托方式流转用于统一经营。新增耕地的附加收益也用于村集体公共事业的支出，保障村庄整治后的长效运行，有效保障农户稳定收益。农户生活社区化、生产市场化、就业本地化、村庄生态环境优化，村庄发展进入良性发展模式。

图 6–37 南小王村村庄整治前后对比

资料来源：青州市国土局，（a）为 2013 年整治前农村宅基地状态；（b）为 2017 年整治后复垦耕地上建设的高温大棚。

（三）南小王村粮食生产转型与乡村发展耦合演变

通过分析南小王村乡村人地关系的演化过程用以揭示区域粮食生产转型进程。乡村人地关系的演化是乡村地区人与耕地、建设用地等地类相互作用过程中产生的综合体。人地关系的演化过程可以有效反映区域农户生产模式的变化，进一步可以探析区域农户生计体系的演变。平原农区乡村人地关系的演化主要包括乡村人口与耕地的关系和乡村人口与建设用地的关系。土地利用方式的变化可以有效反映区域人地关系相互作用的变化。因此，通过耕地利用转型过程和宅基地利用转型过程用以刻画乡村地区人地相互作用的模式和机制，进一步分析以乡村人地关系转型带来的粮食生产转型的过程及其阶段特征，深刻揭示粮食生产转型过程中乡村转型发展的阶段和驱动机制，为其他地区乡村转型发展提供借鉴。

1. 传统粮食生产阶段

进入 21 世纪前，传统平原农区保障粮食生产一直是乡村发展的核心功能。南小王村自然水土条件较好，且远离主要城镇和交通干线，成为粮食生产的核心地区。该时期，耕地比重占可用耕地面积的比重大于 90%。耕地利用方式较单一主要用于生产粮食和其他食物需求（如自给自足的蔬菜等）。农户生产活动与耕地密切相关，乡村劳动力长期被束缚在有限的耕地上，人地关系紧张。农村剩余劳动力较多，粮食生产效率低下，粮食供给功能有限。农户生产组织方式是家庭联产形式，"小农"属性突出。农户生计体系单一且弹性较低，抗风险能力低。乡村劳动力市场不活跃，农户非农就业机会较少，获取市场信息的渠道较单一。乡村发展程度较低，粮食生产整体处于初级阶段。

通过以上分析可以看出，传统粮食生产阶段，乡村人地关系矛盾突出，城乡发展差距开始拉大，城乡之间信息和物质的交换不频繁。随着农户改善生活状态的需求日益增加，城乡联系不断增加，乡村地区部分能人尝试打破这种僵局，开始从事非粮食生产活动，如南小王村在 1995 年已经出现了大棚用地。南小王地区出现了除粮食生产活动的其他农业生产活动。在部分"能人"的带领下，种植经济作物可以有较高经济收益，粮食作物种植比例开始下降，经济作物比重不断增加，粮食生产进入混合发展阶段。

2. 传统粮食生产与大棚种植混合发展阶段

2000~2008 年南小王村处于由粮食生产阶段向现代高效农业生产阶段转型阶段。其显著特征是农业生产方式和农户从业形式的多样性。城镇化进程中，乡村相对封闭的生产和生活系统逐渐受到来自外部因素的扰动，尤其是城镇化带来的城乡人口流动，进而通过市场行为影响乡村地区劳动力的就业去向，带来粮食生产方式和农业生产结构的变化。农业生产的多样性是农户生计不稳定状态下农户生产决策相互博弈的结果。种植经济作物虽然收益较高，但是对劳动力的素质要求更高，市场风险也更大。因此，农户在尝试开展大棚种植的过程中不会全部放弃粮食作物的种植，粮食生产的生计保障功能仍起到重要的作用。多种农业生产经营模式混合共生成为该阶段显著的特征。

农业生产混合经营阶段，农户生产方式和生计体系也随之多样化。该阶段，乡村人地关系随着乡村劳动力城乡流动的增多和粮食生产机械化程度的升高有所缓和。随着农户经济购买力的提高，农村建房的需求和能力不断增强（如该阶段南小王村农村宅基地面积的扩大）。乡村雇佣劳动力市场开始活跃起来，乡村劳动力非农就业的机会增加，农户在本地实现非粮食生产的收益可以满足基本的需求。该时期乡村转型进入快速推进时期，乡村人地关系缓和带来乡村提档升级的关键机遇。城乡转型发展进程进一步加快，乡村地区有机会获得更多的发展机会。市场经济发展过程中乡村地区"能人"的出现为乡村地区发展注入全新的活力。然而，以上仅仅是一种理想的假设，如何利用好这种优势实现乡村良性发展至关重要。南小王村通过农户生产方式的多样化，创造本地就业机会，避免出现城乡转型过程中乡村的持续衰落。

农户生产组织体系仍然以"小农"农户生产为主。农户生产行为由自主决策决定。因农户组织化程度低，农户开展经济作物生产的抗风险能力低。农户内部分化不断呈现，部分实现非农就业的劳动力土地流转的诉求增加。如何更加有效破解以上难题，加强对农户生产活动的组织能力，南小王村尝试建立土地股份合作制模式，推动粮食生产进入第三阶段。

3. 现代高效农业生产阶段

以 2008 年南小王村成立晟丰土地股份专业合作社为节点，该村粮食生产转型进入第三阶段——现代高效农业生产阶段。为有效改变耕地零星分散、基础设施落后、经济效益不高等现代高效农业生产的制约性因素，该村于 2008 年成立晟丰土地股份专业合作社。全村 105 户农民自愿签订了土地经营流转协议书，将 508 亩土地全部流转给合作社统一经营。研究制定了《青州市晟丰土地股份专业合作社章程》，合理确定了股权分配方案和分红标准，并以大棚产权抵押的方式获得金融机构 320 万元的贷款，正式进入现代高效农业生产阶段。通过土地股份合作社，实现了农户生产组织层面的重组，激发了乡村发展内聚力，强化了乡村发展的内生动力。土地股份合作社成立以后逐渐培育起大棚种植大户和农业生产企业，大棚用地占可用耕地面积的比重超过 80%，现代高效农业生产初具规模。

土地股份专业合作社改变了农户生产经营方式，乡村人地关系连接程度逐渐降低。土地作为股本入股合作社，土地的资产属性开始显现。股份合作的出现带来农户内部更大程度的分化，种植大户与农业企业使得乡村雇佣劳动力现象普遍存在，乡村劳动力市场活跃。劳动力本地就业机会较多，本地就业倾向明显。农户经济购买能力普遍较强，农户家庭收入高于同期其他乡村。农户本地建房需求在下降，而追求城镇公共服务（医疗、子女上学等）的诉求逐渐增强。随着交通便利程度的升高，农户城镇购房需求增加，农村宅基地空置和闲置现象增加（图 6-38）。

图 6-38　2014 年南小王村空置的宅基地和空闲地

资料来源：青州市国土局。

土地股份合作社的出现是城乡转型发展进程中乡村发展的一次重要机遇。土地股份合作社出现与该地区交通通达程度的迅速升高、私家车等交通工具的出现带来交通方式的变化及其网络普及带来的信息壁垒突破密切相关。土地股份合作社成为激发乡村发展内生动力的核心要素，盘活了乡村地区产业发展的制度障碍，凝聚了乡村发展亟需的智力资源。通过"保底分红+浮动红利"给农户带来实际的增收。2015 年每股分红 2 300 元（一亩地一股），村集体收入达 50 万元。农户实际增收的同时，村集体收入增加成为活化乡村发展的重要翘板。

4. 市场导向的农业综合开发阶段

现代高效农业生产阶段，南小王村主要以盘活农户手中的承包地，建立土地股份合作社实现土地规模经营。耕地主要用于种植大棚蔬菜，农户可以自己经营也可以到劳动力市场上自由流动。村庄的产业模式仍停留在生产大棚蔬菜产品上，而蔬菜产业链的顶端如研发、物流、保鲜等均不在当地开展。随着南小王村现代农业生产能力的增强，尤其是土地股份合作社突破了本村的限制，将周边几个村的 1 500 多亩土地实现了统一经营。鉴于迫切需要改变原有初级生产阶段的境地,农业综合开发需求日益增强。南小王村以增减挂钩项目实施、中信信托土地流转合同的签订和天禄农业综合开发公司成立为重要节点,2016 年以后逐渐进入市场导向的农业综合开发阶段。

增减挂钩项目的实施节约了本村耕地资源,腾出的 63 亩耕地指标全部流入土地股份合作社,扩大了村集体的收入来源,强化了村集体在村庄建设上的统筹能力。此外,农户的生产和生活质量得到重大提升,本地公共服务能力得到完善(图 6-39)。晟丰土地股份专

(a)   (b)

(c)   (d)

图 6-39 南小王村农业综合开发阶段农户生活与生产状态

资料来源:(a)和(c)来源于青州市国土局;(b)和(d)由作者拍摄,时间为 2017.3.20。

业合作社与中信信托机构签订了山东省"土地流转信托"第一单，实现1 227亩耕地统一流转，并制定了1万亩近期流转意向。通过信托机构的介入，实现了南小王村种植的黄瓜、茄子、辣椒、韭菜、萝卜、山药通过国家级有机蔬菜品牌认证，经济效益明显。

　　土地信托机构的介入为南小王村开展农业综合开发创造条件。中信信托机构以土地承包经营权将农户承包地统一流转，为开展更大规模、更高层次（提供先进的物联网技术、扩大品牌效应等）的农业综合开发创造条件。此外，农户通过信托机构流转土地更方便从金融机构获取产业发展资金。每亩最低3 000元的保底收益，有效增加了农户的稳定收入来源。在此基础上，2017年该村与杭州天禄集团联合成立青州天禄农业发展股份有限公司，计划流转周边土地1万余亩。并已开工建设工程物流园，占地300亩，从事农业产品深加工、冷藏、保鲜、电商经营、冷链物流和农产品技术研发等一体化园区。现代农业综合开发进入快速发展阶段。

　　市场导向的农业综合开发阶段城乡融合发展特征明显，乡村人地关系逐渐进入全新的发展阶段。农业综合开发是现代农业产业链的延伸，为开展"一二三产业"融合发展创造条件（图6-40）。农户的身份由"农民"向"现代农业产业工人"转变，可以享受土地租金、浮动分红和工资等多重收益。农户生计体系多样化。本地就业机会已不限于农业生产，为更高层次的人才回流创造条件。乡村发展在内聚力和外援力的综合作用下充满活力，成为乡村振兴发展的典型地区。

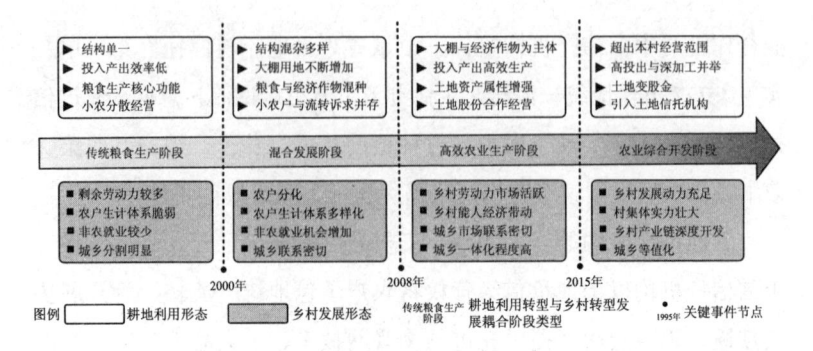

图 6-40　南小王村粮食生产转型与乡村转型发展耦合过程

第四节　城郊休闲型乡村粮食生产转型

大城市郊区是城乡发展要素流动的敏感区和典型区，是城乡发展关系转型的代表性地区，也是乡村生产体系演化和粮食生产转型的前沿地区。城郊休闲型乡村发展作为大城市郊区乡村发展的重要类型，分析该类地区农户在休闲旅游参与过程中收入结构变化带动粮食生产转型的内在规律，有利于完善乡村发展的内在机制。结合北京市房山区的典型案例，尝试分析了该类村庄由传统农耕型向城郊休闲型转型的阶段特征，解析不同阶段粮食生产转型的核心驱动机制。

一、城郊休闲型乡村发展过程

房山区隶属于北京市，地处华北平原向太行山的过渡地带，介于北纬 39°30′~39°55′，东经 115°25′~116°15′，属于北京市的郊区

(图 6–41),距离中心城区 30 千米,占地面积 1 989 平方千米。2015 年末共有常住人口 104.6 万人,户籍人口 79.93 万人,国内生产总值 519.3 亿元,农民人均纯收入 19 161 元。粮食产量由 1995 年的 31.78 万吨下降到 2015 年的 6.22 万吨,耕地面积由 1995 年的 4.8 万公顷减少到 2.5 万公顷,而同一时期城镇建设用地面积由 5 558 公顷增长到 6 957 公顷。非农业人口的比重由 32.99%增加到 59.35%。乡村地区人地关系发生显著的变化,农户生产和生活方式发生了较大的改变。房山区农业生产在北京市的定位也由原来的"菜篮子"转变为生态涵养区。

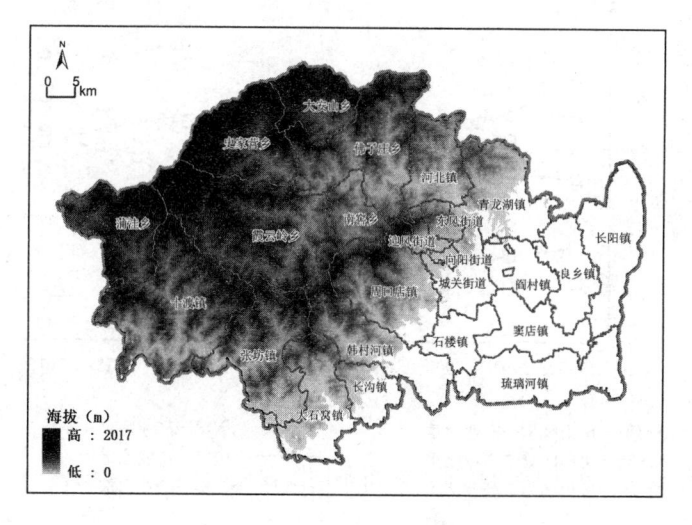

图 6–41　房山区区位图

房山区属于黄淮海地区县域粮食生产转型较快的县区。粮食生产功能发生了较大变化,由原来的粮食供给区转变为现在的粮食输入地区。以三次产业结构转型过程为例,房山区 2015 年第一产业比重已降到 3.52%，比当年全国平均水平低 5.37 个百分点（图 6-42）。2010 年以后房山区第三产业比重增长较快，但仍低于第二产业比重 16 个百分点。2015 年以后北京市大力开展环境综合治理，房山区采矿等污染型企业面临全面关停。房山区的产业转型发展迎来全新的机遇期。产业转型过程中，粮食生产活动与乡村发展关系也发生了较大变化，以农事体验与乡村休闲为代表的乡村旅游业使房山区乡村发展进入了全新的阶段。因此，以房山区"城郊休闲型"粮食生产转型模式为案例，深入分析转型过程中乡村人地关系的变化及其驱动机制，对于揭示粮食生产转型的发展趋势具有重要意义。

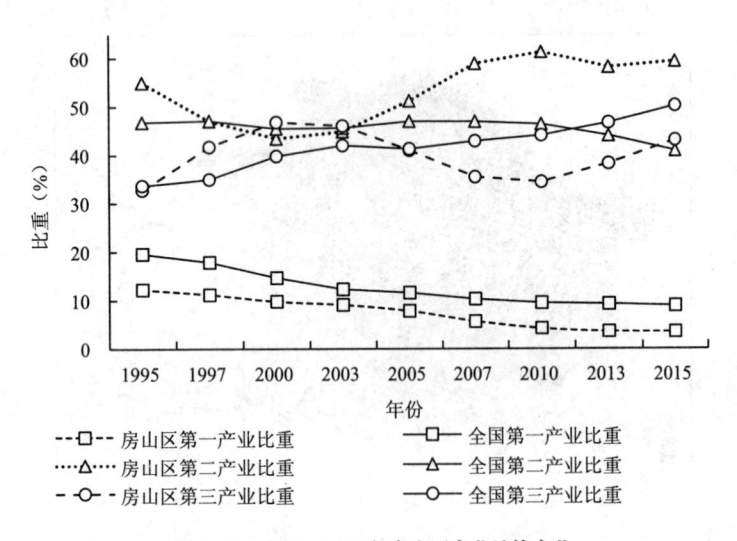

图 6-42　1995~2015 年房山区产业结构变化

（一）房山区城乡转型演化过程

都市近郊区乡村转型发展的基础较好，城乡一体化程度较高。

房山区城乡收入差距一直小于全国的平均水平，2005年以后城乡收入比值一直处于下降趋势。1995～2015年房山区非农业人口的比重增加迅速，2015年以户籍人口统计为准计算的城镇化率为59.35%（图6-43）。作为北京大都市的郊区，如把外来人口也计算在内，城镇化率还将更高。城乡人口的结构变化是房山区城乡转型发展的重要特征。乡村人口不断衰减，农户就业结构不断多元化。农户的生计体系也逐渐由农业主体生计类型向城镇就业主体的生计类型转变。

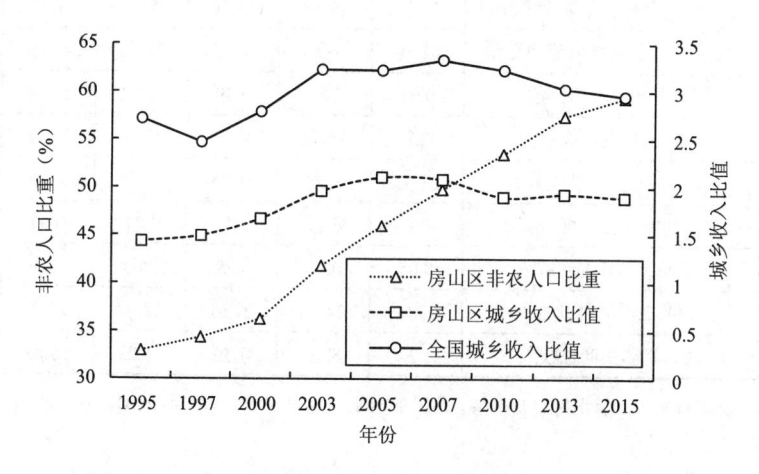

图6-43　1995～2015年房山区非农人口比重和城乡收入比值变化

城乡转型发展进程中，农户生计体系的变化是粮食生产转型的重要特征。1995～2015年房山区农户一产总收入占家庭经营性收入不断降低，而工资性收入持续增加。家庭经营性收入中种植业收入已经由1995年的13.8%下降到2015年的0.97%，以粮食生产为主的种植业收入占农户总收入的比重不足1%（表6-9）。此外，靠近北京大都市，房山区农户就近就业的机会较多。到2015年，在本乡镇内的就业收入占总收入的比重达到了44.29%。传统农户实现本地就业，就近非农化是城郊休闲型粮食生产转型的重要特征，是深入研究该地区粮食生产转型的核心内容之一。

表6-9 房山区1995~2015年农户总收入结构（%）

	1995年	2000年	2005年	2010年	2015年
（一）生产性收入	96.73	91.51	92.70	81.71	84.17
1. 工资性收入	44.48	56.93	50.58	49.80	62.89
（1）在非企业组织中劳动得到	12.85	19.57	17.36	5.41	4.87
（2）在本乡地域内劳动得到	31.60	36.55	27.63	31.48	44.29
（3）外出从业得到收入	0.03	0.81	5.59	12.91	13.73
2. 家庭经营收入	52.25	34.57	42.12	31.90	21.28
（1）一产经营收入	28.61	9.58	10.38	10.25	2.79
其中种植业收入	13.08	6.21	3.21	1.21	0.97
（2）二产业经营收入	0.05	0.90	4.12	2.68	0.59
（3）三产业经营收入	23.59	24.09	27.61	18.97	17.90
（二）非生产性收入	3.27	8.49	7.30	18.29	15.83

资料来源：房山区统计年鉴，非生产性收入主要包括财产性收入和转移性收入。

城乡转型发展进程中，房山区耕地利用和建设用地转型趋势明显。以原国土资源部基于Landsat系列卫星数据解译的土地利用覆盖数据，分别汇总了房山区1995年、2005年和2015年的土地利用分类数据，并利用ArcGIS软件对不同年度之间土地利用变化进行监测。分析发现1995~2015年房山区建设用地迅速扩张，而耕地持续衰减。其中城镇化建设用地占用耕地尤其明显，而农村宅基地变化并不显著，总量上略有减少，而以交通用地为首的其他建设用地也快速扩张（表6-10）。城镇建设用地由1995年的5 558.85公顷增加到2015年的6 957.44公顷。1995~2005年建设用地共占用耕地面积2 090.52公顷，而2005~2015年间11 734.07公顷。1995~2015年耕地面积共减少22 215.19公顷（表6-11）。耕地和建设用地面积的此消彼长是粮食生产转型的宏观背景。

（二）房山区粮食生产转型进程

房山区粮食生产的机械化较高，但粮食产量波动下降，粮食生产活动逐渐退出农业生产体系。1995~2015年房山区粮食产量在波动中持续衰减，已由1995年的31.78万吨减少到2015年的6.22万吨，不足1995年的五分一，粮食供给功能减弱。本地区长期以来粮食生产的机械化程度较高，机器播种和机器收割比例在1995年已经分别达到78.74%和57.37%（图6-44），到2015年平均达到80%以上。粮食生产的现代化程度较高是房山区粮食生产转型先于其他地区的重要推力。该地区农户从事非农就业的机会较多，依靠大规模机械投入减少劳动力投入，从而可以把大量农闲时间用于兼业生产。

农村劳动力非农就业比重不断增加，农业劳动力就业结构转型要滞后于农业产业结构的转型。1995~2015年房山区农村劳动力农业就业比重由36.66%下降到13.54%。2003年以后，本地区农村劳动力就业多样化趋势较明显，可追溯到行业分类的劳动力比重在下降，而其他难以区分产业门类的劳动力比重持续增加。这个比重到2015年已经超过60%（图6-45）。农村劳动力就业非农化和多样化是大都市近郊区乡村转型发展区别于传统农耕型和现代市场型粮食生产转型模式的重要特征。乡村地区人地关系进入较高级阶段。虽然农

表 6-10　房山区 1995~2005 年土地利用转移矩阵　单位：公顷

	耕地	林地	草地	水域	城镇建设用地	农村居民点	其他建设用地	裸地	1995 年合计
耕地	**44 290.37**	1 311.84	57.66	266.37	824.49	1 082.53	183.51	—	48 016.76
林地	151.39	**95 142.04**	901.02	455.76	0.01	27.73	0.94	0.02	96 678.91
草地	196.08	3 019.55	**23 840.75**	317.22	0.01	47.14	0.89	0.02	27 421.66
水域	99.40	898.93	424.87	**3 345.79**	0.06	24.63	10.72	—	4 804.41
城镇建设用地	535.85	104.56	0.08	316.00	**4 602.33**	0.01	0.02	—	5 558.85
农村居民点	1 376.30	104.80	67.97	61.76	0.00	**9 255.50**	0.12	—	10 866.46
其他建设用地	9.91	42.70	32.13	25.51	259.28	0.19	**5 878.87**	—	6 248.60
裸地	32.62	8.95	0.04	—	5.62	—	—	**31.90**	79.13
2005 年合计	46 691.91	100 633.38	25 324.52	4 788.43	5 691.80	10 437.74	6 075.08	31.94	199 674.78

表6-11 房山区2005~2015年土地利用转移矩阵 单位：公顷

	耕地	林地	草地	水域	城镇建设用地	农村居民点	其他建设用地	裸地	2005年合计
耕地	**19 788.42**	11 712.19	2 093.64	1 150.91	1 414.89	2 624.30	7 694.88	217.43	46 696.65
林地	1 421.56	**86 940.49**	8 363.75	277.26	24.52	775.23	2 593.19	124.60	100 520.62
草地	941.65	17 748.99	**3 724.17**	76.70	182.56	493.25	2 095.12	62.07	25 324.52
水域	515.21	830.55	1 005.72	**1 013.67**	24.63	176.59	967.46	250.45	4 784.28
城镇建设用地	406.99	297.19	255.08	202.95	**2 982.44**	209.56	1 331.43	6.16	5 691.81
农村居民点	1 592.96	1 044.15	295.24	262.79	781.67	**4 396.20**	2 028.43	37.25	10 438.7
其他建设用地	1 134.77	709.66	357.87	73.82	1 546.72	630.99	**1 606.50**	14.74	6 075.08
裸地	—	13.11	—	—	—	—	18.83	—	31.94
2015年合计	25 801.57	119 296.33	16 095.45	3 058.1	6 957.44	9 306.13	18 335.85	712.7	199 563.57

290　中国粮食生产转型与乡村振兴

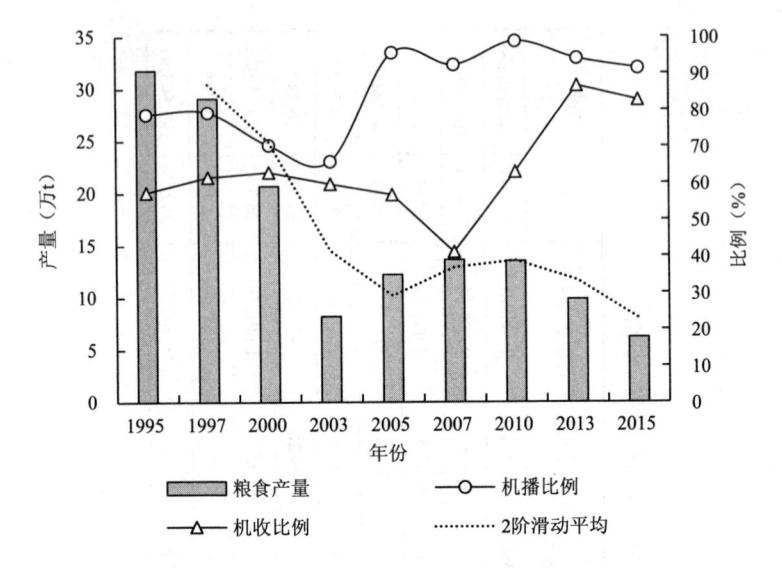

图 6-44　1995~2015 年房山区粮食生产结构变化

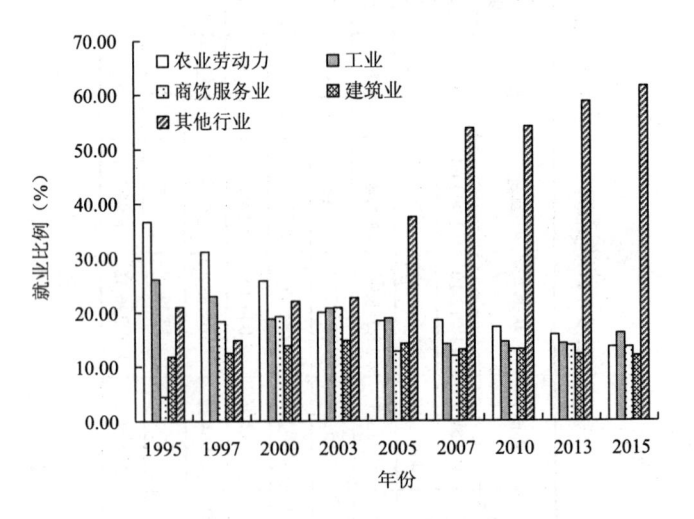

图 6-45　1995~2015 年房山区农村劳动力就业结构变化

注：其他行业主要包括运输服务业、信息技术等行业。

户与耕地的联系程度在降低，但农户的生产和生活质量较高，城乡一体化发展程度高，乡村人地关系较和谐。

城郊休闲型粮食生产转型模式下虽然粮食供给功能在下降，但与粮食生产相对应的生态保育和文化传承功能在加强。城镇化进程中，城市居民对农事体验与农事观光的需求在增加。良田与美景成为人们休闲娱乐的重要场所。此外，社会组织对弘扬中国传统的农耕文化和宣传现代农业科技知识的意识也在逐渐加强。以上这些因素共同推动大都市郊区出现了粮食生产活动的"休闲化"转型趋势。粮食生产休闲化转型的表现有传统的农家乐、农事采摘和农事体验等形式，也有较高级的现代农场、社区参与的社会化休闲农业服务网络体系等。例如2010年以后，中粮集团在房山区琉璃河镇建设了"中粮智慧农场"，全力打造北京农业生态谷，总占地面积1.7万亩，总投资额380亿元。构建了包括智慧农业中心在内的"一心六园"都市农业全产业链体验园区，项目核心区已于2017年投入试运营。

粮食生产的休闲化转型改善了农户的生计体系，优化了乡村的人地关系。2005年以后房山区以养生山吧、乡村酒店、采摘梨园、休闲农庄等新型乡村旅游业态发展较快。乡村休闲旅游接待人数不断增长，带来乡村休闲旅游收入的增加。房山区乡村休闲旅游接待人数在2011年最高时达到了396.4万人（图6-46）。乡村休闲旅游收入达到2.99亿元。2012年房山区遭遇了特大型洪水的侵扰，乡村休闲旅游业受损严重。近几年乡村休闲旅游业发展已逐渐恢复。乡村休闲旅游的介入已经深刻地改变了传统乡村地区的人地关系模式，农户从事粮食生产和乡村生活的附加价值得到了体现，农户的生计体系更加多样化。

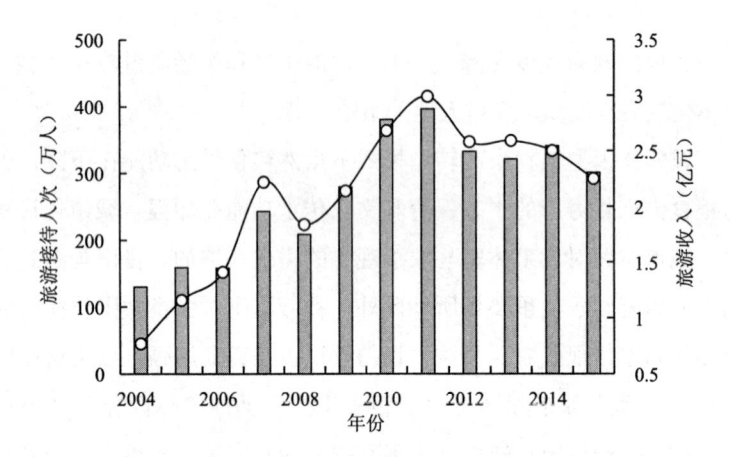

图 6-46 2004~2015 年房山区乡村休闲旅游接待人次和旅游收入

城郊休闲型粮食生产转型模式改变了粮食生产价值的实现形式。传统粮食生产活动粮食生产最终产品是货币形式的商品粮，价值较低，农户收入结构单一。城郊休闲型粮食生产转型的重要意义在于让粮食生产活动价值实现形式的多元化和增值化。房山区乡村休闲旅游收入中农户出售自产农产品的收益比例占全部乡村休闲旅游总收入的比重达 10%以上（表 6-12），让传统农产品的价值持续增值。因此，深入研究以乡村休闲旅游为代表的都市郊区型粮食生产转型模式，有利于完善粮食生产转型的理论体系，也是提炼协调乡村人地关系路径的重要方法。下文将以房山区黄山店村为例，探讨该村由传统粮食生产转型到城郊休闲型的发展历程及其主要驱动机制。

表 6-12　2007~2015 年房山区乡村休闲旅游收入结构　（%）

	采摘收入	自产农产品	其他商品	餐饮	住宿	门票	其它收入
2007	20.30	9.32	0.58	39.69	14.37	1.49	14.26
2008	13.68	10.24	0.78	40.79	15.27	1.41	17.83

续表

	采摘收入	自产农产品	其他商品	餐饮	住宿	门票	其它收入
2009	7.16	10.43	0.23	52.67	14.14	1.11	14.26
2010	5.64	9.12	0.23	52.91	18.82	1.22	12.06
2011	5.15	8.58	0.44	51.04	21.31	1.26	12.23
2012	6.28	11.46	0.32	48.91	18.84	1.71	12.49
2013	6.31	12.52	0.28	47.60	20.04	1.53	11.73
2014	9.01	11.16	0.68	42.33	20.66	3.31	12.84
2015	9.11	11.52	0.30	44.44	20.57	3.24	10.82

二、典型城郊休闲型乡村粮食生产转型与乡村振兴

黄山店村位于房山区周口店镇，全村面积22.55平方千米，属于峡谷地貌和冲积平原的过渡地带，地貌类型多样，海拔高度92～1 128米，地形起伏变化明显，坡度较大。海拔低于200米的地区占全村比例为21.2%，海拔200～400米是全村主要的海拔类型，占全村面积的比例为43.58%。该村坡度变化更为明显，坡度低于5°的地区占比仅为4.77%，低于15°的面积占比为25.77%，而高于25°地区占比则达到了40.02%（图6-47）。受到自然条件的限制，该村的开发长期以来一直围绕低海拔和低坡度的谷地展开。农村居民点和开垦的耕地也主要在谷地中间地带。居民点的分布特征属于典型的条带状布局，位于狭长的谷底。

黄山店村2015年共有544户，1 235人，经营性收入1.18亿元，人均劳动所得1.22万元。黄山店村处于山谷汇水区的下游，分散居住于谷底的居民容易受到山洪的影响。2012年"7.21"特大洪灾后

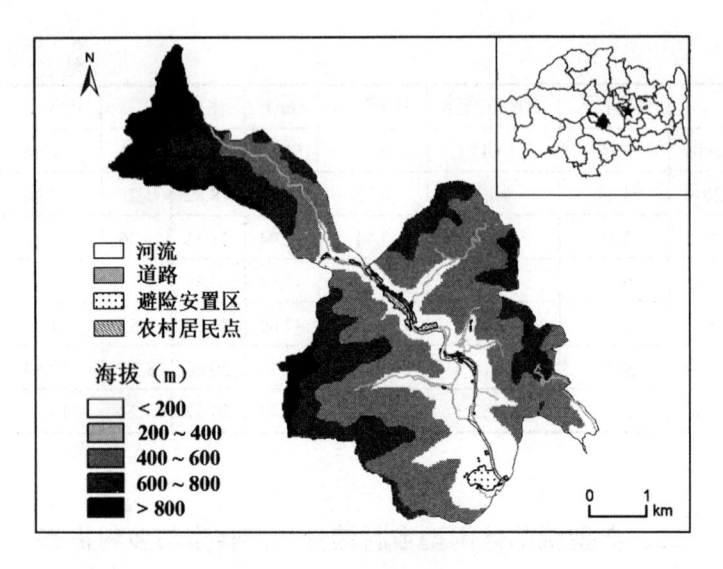

图 6-47　房山区黄山店村区位图

黄山店村实施避险搬迁工程，建设住宅楼、养老公寓、村活动中心等安置楼 35 栋，总建筑面积 7.6 万平方米。现居民已基本搬迁到永久避险安置区。2008 年以后坡峰岭景区、幽岚山谷等系列乡村休闲旅游的开发，使黄山店村农户的生产和生活环境发生了重大变化，并获评"全国文明村"和"中国最美休闲乡村"等荣誉称号。黄山店村作为传统人地关系紧张的村庄转变为充满活力的城郊休闲型村庄，是城郊休闲型粮食生产转型的典型村庄，实现了由传统农耕型向城郊休闲型的阶段转变，深入分析以黄山店村为代表的乡村人地关系的演化过程，及其带来的农户生产和生活变化的驱动机制，可以为其他类型粮食生产转型的村庄提供参考。

（一）传统农耕生产阶段

通过 2015 年黄山店村 0.5 米卫星影像，结合实地勘察确定了土地利用分类体系。因黄山店村划分为城郊休闲型粮食生产转型类型区，解译过程中突出强调了商旅服务用地的转型过程，其他地类参照全国第二次土地利用分类标准进行分类。以 2015 年解译的土地利用结构现状图为基础，通过农户和村干部的访谈和实地勘察，寻找过去三十多年内黄山店村土地利用变化的核心内容。以农村宅基地反演为例，在调研中询问被访者房屋的建设年份，建房之前的地类是什么，是否经过翻修等问题，确定当前农村宅基地的地类来源。以此类推，反演出全部地类的数据。黄山店村 1980 年以后以农村宅基地为代表的土地利用变化趋势明显，因此构建了 1980~2015 年每隔 10 年的土地利用结构图（图 6-48），基本反映该村过去三十多年间土地利用的整体变化趋势，可以有效支撑区域乡村人地关系演化和粮食生产转型的分析需求。

1980~2000 年黄山店村的人地矛盾不断突出，粮食生产活动仍是该村农户主要的生产方式。农户大规模从业非农业生产之前，该村农户生计长期依赖于有限的耕地资源，然而随着人口的增加，人均耕地面积不断衰减，建设新房仍需要占用有限的耕地资源，乡村人地关系格局维持在较紧张的状态。1980~2000 年黄山店村的三个自然村黄山店、恒顺场和太和兴农村宅基地面积均显著增加，分别以旧村为核心向周边大量扩张，黄山店、恒顺场两个自然村由最初的以河为界逐渐连为一体（图 6-49）。农户建设新房仍优先选择自然条件相对优越的谷地，而这些地区也是传统耕地分布区。该时期大量新建住房挤占了有限的耕地资源，人均耕地面积由 1980 年的 2.67

亩/人，下降到 2000 年的 1.36 亩/人。

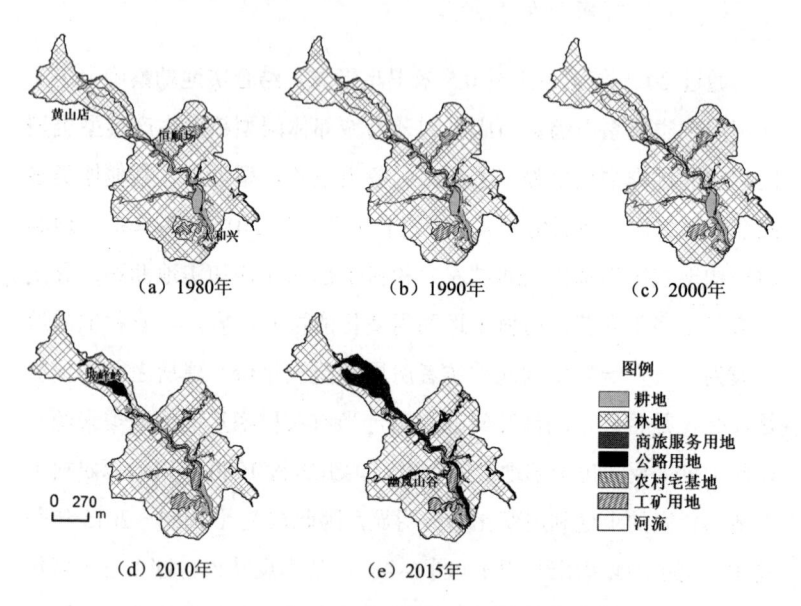

（a）1980年　　（b）1990年　　（c）2000年

（d）2010年　　（e）2015年

图例
耕地
林地
商旅服务用地
公路用地
农村宅基地
工矿用地
河流

图 6-48　1980~2015 年黄山店村土地利用结构变化

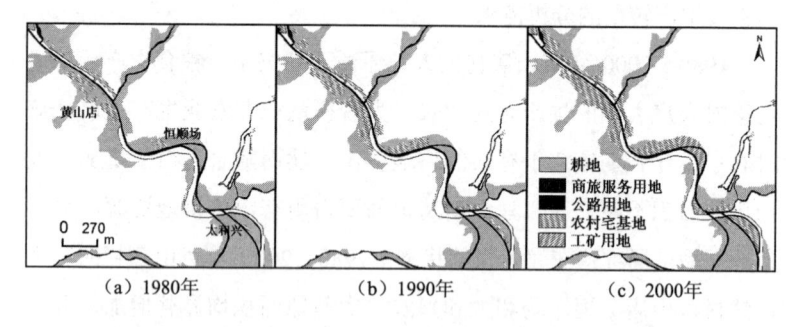

（a）1980年　　（b）1990年　　（c）2000年

图例
耕地
商旅服务用地
公路用地
农村宅基地
工矿用地

图 6-49　1980~2000 年黄山店村核心区土地利用变化

该时期农户以地为生，粮食生产不断向坡地和难以开垦的土地扩展，然而土地难以承载这么多人口。2000 年该村人均纯收入为

1 250.9元，远低于房山区4 602元的同期平均水平。传统粮食生产模式下黄山店村具有明显的劣势。耕地数量有限，耕作条件不好，劳动强度更大，而获得的收益十分有限。该时期粮食生产与农户生计关系处于拮抗阶段。农户的生产和生活被限制于有限耕地上。粮食生产的价值和效益仅可以勉强维持温饱水平。乡村发展转型发展难度较大。

（二）传统农耕向城郊休闲过渡阶段

乡村人地关系紧张促使农户外出寻求就业机会改善生活状态，乡村地区生产和生活状态开始改变。人多地少状态下乡村人地关系日趋紧张，部分乡村"能人"寻求其他就业就会。黄山店村农户非农化就业趋势不断增加，以采矿为核心的生产体系逐渐成为该村农户主要的生计来源。围绕采矿业的产业服务业开始兴起，汽车运输业和汽车维修等行业成为农户的主要就业去向。该时期粮食生产及其他农业活动逐渐退出黄山店村的生产活动，耕地撂荒和闲置比例较多。外出劳动力给本村带来更多的资本和信息。2002年以后，在该村投资建设的大型水泥厂，开启了该村快速发展时期。

乡村"能人"参与治理乡村，成为黄山店村走上更高平台的关键。水泥厂等村内企业给村集体带来更多的收入。如何在粮食生产转型过程中走上更高的发展台阶，如何使用好村集体收入成为关键。成立农户可参与的议事制度和全民股份化合作制度成为该村走上更高层次发展的制度基础。2009年以后，该村以村集体收入为核心，广泛吸纳社会资本组建旅游开发公司，以村集体名义合作开发坡峰岭景区，整治河道，营造旅游环境。发挥地方山水旅游资源的优势，使资本活化。继坡峰岭景区一期工程顺利开园以来，该村先后开发多个旅游景点，幽岚山谷探险型、醉石林奇观型均起到了较好的社会和市场响应（图6-51）。旅游资源的开发使农户参与就业的机会增多，农户收入结构多元化。与农户农业生产密切相关的休闲农业旅游也开始在该村出现，先后建立了磨盘柿、京白梨和樱桃采摘园。农户种植经济作物用于观光，彻底改变了耕地用于粮食生产的功能。

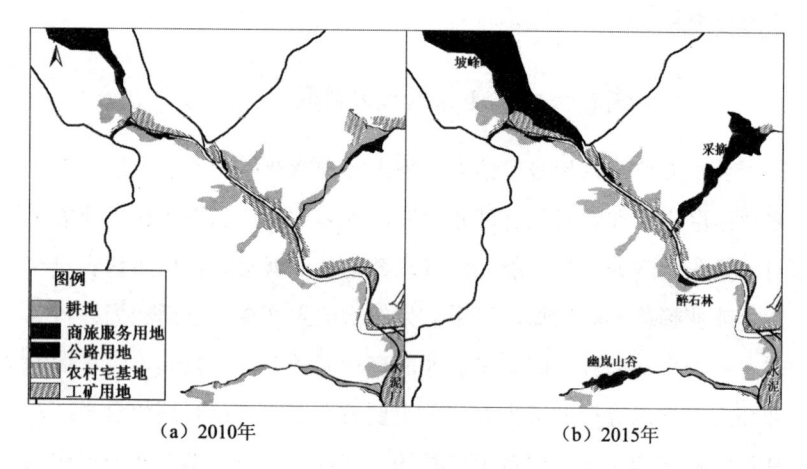

(a) 2010年　　(b) 2015年

图6-50　2010~2015年黄山店村核心区土地利用变化

转型时期乡村人地关系趋于缓和，但矛盾与压力并存。随着农户就业与农业已脱离关系，外出购买房产的比例较大，本村宅基地空置和耕地荒废成为常态。乡村的空心化成为都市型乡村的重大挑战。如何让乡村活起来，如何在旅游开发中把乡村的多元价值体现出来，休闲乡村旅游成为振兴乡村的一种重要手段，显得非常有意义。

（三）城郊休闲发展阶段

和谐的乡村人地关系离不开以"农"为特征的乡村符号和元素。乡村休闲旅游为乡村转型发展带来重要机遇。2012年遭遇特大型洪水袭击以后，黄山店村面临全面的搬迁，腾退部分空置的农村宅基地在新址新建永久性避险安置区。农户彻底改变原来的居住和生活模式。原有旧村剩余的农村宅基地如何使用，如何更好地发挥该村农业生产时期留下的山村风貌，如何把粮食生产时代保留的农事经验得以传承是一个重大问题。农户就业非农化和乡村生产方式非农化过程中乡村人地关系的演化过程如何由弱化走向重构，是黄山店村走向乡村休闲化过程中应着重考虑的核心问题。

乡村休闲化过程中将农业生产的遗产符号化和产品化有利于构建和谐的乡村人地关系，是城郊休闲型粮食生产转型模式的重要尝试。2015年以后，黄山店村避险安置区建设完成，农户陆续搬迁。原有宅基地全部统一流转到村集体的旅游开发公司，由公司引入设计单位投资建设高端民俗小院，使废弃的乡村宅基地再次活化（图6–51）。2016年以后先后建成姥姥家、云上石屋和桃叶谷30套民宿小院。高端民宿区由网络平台进行经营管理，以民宿为核心将传统的农业生产文化符号化，将农事体验融入到乡村休闲旅游过程。高端民宿区共安置本村劳动力40人就业，农户由农民转变为旅游从业者，既实现了身份的转变也保留了传统农业生产的生活习惯。黄山店村乡村人地关系进入城郊休闲化生产经营时期。

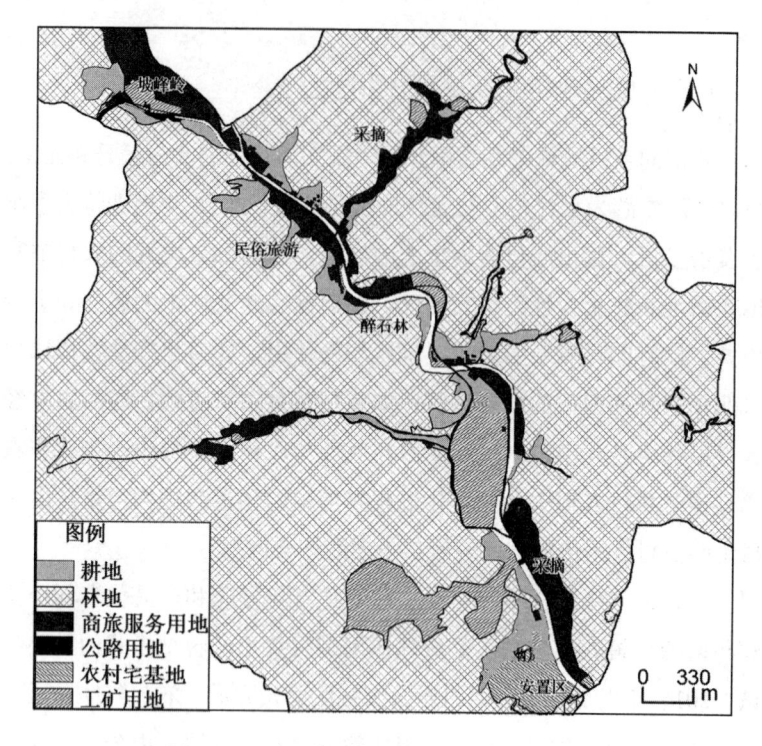

图 6-51　2016 年黄山店村核心区土地利用现状

参考文献

Barrett, C. B. and M. A. Constas, 2014. Toward a theory of resilience for international development applications. *Proceedings of the National Academy of Sciences of the United States of America*, Vol. 111, No. 40.

Barrett, C. B., T. Reardon and P. Webb, 2001. Nonfarm income diversification and household livelihood strategies in rural Africa: Concepts, dynamics, and policy implications. *Food policy*, Vol. 26, No. 4.

Beckmann, M., K. Gerstner, M. Akin-Fajiye, et al. 2019. Conventional land-use intensification reduces species richness and increases production: A global meta-analysis. *Global Change Biology*, Vol. 25.

Bezu, S. and S. Holden, 2014. Are rural youth in Ethiopia abandoning agriculture?. *World Development*, Vol. 64.

Blaschke, T., G. J. Hay, M. Kelly, et al. 2014. Geographic object-based image analysis-towards a new paradigm. *ISPRS Journal of Photogrammetry and Remote Sensing*, Vol. 87.

Carr, D., 2009. Population and deforestation: Why rural migration matters. *Progress in Human Geography*, Vol. 33.

Caulfield, M., J. Bouniol, S. J. Fonte, et al. 2019. How rural out-migrations drive changes to farm and land management: A case study from the rural Andes. *Land Use Policy*, Vol. 81.

Cumming, G. S., 2011. *Spatial resilience in social-ecological systems*. Springer Science & Business Media.

Cumming, G. S., A. Buerkert, E. M. Hoffmann, et al. 2014. Implications of agricultural transitions and urbanization for ecosystem services. *Nature*, Vol. 515, No. 7525.

Cumming, G. S., T. H. Morrison and T. P. Hughes, 2016. New directions for understanding the spatial resilience of social–ecological systems. *Ecosystems*, Vol. 20, No .4.

Davis, J. and D. Lopez-Carr, 2014. Migration, remittances and smallholder decision-making: Implications for land use and livelihood change in Central America. *Land Use Policy*, Vol. 38.

Folke, C., 2006. Resilience: The emergence of a perspective for social–ecological systems analyses. *Global Environmental Change*, Vol. 16, No. 3.

Ge, D., H. Long, L. Ma, et al. 2017. Analysis framework of China's grain production system: A spatial resilience perspective. *Sustainability*, Vol. 9, No. 12.

Ge, D., H. Long, Y. Zhang, et al. 2018a. Farmland transition and its influences on grain production in China. *Land Use Policy*, Vol. 70.

Ge, D., H. Long, Y. Zhang, et al. 2018b. Analysis of the coupled relationship between grain yields and agricultural labor changes in China. *Journal of Geographical Sciences*, Vol. 28, No. 1.

Ge, D., Z. Wang, S. Tu, et al. 2019. Coupling analysis of greenhouse-led farmland transition and rural transformation development in China's traditional farming area: A case of Qingzhou City. *Land Use Policy*, Vol. 86.

Gray, C. L. and R. E. Bilsborrow, 2014. Consequences of out-migration for land use in rural Ecuador. *Land Use Policy*, Vol. 36.

Harris, J. R and M. P. Todaro, 1970. Migration, unemployment and development: A two-sector analysis. *American Economic Review*, Vol. 60.

Hirons, M., E. Robinson, C. McDermott, *et al.* 2018. Understanding poverty in cash-crop agro-forestry systems: Evidence from Ghana and Ethiopia. *Ecological Economics*, Vol. 154.

Holling, C. S., 2001. Understanding the complexity of economic, ecological, and social systems. *Ecosystems*, Vol. 4, No. 5.

Huang, J. and G. Yang, 2017. Understanding recent challenges and new food policy in China. *Global Food Security*, Vol. 12.

Kong, R., J. Diepart, J. Castella, *et al.* 2019. Understanding the drivers of deforestation and agricultural transformations in the Northwestern uplands of Cambodia. *Applied Geography*, Vol. 102.

Kwan, F., Y. Wu and S. Zhuo, 2017. Surplus agricultural labor and China's Lewis turning point. *China Economic. Review*. Vol. 48.

Lipton, M., 1980. Migration from rural areas of poor countries: The impact on rural productivity and income distribution. *World development*, Vol. 8, No. 1.

Long, H., Y. Li, Y. Liu, *et al.* 2012. Accelerated restructuring in rural China fueled by 'increasing vs. decreasing balance' land-use policy for dealing with hollowed villages. *Land Use Policy*, Vol. 29, No. 1.

Long, H., S. Tu, D. Ge, *et al.* 2016. The allocation and management of critical resources in rural China under restructuring: Problems and prospects. *Journal of Rural Studies*, Vol. 47.

Long, H. and Y. Qu 2018a. Land use transitions and land management: A mutual feedback perspective. *Land Use Policy*, Vol. 47.

Long, H., D. Ge, Y. Zhang, *et al.* 2018b. Changing man-land interrelations in China's farming area under urbanization and its implications for food security. *Journal of Environmental Management*, Vol. 209.

Masters, W. A., A. A. Djurfeldt, C. D. Haan, *et al.* 2013. Urbanization and farm size in Asia and Africa: Implications for food security and agricultural research. *Global Food Security*, Vol. 2, No. 3.

Ranis, G. and J. C. Fei, 1961. A theory of economic development. *The American economic review*, Vol. 51, No. 4.

Rasmussen, L.V., B. Coolsaet, A. Martin, et al. 2018. Social-ecological outcomes of agricultural intensification. *Nature Sustainability*, Vol. 1.

Rozelle, S., J. E. Taylor and A. deBrauw, 1999. Migration, remittances, and agricultural productivity in China. *American Economic Review*, Vol. 89, No. 2.

Scheffer, M., S. R. Carpenter, T. M. Lenton, et al. 2012. Anticipating critical transitions. *Science*, Vol. 338, No. 6105.

Su, S., Y. Sun, C. Lei, et al. 2017. Reorienting paradoxical land use policies towards coherence: A self-adaptive ensemble learning geo-simulation of tea expansion under different scenarios in subtropical China. *Land Use Policy*, Vol. 67.

Walker, B., S. Barrett, S. Polasky, et al. 2009. Environment. Looming global-scale failures and missing institutions. *Science*, Vol. 325, No. 5946.

Wang, C., Y. Zhang, Y. Yang, et al. 2016. Assessment of sustainable livelihoods of different farmers in hilly red soil erosion areas of southern China. *Ecological Indicators*, Vol. 64.

Xu, D., X. Deng, S. Guo, et al. 2018. Labor migration and farmland abandonment in rural China: Empirical results and policy implications. *Journal of Environmental Management*, Vol. 232.

Xu, S., J. WU, S. Wei, et al. 2013. Spatial-temporal changes in grain production, consumption and driving mechanism in China. *Journal of Integrative Agriculture*, Vol. 12, No. 2.

You, H., X. Hu, and Y. Wu, 2018. Farmland use intensity changes in response to rural transition in Zhejiang province, China. *Land Use Policy*, Vol. 79.

戈大专、龙花楼、乔伟峰："改革开放以来中国粮食生产转型分析及展望"，《自然资源学报》，2019年第3期。

戈大专、陆玉麒："面向国土空间规划的乡村空间治理机制与路径"，《地理学报》，2021年第6期。

戈大专、孙攀、周贵鹏等："传统农区粮食生产转型机制及其安全效应——基于乡村空间治理视角"，《自然资源学报》，2021年第6期。

郭焕成、姚建衢、任国柱："黄淮海平原粮食生产基地开发与建设"，《经济地理》，1991年第3期。

郭琳、裴志远、吴全等："面向对象的土地利用/覆盖遥感分类方法与流程应用"，《农业工程学报》，2010年第7期。

姜德华:"黄淮海平原的利用与改造",《地理研究》,1983年第1期。

李裕瑞、刘彦随、龙花楼:"江苏省粮食生产时空变化的影响机制地理科学进展",2009年第1期。

李振声:"农业黄淮海战役的成功经验及对当前商品粮基地建设的建议",《中国科学院院刊》,2004年第1期。

刘彦随、刘玉、翟荣新:"中国农村空心化的地理学研究与整治实践",《地理学报》,2009年第10期。

刘守英:"土地制度与农民权利",《中国土地科学》,2000年第3期。

刘守英:"中国城乡二元土地制度的特征、问题与改革",《国际经济评论》,2014年第3期。

龙花楼:"论土地整治与乡村空间重构",《地理学报》,2013年第8期。

龙花楼、李裕瑞、刘彦随:"中国空心化村庄演化特征及其动力机制",《地理学报》2009年第10期。

龙花楼、张英男、屠爽爽:"论土地整治与乡村振兴",《地理学报》,2018年第10期。

王介勇、刘彦随、陈玉福:"黄淮海平原农区典型村庄用地扩展及其动力机制",《地理研究》,2010年第10期。

严金明、夏方舟、马梅:"中国土地整治转型发展战略导向研究",《中国土地科学》,2016年第2期。

第七章 粮食生产转型与乡村振兴

粮食生产转型是乡村人地关系演变的重要驱动力，与城乡关系转型密切相关，并成为洞察中国乡村发展内在机制的重要突破口。探讨粮食生产转型内在机制，及其与乡村振兴的交互作用过程，有利于完善乡村转型发展的科学体系。本章在解析不同类型乡村粮食生产转型困境的基础上，尝试分析不同类型乡村转型发展的科学路径，进而为落实乡村振兴战略提供科学依据。

第一节 传统农耕型乡村粮食生产转型困境

一、农业劳动力转型与土地利用转型失调

农业劳动力转型和耕地利用转型的协调是传统农耕型粮食生产转型走向有序发展的重要原因。城乡转型发展进程中，传统农区农业劳动力"城乡双漂"，青壮年劳动力普遍外出务工从事非农业生产，造成了本地农业劳动力的老弱化和女性化程度不断增加。而农业劳动力变化与耕地利用转型耦合变化不协调是传统农区难以实现由

"小农"组织生产模式向现代组织模式转型的关键。农业劳动力虽然工作长期滞留在城镇地区，然而其身份和供养的人口主要停留在乡村地区。城乡分割的土地管理制度及其滞后的耕地承包管理制度无法有效推动传统农区培育新的农业经营主体。

耕地利用转型需要扩大人均耕作的耕地数量，以实现合理且经济的规模经营目标。而农业劳动力城乡间不稳定的迁徙，粮食生产生计保障功能在传统农区仍具有重要作用。以禹城市杨桥村新增耕地分配方案各方博弈的结果可以看出，"小农"农户仍然是传统农耕型村庄的核心主体。培育新型农业经营主体和促进耕地利用有序转型，实现农业劳动力转型和耕地利用转型的协同发展是传统农耕型粮食生产转型亟需克服的重要障碍。

农业劳动力城乡迁移是城乡转型发展进程中劳动力生产时空要素再配置的结果。劳动力的流动性和土地的空间固定性在时空上的错位导致了劳动力城乡迁移和乡村土地利用转型耦合失调，阻碍了传统农区土地利用转型进程。城乡分割的土地管理制度及其滞后的耕地承包管理制度无法有效推动传统农区培育新的农业经营主体。乡村劳动力城乡迁移背景下，农村宅基地利用转型呈现出的空心化特征成为传统农区宅基地低效利用的核心问题。劳动力城乡迁移过程中由于城市力和乡村力的阶段差异，导致农户的宅基地利用决策行为发生重大变化。早期劳动力外出务工的汇款，提升了农户新增宅基地地块和扩大面积的需求。后续由于劳动力频繁的城乡迁移，宅基地利用的空置率和废弃率逐渐增加，导致传统农区宅基地利用转型滞后于劳动力生计体系的转型。农业劳动力转型与土地利用转型的失调成为阻碍传统农耕型快速转型的关键，限制了粮食生产的有序转型进程。

二、"居地无业"与"人地分离"

传统农耕型地区有限的就业机会和大量农村劳动力背井离乡外出务工造成"居地无业"和"人地分离"是该类乡村持续衰落的关键问题。传统农业生产时期广袤的耕地是农民生计的主要来源。当前耕地对于农民的吸引力在下降，而且粮食生产等种植业收入占农户总收入的比例大幅下降。传统农耕区走入了一个当地农村不留人和不养人，外出务工难留城，回乡创业难发展的怪圈。如何打破传统农耕型地区持续衰落的怪圈，寻找多种经营成为一些农户的选择，然而这些类型的经营由于缺乏规模效应和技术支撑难以实现稳定的收益，市场风险巨大。传统农区如何创造更多的就业机会，在不消耗有限耕地资源的前提下，实现农村闲置土地的充分利用，把资源资本化是一种可取的思路。

三、实际城镇化率低

实际城镇化率低是当前传统农耕型地区转型发展的重要障碍。农业劳动力虽然长期迁徙，然而城镇地区仅是农户青壮年时期工作的主要场所。40~60岁年龄段的农户实现城镇定居的难度较大，实现真正城镇化的机会较小。通过分析杨桥村过去40多年间人口的动态变化过程发现，依靠外出务工实现城镇定居的比例较低。叶敬忠（Ye，2018）在河南等农区的调研也发现了类似的境况。传统农耕型农户在改革开放以来，虽然城乡流动的限制逐渐被打破，然而第一批和第二批走向城镇的农户实现城镇化的难度较大。城乡双漂仍是传统农耕区农户未来一段时间内主要的生活方式。无法实现有效的城镇化，说明完全依靠城镇化来解决传统农耕型人地关系的和谐发展有较大的难度。传统农耕区的改革与发展仍需继续广开思路，进而实现农耕区自身的发展是亟需突破的重要瓶颈。

四、可持续集约化和生态化转型困境

传统农耕区粮食增产由不断提高耕地生产率向提高劳动生产率转变。粮食生产模式由传统的"小农"的精耕细作转化为"小农"和社会化服务相结合的集约化生产模式。减少劳动力投入，不断追加物质资本投入也带来粮食生产成本的升高。集约化生产过程中大量投入的农药和化肥给农田生态系统带来更多的环境危机。以作者在山东禹城空心村整治试验区开展的粮食种植试验为例，农户在玉米的生长季会多次（3~5次）施用化肥和喷洒不同种类的农药。在未施用农药和化肥的状态下，试验区作物长势和产量受到严重影响。如何实现粮食生产的可持续集约化是粮食生产转型的当务之急。

第二节 现代市场型乡村粮食生产转型困境

一、土地管理制度限制市场化发展

现代市场型粮食生产转型类型区土地流转规模经营难度大（设施农业需要对流转的土地追加配套设施，而耕地上的附属设施产权不明晰，流转积极性不高，资源浪费严重）。农户当前参与市场化运作的模式多采用家庭式生产方式。家庭经营为主体的操作模式在当前农村土地承包管理制度下存在众多挑战（如地块分散难以扩大规模等），而现代企业式农业生产模式仍处于起步阶段。此外，土地管

理制度与现实市场需求之间的矛盾日渐突出。现代农业发展中设施农业用地的管控,难以满足当前集团化和产业化发展需求。国家对种粮农户的补贴难以有效激发种粮农户的积极性,难以起到保障粮食生产的功能。

二、农户合理组织仍待突破

"小农"农户参与现代市场经营需要完善农户的组织体系,不论是政府为主导的农户社会属性组织管理体系还是以社会化服务组织为主导的农户经济属性的组织管理体系,都是应对现代市场发展的重要组织方式变革。现代市场型农户经营方式日趋分散,产业门类也较繁杂,有效组织农户开展面向市场需求的产业发展难度较大。村集体组织和治理能力较强的村庄,农户的组织程度越高,村庄发展的规模和农户实现个体收益的机会较多。社会化服务组织程度越高,农户非农就业的机会越多,收益越稳定。

第三节 城郊休闲型乡村粮食生产转型困境

一、资本下乡与权益分配待完善

乡村休闲化转型过程伴随资本下乡实现对乡村的改造和重塑以满足市场的需求,实现乡村资源符号化和可观赏性的改造。资本下乡的核心目的是追求利益最大化,而乡村休闲化转型过程中如何协调"老板"和"老乡"的关系,避免出现富了老板而边缘了老乡的情况,成为当前乡村休闲化转型村庄面临的重要难题。如何有效组织农户参与到乡村休闲化过程，使农户成为乡村休闲化转型利益的共享者而不仅仅是资源的提供者非常重要。实现乡村振兴和活化乡村发展动力的核心是要激发农户参与旅游发展的能力，进而实现农户生产方式和生计方式的转型。以房山区黄山店村为例，探讨了村集体组织在乡村休闲化中起到了重要的衔接作用，成为连接资本与农户的重要桥梁，保障了农户的参与权和发展权，进而有利于村庄的可持续发展。

二、经营风险控制机制不健全

乡村旅游发展风险较大，受到政策及市场的波动影响较大，如何让乡村休闲化转型的过程更具抗风险能力，促使参与农户生计多样化，是城郊休闲型乡村转型发展面临的重要问题。社区支持农业和都市农业等多种组织模式对现代乡村休闲化发展带来了更多机遇，如何让农户在本地实现对旅游市场的对接是城郊休闲型粮食生产转型亟需突破的难题。

第四节　基于粮食生产转型阶段的乡村振兴策略

一、传统农耕型粮食生产转型与乡村振兴

高度集约化的农业生产模式，并没有给农户带来较高的收益。相反，高投入模式下的集约化，进而引发的"农业内卷化"（即单位土地面积上不断追加投入，所带来的边际收益不断降低）。因此，为

了维持农业生产供给功能且实现生态的保育，应加强农作物营养和水资源的管理，实现农业生产由粗放管理向精细化管理，进而提高作物产量。变革传统的农业生产方式，把有机农业生产方式（Seufert et al.，2012）和保护性农业生产方式，融合到现代农业生产体系中，进而在保障粮食安全的前提下，促进环境可持续发展。

传统农耕型转型地区出现了农户兼业化，耕地利用粗放化等现象。针对这些现象有学者提出中国粮食生产应该走向大规模机械化生产，减少农业劳动力数量，推进耕地流转，提出了农业生产"去小农化"（de－Peasantization）策略（Wang et al.，2016）。与此相反，也有学者坚持中国应该防止土地攫取（Land Grabbing）可能给粮食安全及社会稳定带来的威胁（Zhan，2017）。当前以"小农"生产为特征的农业生产组织模式仍占据核心地位。十九大报告中提出要协调"小农"经营和规模经营之间的关系，有效培育新型农业经营主体成为当前农业生产领域的重要推进方向。传统农耕型农业生产地区，"小农"为核心的组织模式在短时间内无法实现根本性变革。小农户为核心的农业生产组织模式将会长期存在。

有序推进农业生产组织模式优化，推动农区合理城镇化路径是传统农耕型粮食生产乡村实现有序转型的关键。针对现在具有较大争议的农户生产组织方式和农业规模经营问题，为了保障农户生计和促进传统农耕型地区城乡有序转型，在农户层面有效地组织"小农"，赋予"小农"更多的权力，让农户发挥自己的选择权。突出"小农"农户在粮食生产转型的核心地位，对于传统农耕型转型地区尤其重要。实现"小农"农户经营与规模化生产有机结合的前提是要发挥农户自主的决策权。此外，建立可持续的梯度城镇化实现路径是传统农耕型地区农村实现社会经济发展的可选方案。

乡村劳动力城乡迁移给传统农区乡村转型发展带来更多的挑战和机遇，以乡村生产转型为契机重构乡村产业发展基础，重塑传统农区发展要素流动渠道，重建农户生计体系，有序推进农区集中居住方案为新时期乡村振兴战略指明方向。传统农区劳动力城乡的迁移过程中，乡村生产体系转型为开辟农户新的增收渠道和乡村发展新动能创造条件。但传统农区作为中国粮食生产和乡村人口集聚的核心区，如何有序推进农区乡村人口城镇化与乡村生产体系转型将是确保农区持续发展和稳定转型的关键。科学评估农区耕地在农户生计保障中的作用，科学研判耕地规模利用推进路径，将有利于保障农区有序转型。

农村社区集中居住给传统农区农户带来全新的生产和生活体验，也带来了诸多挑战。农户住上楼房以后，显著提升了农区人居环境，有利于提升土地资源的利用效率。集中居住的乡村空间在公共服务设施的配置上更加具有经济性和科学性，有效提升了农村公共服务水平。同时也应看到，集中居住的乡村农业生产活动出现了诸多不便。粮食储存和加工空间被压缩，农户自留地生产的生活必需品出现短缺，农户生活成本有所上升。如何避免农村空心村整治后新建农村社区再次"空心化"，需要深入研究以乡村生产转型为核心的农户生产和生活方式的转变，实施阶梯式城镇化战略，推动传统区高质量城镇化。

二、现代市场型粮食生产转型与乡村振兴

现代市场型粮食生产转型进程的快慢受到多重因素的影响，来自系统强烈的冲击（市场的需求）将有可能加快转型的进度（Barrett et al.，2014）。在这个过程中保障农户可持续发展和区域农业安全的

合理产业政策,将有利于系统的良性转型和乡村可持续发展。现代市场型转型地区农户参与生产的网络体系逐渐由本地单一生产网络扩展到复杂的城乡生产网络。市场扩展的同时,风险与机遇并存。现代市场型地区农户生计的保障体系逐渐由市场决定,高附加值作物的种植也必然带来更多的市场风险。农户的生计体系逐渐多元化,应对市场风险的能力需要有效的社会学习才能够习得。

现代市场主导下有序的粮食生产转型过程有利于优化乡村人地关系。传统农耕生产阶段,平原农区乡村人地关系紧张,土地利用方式单一。乡村劳动力长期固定在有限的耕地上低效劳作。市场导向下农业生产模式、耕地利用方式趋于多样化。农业生产的市场化程度逐渐提高,耕地投入强度不断增加,经济作物种植比例较高,高附加值和高技术含量的农作物品种推广逐渐成为可能,高素质劳动力日益紧缺。乡村生产体系融入到城镇消费体系中,直接对接城镇消费市场。农业生产体系成为联系城乡融合的重要载体。社区支持和参与式农业生产模式成为农业生产高度市场化的重要发展趋势。城乡融合发展的背景下,市场导向的社区支持农业成为连接食物生产系统与城镇食物消费系统的有效纽带,在跨尺度作用下改变传统农业生产地区弹性空间的范围和恢复能力。

以协调乡村人地关系转型为导向,突出地域优势功能是实现本类地区农业生产市场化转型的关键因素。城乡融合发展的背景下,乡村生产体系的变革应深入发挥市场在配置乡村发展要素的作用。建立信息通畅且农户可参与的基层农户组织体系有利于现代市场型转型的有序推进。引入土地股份合作社与信托机构等多元渠道,推动乡村实现转型升级。加强农户的组织程度,有效应对市场风险,以市场发展为导向的粮食生产转型才能具有长久的生命力。以市场为引导，以乡村地域特色为基础，开发以面向高端市场为目标的生态型和社区支持型农业生产体系，发挥乡村生产系统更大的生态价值和经济价值。进而引入乡村振兴发展过程中紧缺的人力资本、金融资本和社会资本。有效变革传统"小农"生产组织模式，将分散"小农"生产以市场化生产体系组织起来，将有利于现代市场型转型地区实现振兴发展。

三、城郊休闲型粮食生产转型与乡村振兴

城郊休闲型乡村地区生产体系的变化以满足城市居民对农事的体验和农业生产环境的享受为核心目标。该类地区粮食生产转型的趋势是面向城市居民对乡村田园生产和生活的向往。如前文所述，农业生产多维功能体系下，城郊休闲型乡村生产模式下，农业生产供给功能和农户生计保障功能相应弱化，而城乡转型支撑和生态环境保育功能逐渐增强。乡村全域休闲化过程，也是农业生产内部功能结构转型的过程。因此，城郊休闲型粮食生产转型过程需要突出强调乡村生产体系的文化传承和文化基因的承载作用，更好地突出乡村生产体系的文化特征。城郊休闲型农业生产体系的转型过程才能更好地发挥这类乡村地区的主体功能，推动这类乡村实现可持续转型。

城郊休闲化乡村转型发展是在发挥乡村自身特色的基础上融合外部因素的再升级。资本在城郊休闲化乡村改造和提升中成为必不可少的核心要素。为了更好地保障乡村地区原有农户参与到乡村生产体系休闲化过程，分享由此带来的乡村地域整体功能和价值的提升，社会资本的作用逐渐被重视。跨尺度组建的社会资本平台能够较好地实现城郊休闲型地区农户有效参与到农业生产休闲化过程中

来。多个层面互补的社会资本运作状态较好地解决上述问题（Brondizio et al., 2009），在城郊休闲型乡村地区跨尺度作用下建立农户可参与的社会资本运行网络，是保障该类型区农户降低市场风险，完善多元参与方式，实现生计转型多样化的关键内容。

城郊休闲型乡村实现农业生产有序转型需要调动农户参与到乡村转型发展的过程。创新农户组织模式和参与方式推动农业生产休闲化与农户生计转型协调推进。城郊休闲型粮食生产转型类型是农业生产活动非生产功能的活化。农业生产休闲化过程应避免传统城镇化造城运动带来的千篇一律的审美疲劳，而应该走个性化路线，突出乡村的本体特征，走差异化路线，才有可能实现农业生产休闲化的可持续转型。此外，协调城郊休闲地区社会资本与物质资本的关系，突出本地农户为代表的人力资本价值，把传承传统农耕文化植入农业生产休闲化的过程中，实现社会资本利益的最大化，人力资本的组织化，物质资本的本地化。充分发挥社会资本平衡"老板"和"老乡"的作用，降低资本下乡给乡村地区发展带来的市场风险，进一步提升乡村自身发展和重构的能力，实现乡村可持续发展。

参考文献

Brondizio, E. S., E. Ostrom and O. R. Young, 2009. Connectivity and the governance of multilevel social-ecological systems: the role of social capital. *Annual Review of Environment and Resources*, Vol. 34, No. 1.

Seufert, V., N. Ramankutty and J. A. Foley, 2012. Comparing the yields of organic and conventional agriculture. *Nature*, Vol. 485, No. 7397.

Wang, X., J. Huang and S. Rozelle, 2016. Off-farm employment and agricultural specialization in China. *China Economic Review*, Vol. 42.

Ye, J. 2018. Stayers in China's "hollowed-out" villages: A counter narrative on massive rural-urban migration. *Population, Space and Place*, Vol. 24, No. 4.

Zhan, S., 2017. Riding on self-sufficiency: Grain policy and the rise of agrarian capital in China. *Journal of Rural Studies*, Vol. 54.